BRIDGING
THE GAP

FACETAS
CONVERSACIÓN Y REDACCIÓN

*Content-driven Conversation and
Composition in Spanish*

James Crapotta • Alicia Ramos
Barnard College

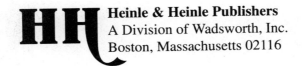

Heinle & Heinle Publishers
A Division of Wadsworth, Inc.
Boston, Massachusetts 02116

The publication of *Facetas: Conversación y redacción* was directed by the members of the Heinle & Heinle College Spanish and Italian Publishing Team:

Carlos Davis, *Editorial Director*
Patrice Titterington, *Production Editor*
Cheryl Carlson, *Marketing Manager*

Also participating in the publication of this program were:

Publisher: Stanley J. Galek
Managing Developmental Editor: Beth Kramer
Developmental Editor: Nancy Siddens
Editorial Production Manager: Elizabeth Holthaus
Manufacturing Coordinator: Jerry Christopher
Project Management/Composition: HISPANEX
Text Design: DECODE, Inc.
Cover Design: Caryl Hull Design Group
Illustrators: Anne Carter, Valerie Spain
BTG Series Logo Design: Duvoisin Design Associates
Photo Research: Judy Mason

Library of Congress Cataloging-in-Publication Data

Crapotta, James
        Facetas. Conversación y redacción : content-driven conversation
and composition in Spanish / James Crapotta, Alicia Ramos.
                p.   cm.—(Bridging the gap)
        ISBN 0-8384-4650-7
                1. Spanish language—Conversation and phrase books—English.
        2. Spanish language—Composition and exercises.   3. Spanish
        language—Textbooks for foreign speakers—English.   I. Ramos, Rosa
        Alicia.   II. Title.   III. Series.
        PC4121.C776   1994
        468.2'421—dc20   93-43920
                                                                        CIP

Manufactured in the United States of America

ISBN 0–8384–4650–7

10 9 8 7 6 5 4 3 2 1

Heinle & Heinle Publishers is a division of Wadsworth, Inc.

Table of Contents

INTRODUCTION TO THE *BRIDGING THE GAP* SERIES

KATHERINE KULICK

The *Bridging the Gap* content-driven materials complete the "bridge" between language skill courses and content courses by focusing first on content, with language skill development in an active, but supporting role. The text and organization are clearly content-driven, yet while they are similar to most upper-division courses in their focus on particular issues and themes, they are unique in their design to provide the linguistic support needed for in-depth development of the subject matter and continued skill development.

The *Bridging the Gap* program offers two coordinated content-driven textbooks in French, German, and Spanish. The two books within each language share a focus on the same set of topics in contemporary social, political, and cultural issues throughout the French-speaking, German-speaking, and Spanish-speaking regions of the world. Both texts offer substantive readings in depth as well as in length. Multiple readings on each topic offer differing viewpoints.

Get the other languages

The two books differ in the skills they continue to develop. One book provides an emphasis on oral and written discourse strategies while the other book focuses primarily on reading strategies. While each textbook may be used independently, when used together, the two books offer a greater in-depth exploration of current social and cultural issues within a global perspective as well as substantial skill development support.

The readings in each book are authentic texts drawn from a wide variety of sources. Rather than presenting a sample of 12–15 different topics and treating each one in a somewhat superficial manner, each text focuses on 5–8 topics in order to explore them in greater detail. The authors agree that the development of advanced-level skills requires extended exposure to, and in-depth exploration of each chosen topic. Detailed description and supporting opinions, for example, require a degree of familiarity with the subject matter that cannot be achieved in one or two class meetings. In order to explore and develop advanced-level discourse strategies, an extended period of time is essential.

In addition to their content-focus, these materials are unique in their approach to skill development. Rather than simply recycling earlier grammatical instruction, these advanced-level materials enable students to interact with authentic materials in new ways, helping them acquire skills not normally found at the intermediate level.

As students leave the intermediate and post-intermediate level courses to focus on such areas as literature and civilization, we, as instructors, recognize the need for student language skills to continue to develop even as the course focus shifts from language skills to content-oriented instruction. We would like our students to demonstrate an increasing sophistication and complexity in their language skills and in their interaction with reading and/or listening materials. The content-driven materials in the *Bridging the Gap* series are intended to enable students to reach these goals.

CONTENT-DRIVEN SPANISH: *FACETAS*

The books at this level have six chapters, each of which focuses on content areas that offer distinctive perspectives on the Spanish-speaking world.

Chapters	Content Areas
1	Sociology: The Youth of Today
2	Gender Issues: The Roles of Men and Women
3	Psychology: The Individual in the World
4	Social Sciences: Politics and the Economy
5	Technology: Medicine, Ecology, and the Environment
6	Cultural Identity: Various Aspects of the Hispanic World

USING THE COMPLETE *FACETAS* PROGRAM

PLANNING AN ADVANCED-LEVEL CURRICULUM

The companion books *Facetas: Conversación y redacción* and *Facetas: Lectura* can be used either individually to develop specific language skills, or together to form a complete multiskilled program. The chapter topics of both books have been coordinated to provide complementary rather than identical themes.

Each of the two books makes an effort to address issues of conversation, composition, and reading, but whereas *Facetas: Conversación y redacción* centers principally on conversation and composition skills, *Facetas: Lectura* places its emphasis on the development of reading strategies. Depending on the principal focus of your course, you can choose the book that best meets your specific needs.

For a complete yet flexible program the use of both companion books will ensure the optimum development of all three skills. Three basic approaches are:

1. **Complete coverage.** Begin with a chapter from one of the component books and follow that up with the corresponding chapter of its companion book. For example, a week or two devoted to conversation and composition may be followed by a week or two of developing reading strategies around the related theme (or reverse the order in which you use the two books). Using the two texts in this manner has the advantage of reinforcing contextualized vocabulary and structures by activating them across skills and by offering students greater depth of coverage in specific context areas.

2. **Alternate topics and books.** During the first two weeks focus on the theme of the first chapter from the reader and during the next two weeks turn to the second chapter from the conversation/composition book. This will ensure that you cover more topics but give attention to all three skills during the academic semester or year.

3. **Mix and match.** Choose several topics from different chapters of both books, rather than opting for complete chapter coverage, for the development of all three skills.

PREFACE

Facetas: Conversación y redacción is the content-driven conversation and composition text. It is designed to aid students make a smooth transition from the lower division language courses that stress practical, day-to-day language functions and the upper division courses which require more elaborate and abstract uses of language. It is intended for use by students who have already completed an intermediate Spanish course. *Facetas: Conversación y redacción* fills the need for books that enable students to produce and practice high order language and thinking skills.

The goal of *Facetas: Conversación y redacción* is to expand student speaking and writing skills by providing certain linguistic tools within the contexts of selected subject areas. The textbook's features include:

- authentic readings of various lengths and registers from different geographical areas in which Spanish is spoken

- vocabulary development

- development of language functions for speaking and writing

- thought-provoking discussion questions and creative activities that stimulate critical thinking as well as conversation and composition

The readings determine the content area of each chapter; though the book is not conceived as a reader—and therefore does not aim to develop reading strategies—, vocabulary applications, interactive oral activities, and writing projects emanate from the readings. The readings are only a point of departure, however; many conversation and composition activities do not rely on the readings although they are linked to their content area. Thus, *Facetas: Conversación y redacción* can be used for one or all of its components: conversation, composition and reading.

The transmission of cultural insight is an added benefit when using authentic readings. The topics in *Facetas: Conversación y redacción* are general interest ones from contemporary sources—newspapers, magazines, journals, literature—that sensitize students to the actual concerns of Spanish-speakers. Apart from its intrinsic cognitive value, exposure to culturally authentic items offers a hidden linguistic advantage to students on the threshold of the advanced level: it pushes them beyond the context of their immediate experience toward a more relative and even abstract use of language. To put it figuratively, if beginning language students are trained mainly in the first person to describe self, family and surroundings, intermediate students spiral up to the second person, engaging in a dialogue between self and others as they question, probe, gather information, compare, contrast and narrate in the past as well as the present. In the next stage, that of the third person, students enter the world of the *other* as they learn to argue, hypothesize, and evaluate in language that is increasingly abstract. The readings in this book fall between the second and third persons: since many of the themes are common to North American and other Spanish-speaking cultures, they lead to self-reflection as well as to an awareness of others. More culturally-specific themes require students to ponder issues and points of view that may be alien to them. In either case, students will gain personal, cultural, and cross-cultural insight as they acquire the means of expressing themselves in terms beyond the mundane.

A Content-driven Approach

Facetas: Conversación y redacción follows a content-driven approach that presents an image of the Spanish-speaking world in its diversity. Content-driven teaching attempts to instruct students in a subject matter using the target language and to teach the language itself at the same time. While equal attention is paid to language and content, language is the means to an end, not the end itself. This is an excellent approach for teaching language at the advanced levels: exploring a subject in depth requires that the language used to describe the subject be sharpened and expanded as well. The natural subject for content-driven instruction in a foreign language teaching setting is, of course, the culture of the target language.

Readings are culled from Spain, Latin America, and the United States. The readings are often on controversial topics and there are several per chapter to allow for different points of view. Though hardly devoid of content, the readings are not chosen for their factual information nor are they intended for formal study, but rather to promote cultural sensitivity and, above all, oral and written expression.

Chapter Organization

In general, each chapter contains an introduction to the content area followed by several sections that deal with different facets of the subject matter. Each section contains conversation and composition activities centered around one or two reading selections. Specifically, chapters are broken into three main areas.

I. Introduction to the Subject

The chapter begins with an introduction to the content area of that chapter as a whole. It prepares students for the readings and activities by touching on the issues that surface throughout the chapter. It also activates student familiarity with the topic. This introduction is followed by four sub-sections.

- **Vocabulario temático:** contextualized lists of vocabulary that students will need to discuss the topic broadly

- **Para seguir avanzando:** presentation and review of functional and stylistic features of oral and written Spanish that students will put into practice in subsequent sections

- **En torno al tema: Conversación:** conversation activities that tap students' prior knowledge of the subject and that provide a context for the oral practice of vocabulary and functions presented in the preceding two sections

- **En torno al tema: Redacción:** writing activities that stimulate students' prior knowledge of the subject and encourage the written practice of vocabulary and functions introduced earlier in the chapter

II. Variations on the Subject

A number of readings and their corresponding conversation and composition activities are presented, illustrating different perspectives on the general content area. Readings are taken from a variety of Spanish-speaking societies and from several genres of writing. Each reading or reading cluster is supported by the following sequence of activities.

A. The **facetas**

- Introduction to the **faceta.** Each **faceta** is introduced by a paragraph much like the one in the general introduction, but in this case it is designed to prepare students for the reading immediately at hand.

- **Antes de leer.** This is a section of discussion questions and activities that lead into the reading. Pair and group activities are also included.

- **Vocabulario útil.** Vocabulary from the readings are presented in semantic groupings, where possible; items are chosen that are appropriate for students' active use at the advanced level in order to enhance speaking and writing skills.

B. Presentation of the Reading

- Readings vary in length, tone, register of language (colloquial language, technical language, etc.), and difficulty. *Facetas: Conversación y redacción* provides a wealth of reading selections.

Teachers who are unable to cover them all should make their choices with an eye to student interest and reading ability. Teachers may leave out readings even if they wish to involve students in the theme, for many activities can be done independently of the reading. Vocabulary that students may have trouble with, but need not use actively, is glossed.

- **Comprobando la lectura.** This section contains reading comprehension questions that check key points in the readings. The format of this activity varies so as to sustain student interest.

C. Conversation and Composition Activities

- **Temas para conversar.** This section of activities reflects on the reading and encourage students to expand their thoughts on the content area. Included are short-answer questions, discussion questions, pair and group activities around the theme of the reading. There are numerous exercises that cover the range of levels from intermediate to advanced so that teachers may choose what is most suitable for their classes—or so that students may decide for themselves what activities to pursue. The Fill-in-the-Chart format questions prompt relatively brief responses; "Mini-Dramas" trigger extended dialogue; Discussion Questions and Debates require the activation of critical thinking skills and the use of discursive language; and the "Imagínese" activities stimulate students' creative faculties. All activities are communicative.

- **Temas para escribir.** These are writing activities that spring from the theme of the chapter and from the format of the readings.

III. FINAL REMARKS

Últimas consideraciones. This section contains a short reading, usually of a literary nature, followed by at least one conversation activity and one writing activity that serve to summarize and integrate the diverse elements presented in the chapter.

HOW TO USE *FACETAS: CONVERSACIÓN Y REDACCIÓN*

An instructor's manual is available to provide guidance in the practical use of the textbook. Among other things, the instructor's manual gives a sense of the level of the different activities, and offers suggestions on specific activities, homework assignments, time management, and syllabus design.

Facetas: Conversación y redacción is designed for flexibility of use but has been created with a fourteen week semester in mind. Thus, if one uses the entire book, two weeks may be devoted to each chapter. Since each of the six chapters usually contains four sections, an instructor may assign one section for each class meeting in a course that meets twice a week for an hour or seventy-five minutes. Thus, all four sections could be covered over two weeks and **Últimas consideraciones** could be assigned for homework or as a special project. The first and the last week of a fourteen week semester would be open for the instructor to get to know students more informally, to determine the level of linguistic competence of the group, and to evaluate student progress. Other ways of using this book are suggested in the instructor's manual.

The chapters may be done in any order; they do not follow a progression nor do the readings and activities follow any order of difficulty. There are differences in the difficulty of the activities and the readings; teachers should therefore make careful choices. But because the range of linguistic levels in any advanced course is wide, each chapter and each section of *Facetas: Conversación y redacción* usually offers something for everybody. Not all sections of a chapter need be covered. Readings can be omitted while some of the ensuing activities may still be accessible to students. It can be used solely as a conversation book; it may also be used principally as a composition book. In short, this textbook gives instructors and students many possibilities and options.

ACKNOWLEDGMENTS

Many have helped make this book possible and in ways large, small or even, at times, unbeknownst to them, have made our efforts somewhat easier. One of the greatest pleasures in bringing a book to print is to get a chance to thank them individually for their support.

Luz Castaños was extremely generous in allowing us to use the edition of Carlos Solórzano's *Cruce de vías* that she prepared with Jim Crapotta. A grant from the Consortium for Language Teaching and Learning was instrumental in getting that project started.

Finding appropriate material for a book of this nature is never very easy; one needs library resources and generous friends and colleagues who are willing to lend their materials. Three members of the *Institute for Latin American and Iberian Studies at Columbia University*—Ruth Borgman, Douglas Chalmers, and Marc Chernick—patiently put up with our presence in their offices and lounges, and our constant requests for access to more material. *The Mellon Foundation,* through a grant to *Barnard College,* allowed us to purchase publications that were vital to this book.

Past and present members of the Department of Spanish and Latin American Cultures at *Barnard College* have all had a hand in elucidating all sorts of arcane linguistic and cultural matters for us: José Hernández, Alfred MacAdam, María Negroni, Perla Rozencvaig, Valentín Soto-Borges, Flora Schiminovich, Mirella Servodidio, and Marcia Welles. Special thanks go to our friend and colleague in the department, Agueda Pizarro Rayo, for permission to make use of her wonderful poetry.

We would also like to thank the following friends and colleagues for their contributions: Karen Breiner-Sanders, José María Conget of the *Instituto Cervantes,* José Díaz, Diane Marting, and Joan Waitkevicz. Thanks also to our reviewers for their insightful comments during the development of the manuscript for this book: Alan Bell, *University of Maryland–Baltimore County;* Isabel Bustamante, *University of Toledo;* Frank Casa, *University of Michigan;* Aristófanes Cedeño, *University of Louisville;* James Davis, *Howard University;* María Luisa Fischer, *Lafayette College;* Sandra Rosenstiel, *University of Dallas;* and Leslie Schrier, *University of Iowa.*

The folks at Heinle & Heinle have had the courage to believe in our project and to keep us going when our energies flagged. We particularly want to thank Marisa Garman who, when editor at Heinle, first expressed interest in our work and collaboration on the *Bridging the Gap* series, and our editors Carlos Davis, Patrice Titterington, and Nancy Siddens. Our series co-writer Marge Demel has been a great and supportive colleague in the course of working on this book. At Hispanex we wish to thank José Blanco, Pedro Urbina-Martin, Dana Slawsky, Javier Amador-Peña, and Silvina Magda.

Finally—and in many ways principally—we want to thank two very dear people in our lives: Richard Reilly and Rosa Ramos. Without their love, encouragement, doctoring, cooking and caring, this book would have remained just a thought.

CAPÍTULO 1

¿QUÉ SIGNIFICA SER JOVEN EN EL MUNDO ACTUAL?

Para muchos, la juventud representa un momento de horizontes sin límites en que cualquier cosa es posible. La imaginación adulta asocia la juventud con la exuberancia, la energía y la posibilidad. A su vez, la imagen comercial construye la juventud como el ideal en cuanto a belleza física, el momento que quisiéramos captar para la eternidad, la eterna juventud. También los adultos de hoy recuerdan la juventud de los años 60, la generación

¿Es la juventud la época más feliz de la vida?

"hippy" que estaba a la vanguardia de la efervescencia política y social del momento. Sin embargo, el mundo también contempla la juventud como una etapa turbulenta: abundan frases hechas del tipo de "el problema de la juventud", "la crisis de la juventud", "los valores de la generación joven".

Pero en realidad ¿qué significa ser joven hoy? ¿Tiene sentido la pregunta de forma abstracta? ¿Cómo determinan los factores de clase, raza y nivel económico la experiencia de los jóvenes de hoy? ¿Significa lo mismo ser joven en la nueva España democrática que en los pueblos en desarrollo de América Latina, o que en el poder industrializado representado por los Estados Unidos? ¿Se pueden reducir las experiencias multifacéticas de los jóvenes a simples "temas de la juventud"? Las lecturas de este capítulo abordan precisamente estas cuestiones.

Vocabulario temático

1. LAS ETAPAS DE LA VIDA.
Para hablar de la juventud, conviene situarla dentro del desarrollo de las etapas de la vida. Aquí se presentan estas etapas con sus palabras relacionadas:

Etapa	Adjetivos relacionados	Verbos
la niñez	infantil	criarse
la adolescencia	adolescente	crecer
la juventud	juvenil	desarrollar
	joven	
la madurez	maduro	madurar
	adulto	
la vejez	anciano	envejecer

2. PALABRAS RELACIONADAS CON LAS ASPIRACIONES Y EL ESTADO DE ÁNIMO.
Como la juventud es una etapa de cambios y de la afirmación de una identidad, muchas de las siguientes palabras formarían parte de una discusión de esta edad:

la autoafirmación   la afirmación de uno mismo, de su independencia, sus gustos, su estilo de vida, etc.

la autonomía   la independencia y, normalmente para un adolescente, la separación de los padres y de sus valores

las expectativas   las cosas que uno espera de la vida, como la carrera, el dinero, el amor

las metas   las cosas que uno se propone para alcanzar; las aspiraciones para el futuro

la rebeldía   el sentimiento de rebelión; lo que uno siente cuando es **rebelde**

el sentido de seguridad   el sentido de sentirse seguro y protegido

los sentimientos   las emociones que se sienten, como el amor, el miedo, el cariño, etc.

los valores   las cosas que uno considera de una importancia fundamental en el orden moral de su vida

el yo   el ego

3. VERBOS RELACIONADOS CON LAS ASPIRACIONES Y EL ESTADO DE ÁNIMO.

fracasar   no tener éxito; fallar

llevar a cabo / realizar   completar; finalizar (un proyecto, por ejemplo)

lograr   conseguir una meta

superar   triunfar sobre los obstáculos

4. OTRAS PALABRAS Y EXPRESIONES IMPORTANTES.

la brecha generacional   las diferencias entre las generaciones

cumplir 18 (20, 30 etc.) años   celebrar los 18 (20, 30, etc.) años

un huérfano   un niño sin padres

las normas / las pautas de la sociedad   las reglas o convenciones sociales

el porvenir   el futuro

el seno de la familia   el círculo familiar

PARA SEGUIR AVANZANDO: FUNCIONES PARA AYUDAR EN LA EXPOSICIÓN DE UN ARGUMENTO

I. FUNCIONES TEMPORALES: PASADO, PRESENTE Y FUTURO

Para situar el tema de la juventud en este capítulo, no sólo hay que referirse a los valores y actitudes de los jóvenes actuales y de sus metas y expectativas para el futuro sino recordar la juventud de generaciones anteriores.

EL PASADO

Hablar y escribir sobre la juventud de hoy sugiere toda una serie de comparaciones con la juventud de otras épocas y de otros lugares. Considerar la juventud también nos lleva a recuerdos de nuestros propios años juveniles — las cosas que hacíamos (narración) y cómo eran esos años (la descripción). Para considerar el pasado nos sirve contemplar las siguientes nociones funcionales:

A. ALGUNAS EXPRESIONES QUE INTRODUCEN O INDICAN UNA NARRACIÓN O DESCRIPCIÓN EN EL PASADO

> **En esa época / En aquellos años / En esos tiempos / En aquel entonces / Antes / Antaño** era más difícil hacerse una carrera universitaria en el Perú.

Hace 10 (20, 30) años ser joven implicaba más responsabilidades.

En la década de los 60 (70, etc.) / En los años 60 (70, etc.) había menos universidades que ahora en todas partes del mundo.

B. EL TIEMPO IMPERFECTO SIRVE PARA DESCRIBIR EN EL PASADO Y PARA NARRAR ACCIONES QUE PASABAN CON REGULARIDAD EN EL PASADO

El joven universitario norteamericano de los años 50 **era** mucho más conservador que su compatriota de los años 60, el cual **participaba** regularmente en manifestaciones políticas e insistía en determinar el curso de sus estudios.

EL PRESENTE

Se presentan aquí algunas expresiones que se usan para indicar la época de hoy.

Actualmente / En la época actual / En la actualidad / Hoy día / Hoy en día / En este momento / En estos momentos los estudiantes españoles se ven obligados a seguir viviendo con sus padres durante los años de sus estudios.

EL FUTURO

A. TRES MANERAS DE HABLAR DE ALGO EN EL FUTURO

A diferencia del inglés, el cual usa normalmente el tiempo futuro para expresar el concepto de futuridad, el español admite mucho menos el uso de este tiempo verbal, prefiriendo el tiempo presente o la construcción **ir + a + infinitivo.**

Primera opción (Presente): El año próximo **estudio** en Madrid.

Segunda opción (Ir + a + inf.): El año próximo **voy a estudiar** en Madrid.

Tercera opción (Futuro): El año próximo **estudiaré** en Madrid.

B. PARA PROYECTAR EN EL FUTURO

Se usa el presente del subjuntivo después de ciertas expresiones de tiempo (cuando, tan pronto como, en cuanto, después de que, hasta que, mientras que) cuando el verbo de la acción principal expresa una acción futura, como en estos dos tipos de frases:

Verbo principal futuro + expresión temporal + presente del subjuntivo

Los estudiantes peruanos podrán estudiar cuando (tan pronto como / en cuanto / después de que) la violencia **termine.**

Expresión temporal + presente del subjuntivo + verbo principal futuro

Cuando (Tan pronto como / En cuanto / Después de que) la violencia **termine** los estudiantes peruanos podrán estudiar.

C. LAS DUDAS Y LAS POSIBILIDADES PARA EL FUTURO

Cuando se proyecta la vida en unos cinco, diez o veinte años no se puede estar seguro de lo que nos puede pasar. En casos de duda o posibilidad— frases que utilizan expresiones como **dudo que, no estoy seguro de que, es posible que, puede ser que**— el español utiliza el presente del subjuntivo para proyectar hacia el futuro.

Duda

Dudo que / No estoy seguro de que **pueda** realizar todas mis expectativas.

Dudo que / No estoy seguro de que el futuro **sea** tan seguro.

Posibilidad

Es posible que / Puede ser que **realice** todas mis metas para el futuro.

Es posible que / Puede ser que **tenga** éxito en mi carrera elegida.

II. PARA COMPARAR Y CONTRASTAR

Este capítulo también contiene algunas actividades en las cuales se compara y se contrasta la juventud de hoy con la de otras generaciones y los jóvenes hispanos (de España y de Latinoamérica) con los norteamericanos. Para hacer comparaciones y contrastes de una manera más sofisticada, conviene estudiar las siguientes expresiones:

Los jóvenes de hoy, **a diferencia de / en contraste con** los de los años 60, dan la impresión de ser menos idealistas.

Al igual que / A semejanza de / Lo mismo que los jóvenes norteamericanos, los españoles de hoy están viviendo unos reajustes económicos que no conocieron sus hermanos mayores.

De la misma manera que / De modo semejante que / Igual que / Así como las generaciones anteriores, los jóvenes de la última década del siglo XX tienen que autoafirmarse y definir sus metas.

Se dice que el nivel de vida hoy en los EE.UU. es **inferior al** de hace 30 años; sin embargo, es **superior al** de España.

Mientras que la imagen comercial presenta la juventud como el ideal físico, los jóvenes se esmeran en mejorar más y más su aspecto físico.

La imagen comercial de la juventud no **se parece** mucho **a** la imagen que dibujan los jóvenes de sí mismos.

III. PARA CONSTATAR UNA OPINIÓN PERSONAL

Muchas de las actividades de este libro le piden a Ud. que exprese su propia opinión sobre un tema. Se presentan aquí algunas de las muchas maneras de expresar su propio punto de vista.

A mi parecer...

Considero que...

Creo que...

Desde mi punto de vista...

Digo que...

En mi opinión...

Me parece que...

Pues, yo opino que...

Según lo veo yo...

EN TORNO AL TEMA: CONVERSACIÓN

1. YO Y MIS PADRES. En grupos pequeños compárese a sí mismo y sus compañeros colectivamente con sus padres en los siguientes aspectos (no se olviden de utilizar las funciones de la sección **Para comparar y contrastar** y las de la sección sobre el pasado):

atributos físicos

situación económica

sentido de seguridad

sentido de identidad

capacidad de divertirse

gustos

opiniones políticas

opiniones acerca de la sociedad

otras categorías

2. LAS EXPECTATIVAS PERSONALES.

Todos tenemos aspiraciones y expectativas de nuestra vida. Primero, utilizando las columnas que siguen abajo, reflexione sus propias expectativas, las cosas que le pueden ayudar a realizar estas aspiraciones y las cosas que pueden impedir que logre estas metas.

Metas y expectativas	Cosas que me pueden ayudar a realizarlas	Posibles obstáculos

Después de escribir la información indicada, cada estudiante va a presentar una de estas expectativas a la clase, junto con lo que tendrá que hacer para lograr la meta y superar los obstáculos. Los otros miembros de la clase también pueden ofrecerle consejos y comentarios sobre su plan.

3. ¿TIENE UD. UN FUTURO SEGURO?

En pequeños grupos, discutan sus incertidumbres respecto a su propio futuro. (No se olviden de utilizar las expresiones en la sección **Las dudas y las posibilidades para el futuro.**)

EN TORNO AL TEMA: REDACCIÓN

1. LAS ETAPAS DE MI VIDA.

En un ensayo escriba unos párrafos sobre cómo su vida cambió al llegar a ser adolescente. Compare la vida en su niñez con su vida ahora. (Refiérase a la sección **El pasado.**)

2. PROYECTANDO HACIA EL FUTURO.

En un breve ensayo de una página describa los cambios entre su vida de ahora y su vida en 20 años, incluyendo aspectos físicos, económicos y emocionales. Describa sus sentimientos respecto a estos cambios: ¿le gustan? ¿tiene miedo a estos cambios? (Puede referirse a la sección **El futuro** antes de escribirlo.)

3. JUVENTUD Y CLASE.

Escriba una comparación de la juventud de alguien de familia rica, de alguien de clase media, y de alguien de clase pobre. (Refiérase a la sección **Para comparar y contrastar.**)

FACETA 1

Los valores de la juventud española actual

La sociedad española ha cambiado considerablemente desde 1976, año en que su régimen autoritario empieza a transformarse en democracia. En gran parte la generación idealista que llegó a la mayoría de edad en los años 60 y 70 ha marcado el paso hacia la modernidad. Aunque los 40 años de dictadura han desembocado en un gobierno socialista, curiosamente, la juventud española actual resulta de signo conservador dentro de un ambiente social moderno y liberal.

Los dos artículos siguientes presentan el resultado de dos encuestas en que la juventud española expresa sus valores, sus temores y sus intereses personales.

ANTES DE LEER

Antes de leer los artículos llene los tableros que figuran a continuación y tenga presente sus respuestas al leer y analizar la reacción de los jóvenes.

Luego pase estas hojas a otra persona para que haga una interpretación de Ud. según los datos que Ud. ha dado en la encuesta.

De lo que más se habla en casa				
	Siempre	Bastante	Poco	Jamás
trabajo y estudios				
el futuro				
diversiones				
problemas personales				
política				
religión y moral				
sexo				
otros temas				

Algunos temas contemporáneos		
	Estoy a favor	**Estoy en contra**
penalización de la droga		
relaciones homosexuales		
legalización del aborto		
experiencias prematrimoniales		

La libertad en casa			
	Libremente	**Difícilmente**	**Jamás**
¿Puede pasar la noche fuera de casa?			
¿Puede llevar al novio / a la novia a casa?			
¿Puede tener relaciones amorosas en casa?			

Tiempo que dedican a sus aficiones

(promedio de minutos diarios)

ver la televisión

tomar copas

pasear

leer libros

escuchar música

servicio comunitario

hacer deportes

practicar hobbies

leer la prensa

juegos

otras cosas

Vocabulario útil

Actividades favoritas de los jóvenes

ir de copas   salir a tomar unas bebidas en un bar

ligar   establecer el primer contacto amoroso con alguien (Este "alguien" se llama **un ligue**.)

Reacciones y sentimientos

estar agobiado   estar cansado; estar exhausto

estar dispuesto   tener una disposición positiva a algo

> Los jóvenes españoles **están dispuestos** a vivir en casa hasta que se casen.

ser una lata   ser un fastidio; ser un problema; ser una molestia

> Según algunos muchachos españoles, es **una lata** hacer los quehaceres de la casa.

pasar de   no tener interés en algo

> Muchos jóvenes no participan en la política. Es decir, **pasan de** ella.

ser partidario de algo   ser aficionado a algo

> Los jóvenes **son muy partidarios** de mirar la tele.

(no) soportar   (no) tolerar

> Un joven acostumbrado a la libertad **no soportaría** un horario fijo.

traerle (a alguien) sin cuidado   no importarle (a alguien)

> Curiosamente, el SIDA **les trae sin ciudado** a los jóvenes españoles.

El mundo del trabajo, de los negocios y del dinero

colocado   empleado

empresario   un hombre de negocios

enriquecerse   hacerse rico

sobornar   una actividad ilegal, que consiste en pagarle dinero a un oficial para que rompa la ley a beneficio de uno

Preocupaciones de los jóvenes españoles de hoy

comprar un piso   comprar un apartamento

estar en paro   estar sin trabajo

pasar hambre   tener hambre

el SIDA   una enfermedad, muchas veces mortal, que debilita el sistema inmunológico

EXPRESIONES IDIOMÁTICAS Y OTRAS PALABRAS ÚTILES

la otra cara de la moneda   otro aspecto de un tema

venirle bien a uno   resultarle bien a uno

*Económicamente **les viene bien** a los jóvenes españoles seguir viviendo con sus padres.*

ESPAÑA: VIDA MODERNA

"Tele y copas, las drogas juveniles de los noventa"

La estadística oficial describe así a los nuevos jóvenes españoles: gastan su tiempo en ver la televisión y en tomar copas. Pasan de política, les obsesiona el dinero, les trae sin cuidado el SIDA y no se van de casa hasta bien cumplido el cuarto de siglo.

El lema de la juventud *hippy* de los años sesenta fue "sexo, drogas y rock and roll". Los jóvenes españoles de los noventa dicen que son adictos a la televisión, a las copas y al paseo. Son los hijos del *baby boom* y la era audiovisual.

Miguel Angel Morón, 21 años, madrileño, que trabaja como mensajero, es uno de los 9.715.000 jóvenes que hay en España. A pesar de trabajar doce horas diarias, aún le puede dedicar dos a la televisión. Y los fines de semana algo más, ya que aprovecha para ver películas en el video.

Según el nuevo Informe de la Juventud en España II al que ha tenido acceso esta revista, realizado por el Instituto de la Juventud, la mayoría de los chicos y chicas entre 15 y 29 años tiene a la tele como principal diversión.

Un chico responsable. Pero Miguel Angel también cumple otros requisitos que le caracterizan como joven actual. Vive con sus padres y no piensa irse de su

%	Con el padre		Con la madre	
	Ellos	Ellas	Ellos	Ellas
Trabajo y estudios	63	64	65	75
Sobre el futuro	53	54	56	64
Diversiones	30	34	38	49
Problemas personales	22	18	29	39
Política	19	16	12	13
Religión y moral	12	17	17	26
Sexo	7	8	9	21

DE LO QUE MÁS SE HABLA EN CASA

Éstas son las conversaciones más frecuentes. En cada apartado, el resto confiesa que no habla o que lo hace con poca frecuencia.

casa "hasta que me case, porque soy muy joven para vivir solo". Su novia, Rosa María, también de veintiún años, es cajera de un hiper[1] y tiene la misma forma de vida. Se sienten cómodos en casa y económicamente les viene bien, porque gracias a ello "nos podemos comprar un piso". Hasta hace dos años, Miguel Angel entregaba todo el salario a su madre, pero ahora sólo le da 25.000 pesetas. El resto lo reparte entre las letras del piso[2], del coche... y sus gastos personales, que se han visto muy limitados por todas sus inversiones.

Él fue, hace cinco años cuando empezó a trabajar, uno de los pioneros en poblar las grandes ciudades de chicharros (vespinos)[3],

QUE TRABAJEN LAS MUJERES		
%	Ellos	Ellas
Limpiar en casa	6	40
Cocinar	4	29
Lavar y planchar	0,6	6
Otros trabajos domésticos	8	26
• Se resaltan los datos más llamativos.		

de los que corren vertiginosamente entre los coches para repartir documentos y paquetes. Hasta entonces estudiaba a trancas y barrancas[4]. Como no se divertía demasiado en la escuela, se buscó unos coleguis[5] de no muy buena reputación. Para evitar que la cosa pasara a mayores, sus padres decidieron que lo mejor era que empezara a trabajar.

Miguel Angel no pasó la frontera del mal y se mantuvo como chico responsable. El estudio muestra que el 63 por ciento de los entrevistados se muestran partidarios de la penalización del consumo de drogas. No esperan conseguir el *nirvana* a través del ácido, como sus antecesores los *hippies.*

Entre los jóvenes sigue existiendo la discriminación por razón de sexo. El machismo es algo real en el seno de las familias españolas. Lo indica el informe y la confirma Isabel Lázaro, de 24 años, psicóloga en paro.

Ella y su hermano pequeño viven con una tía y la abuela materna. "Mi tía trabaja fuera de casa así que todas las tareas domésticas las tenemos repartidas. Pero mi hermano busca siempre cualquier excusa para escaquearse o cumple pero siempre bajo mínimos."

También Ignacio Barturen, 24 años, estudiante de quinto[6] de Económicas en

1. una muchacha que trabaja en la caja de un supermercado   2. los pagos de un piso   3. motocicletas
4. superando todos los obstáculos   5. compañeros, amigos, colegas   6. del quinto año de estudios

Deusto (Bilbao), se queja de las "labores del hogar", aunque tiene muy asumido que no le queda más remedio que hacerlas. Son seis hermanos y sus padres trabajan. "Mi madre es profesora y mi padre marino así que —dice— nosotros tenemos que hacer casi todas las cosas: desde ir al banco a cuidar de la casa. Menos mal que nos llevamos muy bien y nos repartimos las tareas, pero no deja de ser una lata. Además hay cosas que las chicas no saben hacer: clavar clavos, arreglar enchufes... Eso nos toca a nosotros."

El estudio es claro en ese punto. El 94 por ciento de los chicos encuestados no participa en la limpieza de la casa mientras que sí lo hacen el 40 por ciento de las chicas.

Ignacio admite que todavía existe el machismo y pone de ejemplo su exitosa facultad, donde casi nadie conoce el paro al finalizar la carrera. "Cuando las empresas vienen a buscar gente empiezan por los chicos, sólo aceptan a las mujeres cuando los hombres están colocados. De la promoción del año pasado sólo hay una chica en el paro."

Las relaciones familiares, según el Informe, no han cambiado demasiado. La tolerancia es... relativa. El sexo, en la teoría y en la práctica, sigue siendo casi tabú. Se habla poco de él y hay menos libertad para practicarlo en casa. Ni Isabel, ni Miguel ni Ignacio pueden *dormir* en casa con sus novios o ligues, situacion que comparten con el 82 por ciento. Eso sí, le pueden llevar a casa e ir de vacaciones con ellos pero con la familia de carabina[7].

A pesar de las restricciones de libertad, prefieren seguir en casa. Sólo la dejan cuando encuentran una gran oposición para sus planes futuros o tienen que irse a estudiar fuera de su lugar habitual de residencia. O al casarse.

LIBERTAD CONTROLADA			
%	Total	Ellos	Ellas
PUEDEN PASAR LA NOCHE FUERA DE CASA*			
Con toda libertad	37	46	26
Con dificultades	16	18	13
Con grandes discusiones	12	11	14
No podrían	32	22	41
PUEDEN LLEVAR EL NOVIO A CASA			
Con libertad	72	77	67
Con dificultades	7	7	7
Con grandes dificultades	4	4	4
No podrían	17	12	22
PUEDEN HACER EL AMOR EN CASA			
Con libertad	8	13	3
Con dificultades	6	8	3
Con grandes dificultades	8	8	4
No podrían	78	69	90

*El resto hasta cien no lo plantean.

7. por fuerza

En Silvia García, 26 años, concurren las dos primeras circunstancias. Hace seis años abandonó León para ir a Madrid a estudiar arte dramático. Esta elección le supuso una ruptura familiar que se prolongó durante tres años. Para su padre, el mundo del teatro era *sucio* y no ofrecía un futuro seguro. Silvia lo tenía muy claro y siguió adelante. Sin pedir jamás dinero a su familia. "Nunca he hecho en el teatro papeles sino papelillos y he tenido y tengo que hacer montones de trabajos alternativos. Desde publicidad a modelo pasando por vendedora de rosas. Estoy siempre agobiada, pero nunca he pasado hambre."

"Sin relación" Jaime Esquerdo, 26 años, madrileño, es el amigo con el que Silvia comparte el piso. Y como ella también intenta hacerse un hueco en el mundo artístico aunque en distinto sector: el cine. Sus *hobbies* y su profesión se confunden: cuando no trabaja para sobrevivir hace cine, ve cine, lee revistas de cine, libros de cine... Acepta trabajos que "no me aten. No soportaría tener un horario. Necesito estar disponible para dedicarme a lo que me gusta".

Jaime pertenece dentro del estudio al 35 por ciento que se define *sin relación*. "Yo —dice— voy por libre. Ni tengo novia ni la he tenido nunca." Las distintas relaciones existentes hoy día son reconocidas en la encuesta de la siguiente manera: *con pareja, con novio, con prenovio, con ligue* o la mencionada anteriormente como *sin relación*.

Tener novio formal supone, cuando él trabaja, una forma de mejorar el nivel de vida. Isabel Lázaro, dispone de una paga de diez mil pesetas mensuales pero gracias a los ingresos de su novio Fernando, que es ingeniero de caminos, "vivimos mucho mejor y podemos ir a cenar o a espectáculos a los que yo no podría asistir". Maribel, como la llaman familiarmente, no piensa casarse hasta que no tenga un trabajo. "Estoy convencida de que si no lo hago antes me convertiré simplemente en *señora de...* y no me gusta nada esa idea."

TIEMPO QUE DEDICAN A SUS AFICIONES	
(Media de minutos diarios)	
A la televisión	120
Tomar copas	60
Pasear	22
Leer libros	15
Escuchar música	15
Oír la radio	8
Hacer deporte	9
Practicar hobbies	8
Leer la prensa	6
Juegos	4

NIVEL DE ESTUDIOS		
%	Población total	20-29 años
Estudios superiores	3	4
Estudios medios	31	66
Estudios primarios	45	26
Analfabetos y sin estudios	21	2

Una mujer decidida. Mercedes Arístegui, 24 años, bilbaína[8], demostró tener más decisión. Hace dos años terminó los estudios de administrativo que había simultaneado con el trabajo en una tienda. Su pequeña experiencia le hizo decidirse a probar fortuna como empresaria. En la primera fase montó una tienda con su familia —padres y siete hermanos— de la que ella es socia y encargada. En septiembre del pasado año decidió ampliar horizontes y abrir otra tienda por su cuenta y riesgo. Los créditos la tienen asfixiada, así que sigue viviendo en la casa familiar. Durante la semana apenas sale, pero los fines de semana aprovecha a tope[9] y se va de poteo con los amigos. Cuando se le pregunta de qué hablan, dice que de la "actualidad del día...". Entonces, ¿habláis de política?, "no, casi nunca".

No es que Mercedes sea rara, simplemente es una más. Sólo el 23 por ciento de los jóvenes españoles se sienten muy interesados por la política a pesar de que en el País Vasco[10] es donde más concienciados están y donde se muestran más radicales. Allí se definen como de izquierdas con un fuerte apoyo de Herri Batasuna[11] y en el resto del territorio predominan los de centro-izquierda.

Silvia García y Jaime Esquerdo son la otra cara de la moneda. A los dos les encanta discutir de política con sus amigos: ella dice que es "del PCE[12] de toda la vida" y él está muy interesado en todo lo que sucede pero "no formo parte de ningún partido y tampoco soy muy combativo".

Unos poquitos como José Antonio Pérez Sequeiro, de diecinueve años, casi no sabrían qué hacer si no existiera la política. Participa activamente en ella desde hace dos años pero "siempre tuve mucha conciencia de las situaciones que me rodeaban y luchaba cuando se cometían injusticias, en el colegio o en el instituto". Ahora es secretario general del Sindicato de Estudiantes y todas sus aficiones, sus amigos, giran alrededor o están relacionados con la política. No se muestra muy interesado por el sexo y reconoce que las chicas no le quitan el sueño. Por eso cuando tiene un minuto libre prefiere jugar al futbolín.

MÁS TOLERANTES QUE SUS PADRES	
PENALIZACIÓN DE LA DROGA	%
A favor	63
En contra	35
Relaciones homosexuales	
A favor	81
En contra	17
LEGALIZACIÓN DEL ABORTO	
A favor	66
En contra	31
EXPERIENCIAS PREMATRIMONIALES	
A favor	89
En contra	11

8. de la ciudad de Bilbao   9. al máximo   10. región en el norte de España   11. partido separatista vasco
12. Partido Comunista Español

DE QUÉ VIVEN			
%	Total	Ellos	Ellas
Carecen de recursos propios	56	52	62
Independencia económica parcial	21	20	21
Independencia económica total	12	15	8

A Esther García, 20 años, le sucede justamente lo contrario. No tiene novio aunque no le faltan oportunidades. Estudia tercero[13] de Físicas y en la universidad se dio cuenta de que "yendo al estilo de Gary Cooper, sola, no puedes hacer nada". Por eso se apuntó en el CDS[14] y ahora es una de los 184.000 jóvenes españoles que participan en la política, un escaso 2 por ciento del total.

Ve su futuro económico un tanto negro a medio plazo[15] y comenta que le gustaría independizarse aunque lo ve "cantidad de difícil".

La juventud rural. En pleno campo andaluz[16], en un pueblecito de Córdoba, Cayetano Ramírez, 21 años, jornalero[17] cuando hay trabajo, tiene unos problemas similares a sus compañeros de ciudad aunque el cese de la emigración y el mayor atraso de las zonas rurales prolongan y dificultan más la salida de la gente joven. Para más *inri*[18], la novia de Cayetano, Carmen, de su misma edad, se dedica a sus labores. Les gustaría casarse pero "tendríamos que vivir con nuestros padres y no es plan". Cayetano sueña con ser su propio empresario, tener unas finquitas y trabajarlas, "nada más".

Las facilidades de comunicación han acercado la forma de diversión entre la ciudad y el campo. "Los fines de semana —comenta Cayetano— vamos con los que tienen coche a alguna discoteca de los pueblos vecinos."

A pesar de esta mayor proximidad entre el campo y la ciudad, todavía hay diferencias tan notables como la proporción de estudiantes entre 16 y 19 años. En el medio rural es justo la mitad que en el resto de España.

Esta es una de las razones por las que muchos jóvenes no entienden el eslogan publicitario "¡qué grande es ser joven!".

—**Pilar Díez y José Manuel Huesa**

(*Cambio 16,* España)

---

13. tercer año de estudios   14. Coalición Democrática Social   15. en un futuro inmediato   16. de Andalucía, región del sur de España   17. una persona que trabaja de día en día, sin trabajo permanente   18. para agravar las cosas

"La juventud acepta los valores conservadores"

Los jóvenes conceden más importancia al dinero que a la cultura, asocian
la fortuna y el poder con deshonestidad. Creen que la sociedad será aún
más injusta en el futuro, pero están dispuestos a resignarse.

Para ser rico en España hay que ser deshonesto: es por métodos deshonestos como se han conseguido casi todas las grandes fortunas. La mayoría de los ciudadanos están dispuestos a enriquecerse aunque para ello sea preciso sobornar funcionarios, defraudar a Hacienda[1] o llevar a cabo tráfico de influencias. Hoy en día es más importante tener dinero que ser inteligente. Aquí, para tener poder hay que ser político; para tener dinero hay que ser empresario; y para tener prestigio hay que ser juez. Si quieres tener poder, dinero o prestigio, no se te ocurra ser profesor, sindicalista[2] ni policía.

¿Acaso es así la España de los 90? Los jóvenes creen que sí, según lo revela una encuesta realizada por el Instituto DYM para CAMBIO16. Y creen, además, que en el año 2000 la sociedad será aún más injusta, alimentará mayores desigualdades y se caracterizará por una despiadada competitividad entre sus miembros.

A pesar de vivir en una sociedad corrupta, los jóvenes de hoy aún creen en el valor de la amistad.

---

1. oficina de impuestos   2. un miembro de un sindicato (una organización de trabajadores que se organizan para mejorar sus condiciones de trabajo)

Y ahora, la sorpresa: estos mismos chicos que tan mala idea se han formado de la sociedad actual, no parecen muy dispuestos a luchar para cambiarla. Por el contrario, a lo largo del estudio se revelan como fieles discípulos de tan dudosos valores y se muestran dispuestos a jugar dentro de estas reglas.

Sus paradigmas son justamente las figuras cumbres de la empresa y la política, aunque el ejercicio político les atrae muy poco. Le tienen más miedo a la pobreza que a montar en avión o ser víctima de un robo. Los crímenes pasionales les producen mayor rechazo que los delitos económicos. Y aunque declaran que prefieren ser inteligentes que ricos, confiesan que proporciona mayor influencia y prestigio la riqueza que la inteligencia.

Las conclusiones de ésta y otras encuestas, que arrojan resultados parecidos, han producido un escalofrío general entre educadores y sociólogos.

El valor que podríamos llamar *ética económica* está a la baja, dice Juan de Isasa, ex director del colegio del Pilar. "Quieren ser ricos de forma rápida; ciertos valores como esfuerzo, constancia, etcétera, están en baja; no interesa trabajar para ir ganando poco a poco, sino ganar mucho y pronto".

En casa con los padres. Ya desde 1988 algunas investigaciones revelaban la aparición de una tendencia conservadora y conformista entre los jóvenes. Se detectaban signos de cambio en las relaciones familiares, como la reducción de tensiones entre padres e hijos. El Ministerio de Asuntos Sociales

cuya titular es Matilde Fernández, indicó el año pasado que de 9.500.000 jóvenes que tienen entre 15 y 29 años el 74 por ciento vive con sus padres, cifra que era mucho más baja unos años atrás.

Hay razones materiales y sentimentales que les aconsejan permanecer en casa. Abandonar el cómodo y tibio techo paterno para vivir en un estudio diminuto con dos o tres amigos, como se hacía en los años 60, castiga el bolsillo y el bienestar; y los chicos de hoy, más realistas que los de antes, no parecen muy dispuestos a hacer sacrificios de esta clase.

Lo mismo sucede en su relación con la sociedad, esa sociedad en que, según ellos, casi toda riqueza es deshonesta y en la que el dinero es más importante que la inteligencia. Discrepan de ella, pero están dispuestos a aceptar sus reglamentos e integrarse.

Actitudes antisociales. La ética de los chicos ante los asuntos públicos y privados ha variado a tono con su nueva actitud. Puestos a considerar el grado de justificación de una serie de situaciones inmorales, entre 1984 y 1989 aumentó en los informes de la Fundación Santa María la intole-

---

PRÁCTICAS DESHONESTAS
¿Qué medios poco ortodoxos usaría la gente para hacerse rico?

Llevar a cabo tráfico de influencias	44,9%
Defraudar dinero a Hacienda	22,0%
Utilizar información privilegiada	17,4%
Sobornar a un funcionario	9,2%
Traicionar el secreto de un amigo	2,7%

rancia hacia la droga, el aborto, el divorcio y la infidelidad matrimonial. En cambio, se muestran más tolerantes en otros aspectos: sobornos, comprar objetos robados, mentir en provecho propio, engañar en los impuestos, coger un coche desconocido y no informar sobre daños cometidos a un coche ajeno.

El profesor de la Universidad de Zaragoza Pedro González Blasco interpreta estos datos como efecto de "una relajación de la *ética económica* en una sociedad donde tener dinero por el medio que sea y figurar y lograr éxito se da como pauta generalizada". Según el profesor González Blasco, este clima imperante ha podido influir en la mayor aceptación de "actividades un tanto antisociales".

No era así hace cuatro años. Ni hace 20. No eran así sus padres, aquellos que construyeron la transición de una España dictatorial hacia una España democrática y abierta, aquellos que levantaron de manera triunfal la bandera del Partido Socialista.

Pero, al mismo tiempo, ¿no han sido sus padres, los socialistas, quienes crearon una sociedad capitalista donde, según el antropólogo Julio Caro Baroja, "hay culto por el dinero y admiración por la banca"?

"Los chicos tienen un mal concepto de la actual sociedad, pero al mismo tiempo no creen que la puedan cambiar", señala Mayor Oreja. Esta tendencia también se refleja en la decadencia del radicalismo. En 1982, el 60 por ciento de los jóvenes de extrema izquierda prefería la revolución antes que las reformas. En 1989, los revolucionarios eran apenas el 24 por ciento de los extremo-izquierdistas y los reformistas eran ya el 55 por ciento.

El rechazo a los extremismos y la violencia, la resignación, el amor al dinero y la laxitud frente a los medios para lograrlo son algunos de los valores que descubren los estudios de opinión realizados entre los jóvenes españoles de los 90. Además, los chicos de hoy también muestran alto aprecio por la libertad (hace unos años prevalecía el aprecio por la igualdad), conceden alta valoración a la amistad, el amor y la igualdad racial. Hay en ellos creciente rechazo a la droga, las corridas de toros, el cigarrillo y el alcohol; comprensión hacia los enfermos de sida y deseos de fomentar la solidaridad internacional.

Uno de los valores que más alto se cotiza[3] en la sociedad española de los años 90 es la juventud esplendorosa pudiente[4]: la publicidad ha hecho de ella un mito y la prensa del corazón le rinde tributo semanal. Pero también esta idolatría tiene sus críticos. "Ahora el valor fundamental es ser joven —dice Caro Baroja—; pero es una admiración un poco ridícula, porque el ser joven y tener dinero es muy agradable, pero el que los demás debamos de manifestarle nuestra veneración, resulta ininteligible".

O, parodiando a Oscar Wilde, "el principal problema de la juventud es que sigue estando en poder de los jóvenes". De estos jóvenes.

—Daniel Samper Pizano
(*Cambio 16*, Espa*ñ*a)

---

3. valorar   4. económicamente cómodo

COMPROBANDO LA LECTURA

"TELE Y COPAS..."

1. En sus propias palabras defina las siguientes relaciones: con novio, con pareja, sin relación, con prenovio, con ligue. ¿Puede Ud. elaborar un esquema para organizar estas relaciones, por ejemplo, de la más seria a la menos seria?

2. ¿Se puede considerar a Jaime Esquerdo un chico romántico? Explique por qué sí o por qué no.

3. Busque en este artículo tres razones que explican por qué algunos jóvenes españoles siguen viviendo con los padres.

4. ¿Cuáles son algunas de las preocupaciones para el futuro que citan estos jóvenes?

5. ¿Cómo se nota la persistencia del machismo en la cultura española? ¿Son las afirmaciones de Isabel Lázaro prueba suficiente para generalizar que la sociedad española es machista?

"LA JUVENTUD ACEPTA..."

1. ¿A qué conclusiones conduce este artículo acerca de los jóvenes españoles? ¿Se compaginan éstas con las del artículo anterior o están en oposición?

2. Enumere cinco valores y aspiraciones de los jóvenes encuestados.

3. El artículo anterior, "Tele y copas...", presenta la experiencia de jóvenes concretos, mientras que este artículo generaliza sobre la experiencia juvenil. ¿Coinciden los valores expuestos de forma abstracta en el segundo artículo con la imagen de los jóvenes de carne y hueso del artículo anterior?

4. Ofrezca cinco adjetivos para caracterizar las tendencias de los jóvenes españoles. ¿Reflejan los adjetivos que Ud. ha escogido una reacción positiva, negativa o neutra?

5. ¿Cómo influye la sociedad en la formación de los valores de la juventud española actual? ¿Es la influencia social más importante que la familiar?

TEMAS PARA CONVERSAR

1. IMAGÍNESE: MESA REDONDA SOBRE LA JUVENTUD.
La clase simulará un programa televisivo de actualidades en el que el tema que se discute es el de la juventud de hoy. Para esto, los estudiantes de la clase se dividirán en dos grupos:

Grupo A. Algunos estudiantes asumirán la identidad de entrevistadores, a quienes les interesa el tema de la juventud. Este grupo preparará por escrito unas 10 preguntas a dirigirles a los del grupo B.

Grupo B. Cada uno de los estudiantes de este grupo asumirá la identidad de una de las siguientes figuras de los artículos: José Antonio, Rosa María, Miguel Ángel, Ignacio, Carmen, Cayetano, Esther, Silvia, Jaime, Isabel y Mercedes. Mientras los del primer grupo preparan sus preguntas, cada "personalidad" desarrollará y matizará las inquietudes que había expresado en los artículos. Esto se puede hacer mentalmente o por escrito. Después de preparar este material, se formará una mesa redonda en que se intercambian preguntas del primer grupo y las respuestas y comentarios individuales del segundo grupo.

2. IMAGÍNESE: LA MUJER EMPRENDEDORA.
Divídanse en parejas para simular un diálogo en el que Ignacio se enfrenta verbalmente con una de las mujeres emprendedoras mencionadas en el artículo: Silvia, Mercedes, Isabel o Esther. Cada grupo se reunirá primero para preparar el diálogo —sea en clase o en casa— y luego representará el diálogo en clase.

3. IMAGÍNESE: LA MUJER POLÍTICAMENTE COMPROMETIDA.
En parejas desarrollen y representen un diálogo entre Silvia, una mujer a quien le encanta discutir de la política, y Jaime, un estudiante que no toma ningún partido. Discutan sus ideas sobre el valor de tomar partido en la política.

4. LAS CARRERAS Y LA BRECHA GENERACIONAL.
El padre de Silvia García se opuso a que su hija eligiera una carrera en el teatro por considerarlo un trabajo sucio. ¿Qué tipo de reacción tendría un padre norteamericano ante este asunto? Discuta cuáles son las carreras u oficios aceptables y no aceptables en la comunidad donde Ud. vive. ¿Cuáles tienen más o menos prestigio? ¿Por qué y para quién?

5. ¿VIVIR SOLOS O EN CASA?
¿Sigue Ud. viviendo en casa con sus padres? ¿Por qué sí o por qué no? ¿El hecho de que más jóvenes vivan en casa refleja mayor entendimiento entre jóvenes y adultos en esta generación o refleja más bien una simple necesidad económica?

6. COMPARAR GENERACIONES.
Haga una lista de los aspectos de la ideología de los jóvenes españoles con que se identifica Ud. Preste particular atención a los rasgos descritos en la última parte del artículo "La juventud acepta los valores conservadores" para discutir con sus compañeros las semejanzas y los contrastes entre Uds. y los españoles y también para determinar los valores que Uds. tienen en común entre sí.

7. ICONOS PERSONALES Y CULTURALES.
En grupos de tres o cuatro hagan una lista de:

a. las cinco personas más admiradas por Uds. en la política y en el mundo de los negocios, y

b. sus cinco ídolos en la cultura y/o en los deportes.

Después comparen su lista con las de los otros grupos y discutan las implicaciones de estas selecciones.

8. ESCRÚPULOS.
Hay situaciones en la vida en que uno tiene que tomar una decisión ética pero en que la tentación de actuar de forma inescrupulosa es fuerte. A continuación encontrará una serie de situaciones difíciles. Con un/a compañero/a de clase elija una de las situaciones. Cada pareja debe preparar un "minidrama" que consista en un debate interior para representar ante la clase. Uno tomará la postura de la parte de la personalidad que quiere actuar de forma ética y el otro tomará la postura egoísta.

LAS SITUACIONES

a. Al estacionar su coche Ud. choca contra otro coche aparcado en la acera. ¿Dejaría de informar al dueño del otro coche de los daños?

b. Ud. tiene una entrevista de trabajo muy importante. Para obtener este empleo se necesita tener una experiencia que Ud. no tiene. ¿Miente en beneficio propio?

c. Hace tiempo que Ud. desea comprar un ordenador de último modelo pero francamente no se puede permitir el lujo. Por casualidad un conocido le ofrece uno robado a un precio muy módico. ¿Lo compra?

d. Ud. ve a su padre besando en el parque a una mujer que no es su esposa. ¿Se lo cuenta Ud. a su madre?

e. Ud. tiene unos amigos que trafican en drogas. ¿Ud. los denuncia a la policía?

f. Aunque Ud. no es millonario y no tiene grandes ingresos resulta que este año le toca pagar una gran cantidad de dinero a Hacienda. ¿Alteraría la verdad en la declaración de renta, señalando más gastos médicos y profesionales de los que ha tenido, para evitar una deuda considerable?

9. ENCUESTA. En una escala de 1 a 10 (siendo 1 el más bajo y 10 el más alto) indique el valor personal que Ud. pone a los siguientes asuntos:

a. el activismo político

b. el trabajo

c. el ocio

d. el amor

e. la libertad

f. la seguridad

g. la justicia social

h. la amistad

i. la familia

j. la honestidad

k. la igualdad racial

Comparen los resultados entre los miembros de la clase para interpretarlos, y después comparen esos resultados con los datos de las encuestas de los jóvenes españoles para hacer observaciones sobre las distintas culturas.

10. LA JUVENTUD COMO MITO: REACCIONES PERSONALES.

La sociedad ha hecho de la juventud un mito; a través de la prensa y los medios de comunicación se glorifica o se desprecia la juventud. ¿Cómo se siente Ud. al saberse objeto de investigación o el sujeto de una encuesta? ¿Esta atención les da o les resta poder a Uds.?

Temas para escribir

1. Mirada futurística.   Imagínese que Ud. es un arqueólogo del año 2500 y que ha descubierto las gráficas de estos artículos. Escriba un artículo —¡en su computadora, naturalmente!— para mandar a sus colegas en el que Ud. intenta describir la sociedad joven española de fines del segundo milenio.

2. ¡Viva el materialismo!   Escriba un artículo elogiando el materialismo. Puede escribirlo para su propio periódico estudiantil o para una publicación adulta más conservadora.

3. ¡Abajo el materialismo!   Desarrolle una crítica del materialismo para una de las siguientes publicaciones: un folleto religioso, una revista de ética, o como editorial para su periódico estudiantil.

4. ¿La juventud para los jóvenes?   En un ensayo defienda o refute la afirmación de Oscar Wilde de que "el principal problema de la juventud es que sigue estando en poder de los jóvenes".

FACETA 2

La problemática de los jóvenes del Perú

¿Tiene sentido hablar en términos generales de "la juventud"? El siguiente artículo de una publicación peruana nos indica que las inquietudes de los jóvenes del Perú, un país en pleno y difícil proceso de desarrollo económico, parecen bastante diferentes de las de los jóvenes de España, un país ya en pleno desarrollo económico. Es más, este artículo pone en tela de juicio la posibilidad de hablar de "la juventud" como grupo incluso dentro de un solo país.

Aunque el Perú tiene una tradición democrática hay quienes afirman que el gobierno no se preocupa bastante de los problemas de grupos marginados como los indios e incluso los jóvenes. Un resultado de este desacuerdo con el proceso político "legítimo" ha sido el crecimiento del grupo revolucionario marxista Sendero Luminoso. El presente artículo expone las razones de la creciente popularidad de este movimiento entre los jóvenes peruanos.

ANTES DE LEER

1. JUEGO DE PALABRAS.

Antes de leer el artículo que sigue, y tomando en cuenta el hecho de que Sendero Luminoso es un grupo revolucionario que utiliza medios terroristas para alcanzar sus fines (Ud. aprenderá más sobre este grupo en este artículo y en el capítulo "Manifestaciones del Poder"), ¿cómo explicaría Ud. el juego de palabras implícito en el título "El no tan luminoso sendero de la juventud"?

2. JÓVENES DE AQUÍ Y DE ALLÁ.

Antes de leer discutan hasta qué punto estas situaciones son válidas para los jóvenes norteamericanos en general o para algunos grupos en concreto. Al leer el artículo, tenga presente estos puntos con el propósito de buscar semejanzas y diferencias entre la experiencia de ser joven en el Perú y en los Estados Unidos:

a. Algunos jóvenes, al ver sus expectativas para el futuro frustradas, se vuelven autodestructivos.

b. Las posibilidades de ingresar en la universidad son muy limitadas.

c. La sociedad siente cierto resentimiento hacia los universitarios.

d. Difieren mucho las oportunidades educativas para los ricos y para los pobres.

e. La falta de oportunidades laborales satisfactorias resulta en la agresividad por parte de los jóvenes.

f. Hay universidades que ofrecen mayor probabilidad para el éxito profesional que otras.

g. Los que son de regiones rurales y estudian en las universidades de los centros urbanos no se sienten del todo cómodos ni en el campo ni en la ciudad.

h. La sociedad rechaza o menosprecia a los que no hacen estudios superiores.

i. Hay grupos políticos que atraen a los que no han realizado sus metas y que no tienen amplios horizontes para el porvenir.

3. LA JUVENTUD IDEAL.

¿Qué características asocia Ud. con la juventud? ¿Cómo sería una juventud ideal?

Vocabulario útil

Del mundo de la educación

el carné   la tarjeta de identidad

un egresado   un graduado

inscribirse = matricularse   ingresar en un curso de estudios

Palabras relacionadas con el trabajo, las finanzas o la economía

una carga   una obligación pesada

escaso   poco; limitado *(sustantivo relacionado:* **la escasez** *– la limitación)*

> *Los recursos económicos de muchos estudiantes peruanos son* **escasos;** *sufren de una* **escasez** *de fondos.*

un obrero   un trabajador de trabajo manual

postular a un empleo   presentarse como candidato para un empleo

un vago   un perezoso

Otras palabras y expresiones útiles

aferrarse a algo   atarse a algo; agarrarse a algo

> *Los jóvenes que caen víctimas de las drogas suelen* **aferrarse** *a ellas.*

un desgano   una falta de ganas; una apatía a algo

una encrucijada   un cruce de caminos; una intersección (se usa literal o metafóricamente)

> *Muchos de los jóvenes peruanos de este artículo se enfrentan a la* **encrucijada** *de decidir su futuro.*

ser hijo de familia   ser hijo de familia acomodada; ser "señorito"

otorgar   conceder

> *El ser estudiante en el Perú no* **otorga** *estatus a muchos jóvenes; al contrario, les resta prestigio.*

postergar   posponer

un rasgo   una característica física o de personalidad

un reto   un desafío

vinculado a algo   unido a algo; conectado a algo   *(verbo:* **vincular***)*

"Ser joven en el Perú: El no tan luminoso sendero de la juventud"

Las investigaciones de un demógrafo, Giovanni Bonfiglio, y la de un periodista, Raúl González, concurren en este informe para ofrecernos una imagen de ese problema de problemas que es el de la juventud en nuestro país.

I

Manuel Hernández Gómez es el nombre de un joven que acaba de cumplir los dieciocho años y que puede mostrar con orgullo una flamante y nuevecita libreta electoral que le acaba de ser entregada por el Jurado Nacional de Elecciones, y que lo acredita como ciudadano con todos los derechos y obligaciones del caso.

"Manolo", como lo llaman en casa, vive en La Pascana, unos kilómetros "más arriba" de Comas, y culminó sus estudios secundarios en un colegio nacional a la edad de dieciséis años, ocupando nada menos que el tercer puesto de la clase. "Eres fijo para la universidad", le repetían sus profesores y también sus compañeros, quienes no podían disimular una

cierta envidia hacia el amigo "chancón" y tranquilo que tenía su futuro casi asegurado.

Hasta que terminó el colegio y llegó el día de los exámenes "Manolo" no alcanzó ni una de las vacantes que la universidad ofrecía. Sus padres, sus seis hermanos, familiares y amigos no podían entender las razones del fracaso de la "joven promesa" de la casa y del barrio.

Sus padres entendieron lo difícil que era el ingreso a una universidad, comprendieron los problemas existentes y le comunicaron que le darían todo el apoyo del caso para que volviera a intentarlo y que para ello lo ayudarían a matricularse en una academia de preparación preuniversitaria. Así lo hizo. El ciclo duró nueve meses y le demandó a la familia un desembolso económico nada despreciable[1]. Su rendimiento en la academia fue considerado como muy bueno.

Al año siguiente volvió a inscribirse, esta vez en dos universidades ("en una de ellas debía ligar"). El resultado, no obstante, fue el mismo y tuvo que volver a leer en las listas de ambas universidades la liquidadora sentencia: "NO INGRESÓ". En esta oportunidad, sin embargo, los reproches reemplazaron a la comprensión del año anterior. Y los argumentos no fueron otros que los que suelen emplearse en estos casos: "la culpa es tuya; tus amigos te están llevando al fracaso y a la autodestrucción; ellos sólo buscan divertirse contigo y aprovechar el poco de dinero que con tanto esfuerzo te ganas".

Desde ese día todo comenzó a cambiar para "Manolo". No sólo porque las necesidades económicas aumentaron en casa y sus padres comenzaron primero a sugerirle, y luego a decírselo directamente, que si no podía entrar a la universidad tendría que comenzar a buscar un empleo, pues ellos no iban a mantener a un vago. Nuestro personaje comenzó a sentirse

---

¿VENGANZA?

¿Por qué un joven de diecisiete años puede decidir empuñar las armas y embarcarse en la aventura senderista? Uno de ellos, actualmente bajo la jurisdicción de un juez de menores, lo explica de la siguiente manera:

—A mi padre lo mataron los militares en Huancavelica. Mis dos hermanos han sido declarados como desaparecidos. Fue así como me vinculé al comité de Familiares de Desaparecidos. Un día uno de los que tenía más influencia en el grupo me dijo que quería conversar conmigo. "Tus hermanos están muertos" —me dijo—, "igual que tu padre. A tí te toca vengarlos, porque a nadie se le puede quitar la vida porque a un militar se le da la gana". Le dije que estaba de acuerdo. Me puso, algunos días después, en contacto con otro miembro del partido. Éste me explicó cómo se manejaba un arma y luego de una breve explicación acerca de las razones por las cuales luchaban me preguntó si estaba dispuesto a realizar acciones para vengar a mis hermanos y a mi padre. Mi respuesta fue que sí. Me dijo entonces que esperara que se me designara a participar en acciones que no tenían otro fin que vengar todas esas muertes injustas. Tuve que esperar varios meses, hasta que un día me citaron en la cuadra 29 de la avenida Arequipa: "un Toyota rojo te recogerá", me dijo. Yo estuve puntual en la cita, y el carro rojo también lo fue. En su interior había personas a las cuales yo no conocía. Ellos me explicaron de qué se trataba y a quién había que matar. Lo que nunca imaginé fue que el que debía disparar el tiro decisivo era yo. Así comenzó todo, pero ahí mismo terminó, pues me agarró la policía a unas cuadras más arriba... Y aquí estoy. Yo no sé bien lo que es Sendero; sólo sé que mi padre y mis hermanos fueron asesinados por los militares y que yo tenía la oportunidad de vengar sus muertes... Mi abogado me ha dicho que cuando cumpla los dieciocho años quedaré libre. Sólo falta un año...

---

1. un gasto bastante grande

como una pesada carga familiar, pese a su buena voluntad y a que una y otra vez salió en busca de un empleo. El resultado fue siempre el mismo: "¿Sólo con secundaria completa? Muy difícil..."; "No hay vacantes"; "¿Quién lo recomienda"?; "¿Tienes experiencia?". En fin, preguntas nunca faltaron.

Manuel comenzó entonces, ahora sí, a frecuentar a sus amigos; sufrió los estragos de sus primeras borracheras; se enamoró una y otra vez; no había fiesta del grupo a la que no asistiera, hasta que llegó el día en que, para su sorpresa, una de ellas terminó en una orgía con todas las de la ley[2], en la que no faltó, por cierto, el consumo de la famosa PBC (pasta básica de cocaína), la cual, hasta ese día, era para Manuel algo totalmente desconocido. Inicialmente, sostiene, tuvo temor en aceptarla; sin embargo, la presión del grupo pudo más y no tuvo más remedio que fumarla. No le sintió gusto alguno; por el contrario, le provocó náuseas e incluso no pudo evitar vomitar todo lo que había comido.

—Así fue como comenzó todo —relata—. Después vino otra fiesta y otra vez fumamos. En esta oportunidad no me dio náuseas ni vomité. Pasaron los días y mi consumo fue en aumento. He llegado a fumar al día hasta 58 cigarros cargados, sin probar alimentos. Pero durante todo ese tiempo he visto ¡cuántos casos! Chiquillos que se dejaban violar por un par de "ketes"; chicas que se prostituían con quien les ofreciera una noche de copas y de pasta...

Manuel Hernández tuvo pronto problemas pulmonares debido a su mala alimentación y a su débil constitución física. El diagnóstico médico no tardó en descubrir la causa: el exceso de consumo de PBC. En la actualidad, se encuentra con tratamiento ambulatorio y ha decidido volver a estudiar e intentar nuevamente ingresar a una universidad ...sin embargo, en sus momentos de depresión o meditación se pregunta: ¿y para qué?, ¿para terminar de vendedor ambulante como mi padre?

II

Juan Carlos Chávez es un joven universitario de diecinueve años de edad que estudia derecho en una de las tantas universidades particulares que existen en Lima y a la que se considera como de "segunda categoría". Teóricamente, ha logrado la meta que todos los jóvenes de su edad desearían y que por distintas razones no llegaron a alcanzar.

Juan Carlos no debería tener problemas. Su situación económica corresponde a la de una familia de clase media, y sus padres se sienten orgullosos de que su primogénito pueda continuar estudiando; repiten hasta el cansancio que el sacrificio que hicieron no fue en vano. El joven, además, se las ingenia y nunca le falta un "cachuelo" que le permite tener unos devaluados intis[3] en el bolsillo con los que puede cubrir sus distintas necesidades sin

---

2. como es debido; siguiendo las normas   3. unidad monetaria peruana

tener que estar pidiéndole a su padre que le facilite recursos económicos.

No debería tener problemas; sin embargo, los tiene. En primer lugar, presenta rasgos físicos de hombre andino[4], pues sus padres proceden de esos lares[5]; pero además porque el principal documento de identidad con el que cuenta no es otro que su carné universitario. Y por una u otra razón es siempre detenido por la policía, y en más de una oportunidad ha tenido que pasar la noche en una comisaría. La razón: la policía sospecha de toda persona que tenga apariencia provinciana, mucho más si ésta es joven, y peor aún si posee el estatus de universitario. Así de simple.

Juan Carlos Chávez sostiene:

—Y mi caso no es único: Son muchos los universitarios que han sido detenidos por el simple hecho de serlo...

Juan Antonio Díaz, otro universitario, explica un problema que también deben enfrentar:

—En los microbuses a nosotros nos tratan peor que al resto de pasajeros, porque pagamos menos. Con frecuencia nos llaman "terrucos", "mantenidos", "vagos", "huelguistas", etc.

Postular a un empleo, aunque sea de obrero, también es difícil, sobre todo si uno dice que es universitario. Ni siquiera como practicantes[6] nos quieren tomar en cuenta.

Pero no sólo los universitarios sufren estos problemas. Peor la pasan quienes no ingresaron y decidieron prepararse en una academia más o menos popular, pues como la policía sabe que "Sendero Luminoso" le ha puesto la puntería a estos centros de estudios, detiene a todo aquel que se encuentre matriculado en una de ellas, en la suposición de que si no es culpable por lo menos podrá obtener del detenido los nombres de los compañeros que él sospeche puedan estar embarcados o muestren sus simpatías por el senderismo.

Y ni hablar de quienes no tienen la suerte de tener un empleo ni de ser un hijo de familia.

III

¿Pero todos los jóvenes sufren los problemas que se sintetizan bastante bien en los casos citados?

La respuesta es una sola: no. Romeo Grompone, un investigador social que desde hace poco más de dos años viene estudiando a la juventud y sus problemas, sostiene que para poder entenderlos lo primero que debe desterrarse es la idea o el concepto de "generación", porque afirma:

Lo primero que tenemos que determinar es "quién es joven y cuándo se es joven". La edad es, sin duda, un excelente indicador, pero sólo eso. Y es que en el país existen un conjunto de personas que si bien por su edad podrían considerarse como jóvenes, han dejado de tener los problemas de sus contemporáneos, porque sencillamente ahora tienen otros, ya sea porque se han incorporado al mercado del trabajo o porque han formado familia.

---

4. de los Andes   5. de esos lugares   6. un paraprofesional

Una encuesta realizada por Quehacer en la academia "Trener" —considerada como una de las más exclusivas de la capital y respetada por su indiscutible eficiencia y calidad, y en donde un ciclo de seis meses vale casi sesenta mil intis (pago que debe realizarse al contado)— nos permitió constatar una característica que parece ser común a todos los estudiantes de dicha academia. La casi totalidad de los que se dejaron interrogar manifestaron no trabajar en la actualidad, y la mayoría coincidió con un aspirante a estudiar derecho, que nos dijo: "Nunca he tenido necesidad de trabajar". Otro de los lugares comunes encontrados es la poca preocupación que se tiene en caso de no ingresar. Existen determinantes de clase que influyen, y casi podría afirmarse que son las verdaderas causas de éstos.

Pero quienes los sufren son la mayoría de los jóvenes que, en el caso de Lima, se concentran, por lo general, en los barrios populares, los antiguos y los nuevos.

¿Y cuáles son estos problemas?

—Los que se producen cuando los jóvenes comienzan a tomar conciencia de que necesitan fijarse metas individuales, aspiraciones personales y cuando las toman como un reto individual... Se crean así expectativas sin tener en cuenta que existen un conjunto de límites estructurales que tendrán que enfrentar si quieren alcanzar lo que se han propuesto, porque el sistema se caracteriza por la falta de trabajo, las dificultades para continuar estu-

diando, por ejemplo, en una universidad, por citar sólo algunas de las trabas existentes... los jóvenes, desgraciadamente, no son conscientes de estas limitaciones e intentan avanzar librados a su propia suerte y, en la mayoría de los casos, con sus propios recursos económicos, que suelen ser escasos...

Pero otra variable a tener en cuenta es que la mayor parte de la actual juventud limeña[7] son los hijos de los migrantes de los años cuarenta y sesenta, que consideran, al igual que sus padres, que la educación, el título profesional, constituyen la mejor alternativa para lograr la superación personal, para alcanzar mejores ingresos económicos además del siempre anhelado prestigio social.

La socióloga Imelda Vega Centeno, que entre otros libros ha publicado *Los pobres, los jóvenes y la iglesia* (Lima, 1984), sostiene que uno de los aspectos más relevantes ocurridos en el Perú en las últimas décadas es el siguiente:

—Los servicios educacionales se han extendido masiva pero desigualmente. Ellos han ampliado su cobertura, atendiendo a un número mayor de alumnos, pero descuidando radicalmente los contenidos y la calidad de la educación impartida... No decimos que no sea necesario crear escuelas allí donde no las hay, sino que el incremento de locales escolares debería ir parejo con la mejora y la adecuación de la enseñanza impartida. Lejos de ser la escuela el esperado lugar de la superación

---

7. de Lima, la capital del Perú

total, para el migrante (y ésta es la principal consecuencia) viene a ser el lugar de nuevas formas de diferenciación social y de marginación hiriente...

Para Imelda Vega Centeno, la incapacidad de la sociedad para satisfacer las expectativas que crea la educación tiene una consecuencia que explica en parte la conducta de nuestra juventud:

—El joven presiona masivamente al aparato productivo, a las instituciones y organizaciones, a los partidos políticos. Necesita ser tomado en cuenta; quiere participar activamente e intervenir en las decisiones que le competen... sin embargo, pareciera que siempre toca una puerta equivocada. Ante la no respuesta a sus exigencias, produce mil formas de solucionar la crisis por la que atraviesa: incursiona en campos nuevos, infla la economía informal[8], las academias o institutos de formación intermedia; desarrolla y supervalora la viveza criolla[9], los comportamientos contraculturales, la agresión como reemplazo de la comunicación...

IV

Pero no sólo son las expectativas que la educación despierta las razones que explican la problemática juvenil, sino un conjunto de problemas que suman y agravan los que ya tiene el adolescente, especialmente el que cursa el quinto de secundaria o el recién egresado. Estos son:

—Los jóvenes comprueban que la visión de los mayores es irrelevante e inapropiada ("mis padres no me entienden").

—Al joven le es muy difícil construir su propio plan de vida: ninguna entidad o institución realiza tal tarea...

—Los jóvenes acusan una muy fuerte presión familiar para obtener lo que, según sus padres, depende sólo de su "esfuerzo" individual: ingresar a la universidad; o, de lo contrario, que busquen un empleo...

Las dos opciones que se presentan (ingresar a una universidad o comenzar a trabajar), según sostiene Romeo Grompone, cuentan además, con positivos juicios de valor en el medio ambiente que rodea a jóvenes que se enfrentan a la encrucijada de decidir su futuro, pues ha llegado el momento de tomar una decisión y se sienten puestos a prueba y temen equivocarse y fallar... La incertidumbre gana, así, terreno...

Quienes apuestan por la universidad y logran vencer la barrera del examen de admisión, deberán, de otro lado, enfrentar otro tipo de problemas:

—El ambiente al que se incorporan les es absolutamente desconocido, y en los casos de jóvenes de extracción popular, éste les será por lo general hostil, sobre todo si ingresan a una universidad particular...

—Si bien el sistema universitario permite en la actualidad el ingreso de nuevos sectores sociales, al mismo tiempo se torna profundamente discriminador, razón por la cual los títulos profesionales que garantizan las mejores oportunidades de

---

8. la economía subterránea   9. astucia nativa

empleo —si no las únicas— y otorgan estatus, los expiden unas cuantas universidades privadas —no todas—, consideradas además como exclusivas, pues sus costos se encuentran sólo al alcance de los sectores más pudientes...

—Quienes logran estudiar en una universidad tienen, además, otro tipo de presión: terminar sus estudios y alcanzar el éxito y, por lo general, se sienten temerosos de no poder alcanzarlo. Las exigencias académicas, de otro lado, no les permiten buscar un empleo. En sus barrios respectivos serán vistos como seres "extraños" que no pueden ya participar de la aventura del antiguo grupo de referencia. Se alimenta, así, una crisis de identidad tanto para el que ingresa como para el no lo logra.

Esta crisis de identidad se acentúa por lo regular cuando se necesita obtener un empleo, no sólo porque es difícil encontrarlo, sino porque no estará de acuerdo al esfuerzo realizado: de la totalidad de jóvenes empleados, unas dos terceras partes están en actividades de servicios (comercio o restaurantes, hoteles, etc.), y la tercera parte restante contratados como obreros, y además eventuales. En esta condición de trabajadores, se les hará conocer de cerca la humillación porque el "maestro" de la obra apelará a las ventajas que otorga lo "empírico" frente a lo teórico; y se les subordinará de tal forma que lo único que se logra es la formación de una brecha entre empleadores y empleados que se pone de manifiesto en el desgano y el menor rendimiento de los jóvenes obreros;

además, en muchos casos, en la disminución de las propias expectativas.

Muy pronto estos jóvenes comprenden que ni el ingreso a la universidad ni el empleo posible son soluciones, y entonces es cuando adoptan distintas posiciones frente a la vida: desde la indiferencia total y el apoliticismo hasta la adopción de posiciones políticas radicales.

V

Y, ¿qué sucede con los que no logran ingresar a una universidad o no pueden lograr un empleo?

Esos serán, sin duda, los que la sociedad —familia incluida— considerará poco menos que como a unos "parásitos sociales": y así los tratará. Y ellos —cuando buscan un medio donde refugiarse— sólo encontrarán aceptación en sus respectivas "colleras" o amigos del barrio que lo incorporarán sin mayores reservas y sin solicitarle requisito alguno.

No será fácil la vida que lleven. Lo más frecuente es que sus familiares les retiren su confianza y con ello el apoyo moral y económico que antes les brindaban. Son los que casi con seguridad terminarán integrando una banda delincuencial, se encuentre ésta dedicada al narcotráfico o al delito común y corriente. Son los que terminarán prostituyéndose, cualquiera sea su sexo, o los que se dedicarán a la venta al "menudeo" de PBC: los llamados paqueteros, cuando no terminan víctimas del uso excesivo de dicha droga, a la cual suelen aferrarse como una especie de mecanismo de defensa.

VI

En 1988 postularon a las distintas universidades del país 331.330 jóvenes. Ingresaron 70.429. El problema que nadie se atreve a encarar es el siguiente: ¿qué destino les espera a los 260.901 que no alcanzaron a ingresar?

A los tres días de publicados los resultados de los exámenes de admisión de la Universidad de San Marcos, El Diario —vocero ya oficial del senderismo— publicó un aviso que contenía una convocatoria a todos los que no habían ingresado y los invitaba a formar comités de lucha para solicitar una "ampliación de vacantes". ¿Cuántos frustrados asistieron a la reunión? No pocos; muchos más de los que seguramente esperaron los convocantes; se calcula que unos mil quinientos. ¿Lograrán que las autoridades de la desatendida universidad amplíen el número de ingresantes? No. Sin embargo, ¿cuántos jóvenes habrá logrado ganar Sendero Luminoso?

No le falta razón a Imelda Vega Centeno cuando se pregunta en su trabajo *Ser joven y mestizo*, cómo extrañarse, en medio de esta realidad, que la propuesta de Sendero pueda alcanzar cierto "éxito" si "ante este panorama de crisis del mito del progreso, del blanqueamiento imposible, de la desaparición o pérdida de eficacia de las instituciones cohesionadoras del idealismo de los jóvenes", ellos son los únicos que les prestan atención, así sea para utilizarlos y asignarles las tareas más cruentas como, por ejemplo, ser el que dé el tiro de gracia[10] al sentenciado de turno.

Y es que, aunque nos cueste aceptarlo, en el Perú se está formando toda una generación —y aquí sí resulta pertinente la utilización del término— cuyo proceso de socialización se da en momentos en que el país afronta dos graves problemas que comienzan a ser más duraderos de lo que creen muchos políticos.

Las clases políticas del país deben, por ello, aceptar este otro gran reto de los tantos que el país les plantea: asumir prioritariamente el problema de la juventud, que es, en el fondo, el verdadero problema del país.

—**Raúl González**
(*Quehacer*, Perú)

---

10. el disparo de ejecución que mata

COMPROBANDO LA LECTURA

1. ¿Detecta Ud. algunas ironías en la historia de Manolo? ¿Cuáles son?

2. ¿Cómo y por qué se sienten algunos jóvenes peruanos ciudadanos de segunda categoría?

3. Compare y contraste los problemas de los universitarios y de los no universitarios.

4. ¿De qué forma varían los problemas de los jóvenes a partir de su condición de clase?

5. ¿Qué papel ha hecho la educación en el problema de los jóvenes peruanos?

6. ¿Cuál es el atractivo que ofrece Sendero Luminoso?

7. Invente un titular adecuado para cada una de las seis secciones mayores de este artículo.

TEMAS PARA CONVERSAR

1. ENTREVISTA.
En parejas escojan a uno de los jóvenes mencionados en el artículo —Manolo, Juan Carlos, Juan Antonio o algún militante de Sendero Luminoso— y preparen para presentar ante la clase una entrevista radiofónica o televisiva en la que un entrevistador o una entrevistadora indaga para que el joven profundice sobre su situación.

2. "EL QUE ESTUDIA TRIUNFA".
¿Sigue siendo verdad este dicho? ¿Cree Ud. que tiene valor hoy o que es una frase hecha que no corresponde a la realidad de este momento? ¿Conoce Ud. algún caso específico en que este dicho se ha cumplido o no se ha cumplido?

3. IMAGÍNESE: ¿SER O NO SER UNIVERSITARIO?
En parejas preparen y presenten ante la clase un diálogo entre un joven que no quiere ir a la universidad porque confía que triunfará por su cuenta y otro que piensa que el éxito se logra sólo a través de un título universitario.

4. IMAGÍNESE: HABLANDO SERIAMENTE DEL FUTURO.

En parejas preparen y presenten ante la clase un diálogo en que un padre o una madre mantiene una conversación seria sobre el porvenir y las posibilidades de éxito y de trabajo con un hijo o hija que no ha podido ingresar en la universidad.

5. ¿QUÉ SE DEBE ESPERAR DE UNA EDUCACIÓN?

El sistema de educación en el Perú no ha cumplido con las expectativas de sus consumidores. ¿Existe el mismo problema en los EE.UU.? Si existe ¿qué soluciones propondría Ud.? ¿Cuáles deberían ser las expectativas de una educación?

6. SI YO FUERA POLÍTICO...

¿Se podría cambiar el sistema educativo peruano para mejor integrar a la juventud a una sociedad democrática? ¿Cómo? Si Ud. fuera político ¿qué haría?

7. LOS PERUANOS Y LOS ESPAÑOLES.

Compare la problemática que plantea este artículo con la de los artículos anteriores sobre los jóvenes españoles. ¿Es la problemática de la clase media y la de la clase obrera o campesina parecida en los dos países? Haga comparaciones y contrastes.

8. A VECES HAY QUE TRABAJAR PARA PODER ESTUDIAR.

Determinen cuántos de sus compañeros de clase trabajan durante sus años de estudios y el tipo de trabajo que hacen. Después, en grupos de cuatro, hagan una lista de las ventajas y desventajas de trabajar mientras se estudia y comparen y discutan las respuestas de los varios grupos. ¿Qué podría hacer el gobierno de este país para que más estudiantes pudieran dedicar todo su año escolar a los estudios?

9. EL ACTIVISMO Y LOS ESTUDIOS.

Discutan el atractivo del activismo político para los peruanos no pudientes. ¿Es igual el atractivo para el mismo grupo norteamericano? ¿Cuáles son las causas que atraen a los estudiantes al activismo político en este país?

10. ¿ES UD. SIEMPRE SERIO? ¿Cumple Ud. siempre con sus obligaciones puntualmente? Llene la gráfica siguiente para determinar hasta qué punto Ud. es una persona que cumple. Después comparta con otros miembros de la clase las razones por las cuales Ud. posterga o no posterga ciertas actividades.

Obligaciones que siempre cumplo puntualmente	Obligaciones que postergo de vez en cuando	Obligaciones con las que nunca cumplo a tiempo

11. UNA SEGUNDA VISTA. Vuelva a considerar el título de este artículo, como Ud. ya ha hecho en la sección **Antes de leer.** ¿Le parece ahora el título apropiado al contenido del artículo? ¿Podría Ud. sugerir uno mejor?

TEMAS PARA ESCRIBIR

1. INFORME PARA UN NOTICIARIO. Prepare un informe para un noticiario de radio o de televisión sobre uno de los casos descritos en este artículo.

2. LLUVIA DE IDEAS. Haga una lista de por lo menos 8 estrategias que podrían utilizar los jóvenes peruanos para superar los obstáculos que impone el sistema a la realización de sus metas y aspiraciones. Por ejemplo: los jóvenes peruanos podrían elegir la emigración como solución personal a la crisis económica porque ganarían más dinero en otra parte.

3. MONÓLOGO. Escriba un monólogo siguiendo el modelo del artículo "Venganza". Adopte la voz de una de las siguientes figuras para explicar y justificar su vida actual: un militante de Sendero Luminoso, el padre de Manolo, Juan Antonio Díaz, un paquetero.

FACETA 3

La educación

Así como el último artículo trató del atractivo que ejercen grupos revolucionarios como Sendero Luminoso a los jóvenes enajenados peruanos, los próximos artículos abordan el tema desde otra perspectiva —la de cómo falla el mismo sistema educativo, de cómo enajena a los jóvenes y los atrae a un sistema autoritario que predica y perpetúa la violencia. Mientras el primer artículo que sigue (proveniente del Ecuador y escrito por el director del Centro Andino de la Juventud) denuncia un sistema que no responde a los requisitos económicos y sociales de la comunidad, el segundo (peruano y profundamente cristiano en su punto de vista) propone la paz como meta educativa fundamental.

ANTES DE LEER

1. EL SISTEMA EDUCATIVO NORTEAMERICANO. Describa el sistema de educación pública en los Estados Unidos. ¿Qué cualidades y/o habilidades diría Ud. que desarrolla en la persona? ¿Se le ocurren a Ud. algunas ideas acerca de cómo mejorar el sistema de educación norteamericano?

2. ALGUNAS METAS EDUCATIVAS: ¿CÓMO REALIZARLAS? Para cada meta educativa que se encuentra en la gráfica que sigue, apunte algunos cursos apropiados u otras maneras de desarrollar estas capacidades dentro o fuera del sistema educativo:

Metas	Medios de lograrlas
fomentar la creatividad	
desarrollar la capacidad analítica y crítica	
crear ciudadanos cívicamente responsables	
asegurar conocimiento del mundo actual	
asegurar la paz	
mejorar las condiciones del mundo	
facilitar la capacidad de trabajar productivamente	
otras metas	

3. EL SER HUMANO EN SU TOTALIDAD. En su opinión ¿desarrolla nuestro sistema educativo al ser humano en su totalidad, es decir en toda su dimensión intelectual, espiritual, moral, corporal y social? ¿O excluye la educación algunos de estos aspectos?

4. ANTÓNIMOS DE LA PAZ. Por lo general el antónimo de **la paz** es **la guerra.** ¿Puede tener la palabra **paz** otros antónimos? ¿Cuáles serían?

5. DESPUÉS DE LA GUERRA FRÍA. Ahora que se terminó **la guerra fría** ¿existe la paz en el mundo? Explique su respuesta.

6. SOLUCIONES PARA LA VIOLENCIA. Elija un lugar en el mundo donde actualmente reina la violencia. ¿Cuáles han sido los intentos de restablecer la paz? ¿Qué soluciones concretas sugeriría Ud. para la paz en esa región?

7. LA EDUCACIÓN PÚBLICA Y LA PRIVADA. ¿Qué diferencia hay entre una educación pública y una privada en los EE.UU.?

VOCABULARIO ÚTIL

ACCIONES (VERBOS)

brindar   ofrecer

> *El sistema educativo ecuatoriano no les **brinda** a los estudiantes la posibilidad de desarrollarse de una manera creativa, crítica e innovadora.*

desempeñar un papel   cumplir un papel

desterrar   alejar; mandar al exilio

diseñar (un programa, un sistema, etc.)   crear; establecer (un programa, un sistema, etc.)

ejercer   practicar; llevar a cabo

> *Muchos maestros no **ejercen** una violencia física, sino una violencia moral frente al alumno.*

entablar (una relación)   establecer (una relación)

superar   vencer los obstáculos

tomar conciencia de algo   estar conciente de algo

(vivir) a espaldas de algo   (vivir) sin conciencia de algo, sin dar a algo mucha atención

COSAS Y CONCEPTOS (SUSTANTIVOS)

los apuros   los problemas; las dificultades

la cordura   prudencia; buen juicio *(adjetivo relacionado:* **cuerdo**)

un licenciado   alguien que ha sacado su primer título universitario

la tarea   el trabajo; el quehacer

"La educación formal"

La educación que se imparte en las aulas sirve a nuestros jóvenes para un mejor desempeño[1] en sus vidas cotidianas, porque les permite comprender y entender el sistema socio-económico-político-cultural en el que actúan.

Este beneficio de la educación formal se puede comprobar cuando los individuos desarrollan varios mecanismos que facilitan el ordenamiento de sus vivencias, demandan mayor cantidad de información, manejan mejores estrategias para resolver los problemas de la vida diaria, etc.

Cuando los aspectos antes mencionados confluyen, los individuos superan los niveles de ingenuidad, los déficits de conocimientos y las apariencias de los fenómenos hasta llegar a descubrir el porqué de los hechos que suceden en la naturaleza y la sociedad. Pero, desgraciadamente, esa confluencia se logra en pocos estudiantes debido a la naturaleza de nuestro sistema de educación formal que ha sido calificado una y otra vez como "bancario".

Dicho sistema educativo está diseñado de tal manera que alimenta el individualismo, la competencia personal y el egoísmo. Obliga a los jóvenes a repetir no solamente los contenidos de las materias, sino también los criterios personales del profesor. Reproduce y fortalece los valores autoritarios de la sociedad, porque el profesor siempre tiene la razón. Obstaculiza el desarrollo de las capacidades críticas y autocríticas entre los estudiantes, a cambio de interiorizar los hábitos memorísticos, etc.

> **La educación formal reproduce normas, valores, costumbres y conocimientos de una sociedad en un momento determinado. Por eso, en el Ecuador moldea mentalidades conformistas, dóciles y repetitivas, en lugar de mentalidades creativas, críticas e innovadoras.**

Por esto, es aquí donde más claramente se devela uno de los principales papeles que cumple la educación formal, que consiste en reproducir normas, valores, costumbres y conocimientos de una sociedad en un momento determinado. Entonces se explica, pero nunca se puede justificar, por qué en las escuelas y colegios se moldean mentalidades conformistas, dóciles y repetitivas, antes que mentalidades creativas, críticas e innovadoras.

A esta situación se suma el hecho de que la mayoría de los jóvenes se olvidan de los conocimientos, más bien dicho de "la información embutida a la fuerza[2]", cuando ha pasado poco tiempo. O, lo que es más grave

---

1. la realización, el cumplimiento, la ejecución exitosa de una tarea   2. aprendida por obligación

aún, no les son útiles cuando se integran a un empleo que requiere de algún grado de calificación. Pero, además, cuando lo encuentran, necesitan autocapacitarse, buscan varios libros: los leen pero no los entienden. Entonces descubren, en la mayoría de casos, que ni siquiera les han enseñado a comprender y asimilar la información escrita.

Otro aspecto que debe mencionarse, se refiere al papel que desempeña la educación en la creación de nuevas formas de estratificación y movilidad social. Estas refuerzan, por un lado, los criterios de "llegar a ser alguien en la vida", si es que se es profesional universitario (doctor, ingeniero, arquitecto, licenciado...). En este contexto es preferible no "quedarse como" artesano, agricultor, trabajador de oficio, conserje[3], taxista, etc. Por otro lado, generan muchas frustraciones entre los jóvenes que constatan que a un mayor nivel de instrucción no corresponden necesariamente mayores posibilidades de empleo, sino de "palanqueo". Porque se privilegia a la educación privada, no a la pública, y a la que se imparte en la capital, no a la de provincias.

Entonces, los establecimientos de educación formal son espacios de permanente coacción[4] a la juventud, a la que se mira con desconfianza. Esto a su vez provoca un sentimiento de miedo al profesor, bajos niveles de rendimiento. De ahí que los jóvenes busquen otros espacios para solucionar sus expectativas, sus problemas y sus inquietudes.

Frente a todo este panorama, en el Centro Andino de la Juventud (CAJ) proponemos cambiar las estructuras educativas con el propósito de brindar mayores espacios de auto-realización a los jóvenes. Se debe diseñar un programa de capacitación y actualización permanente para los profesores, se debe instruir para desterrar el maltrato a los estudiantes y desarrollar cursos que se orienten a estrechar las relaciones entre padres, profesores y estudiantes.

Coincidimos con los planteamientos hechos por Monseñor Alberto Luna Tobar, obispo de Cuenca, en el sentido de que no debe encauzarse[5] la educación de la juventud por los márgenes del irrespeto, la duda permanente, el odio y el desconocimiento de lo que sucede en su comunidad. Eso no hace sino mal formar a los individuos, que se alejan paulatinamente de la comunidad y, por tanto, se deshumanizan, se vuelven irrespetuosos de los demás y, en consecuencia, se enfrentan a amplios riesgos de fracaso.

Es necesario diseñar un sistema de educación formal guiado por principios indubitables de libertad, de respeto y de acercamiento a la comunidad, ya que no es posible permitir que sigan surgiendo personas de gelatina, que se acomodan a cualquier molde de plástico, e irrespetuosas de la cultura de los demás.

Finalmente, no quisiéramos ver otro *graffiti* que rece[6] —como aquel de las paredes del colegio Benalcázar—: "si la estupidez es una virtud, ustedes son virtuosos."

—Alexis Guerrero Chaves
(*Cuadernos de Nueva,* Ecuador)

---

3. portero   4. obligación   5. canalizarse   6. diga

"La paz: Un problema educativo"

El Perú de hoy vive en medio de una gran turbación social que nos va mostrando, casi sorpresivamente, la urgencia de un trabajo no hecho: construir la paz. Con un mínimo de sinceridad, cualquiera confiesa rápidamente que ha vivido a espaldas de este problema, hoy día tan urgente entre nosotros. Los problemas relacionados con la paz parecían destinados a otros pueblos, pues nos considerábamos un pueblo tranquilo y sin motivos como para un quiebre de este tipo. Hoy día, ya no es lícito hacer un diagnóstico tan superficial sino que, por el contrario, tenemos que confesar que la paz hace mucho tiempo se ha quebrado en nuestro país.

También vamos entendiendo, poco a poco, que la paz es fruto de la justicia. No es, pues, fruto de uno no hacer violencia, sino que es fruto de una acción determinada. Ésta no es una verdad nueva, pues desde el profeta Isaías es algo que se anuncia realmente como una buena noticia para el obrar del hombre.

En este sentido la problemática de la paz tiene una dirección de solución entre nosotros: la justicia. No es, pues, asunto de discursos, más o menos inteligentes, sino de una justicia humana entre las personas que tienen relaciones entre sí. Pero de una justicia que vaya construyendo al otro en lo que realmente él es, no en lo que yo quiero, por conveniencia a mis propios intereses, que sea él. En este sentido la justicia es también un tema sobre el que tenemos que reflexionar.

NO HEMOS RECIBIDO UNA EDUCACIÓN PARA LA PAZ

Cuando reflexionamos acerca de la educación que hemos recibido constatamos con cierta tristeza que no hemos sido educados para construir la paz. Desde nuestros hogares podemos constatar que el tema ha estado ausente, pues la experiencia ha sido un sometimiento a nuestros padres que, en la mayoría de los casos, han estado alejados de lo que pudiera haber sido una relación de justicia. Vemos muchas veces que en determinados medios, se hace lo que los padres quieren y no lo que debe hacerse. La primera sensación que tiene el niño es que se le manda sin razones realmente profundas, que las cosas hay que hacerlas porque ése es el gusto de los padres.

Habría que añadir también toda la violencia que existe en los hogares peruanos, donde hay maltrato a los menores y entre los propios padres. Cosas que hemos visto,

> **Es indispensable que enfrentemos en todos los niveles el problema educativo frente a la paz, tomando posturas claras que nos ayuden a formar gente con criterios también claros.**

hasta ahora, como un problema menor, como si se tratara de un método adecuado para ayudar al crecimiento del niño a imagen y semejanza[1] de los padres.

El mismo esquema se ha repetido en la escuela, a la que hemos llamado el segundo hogar. El maestro en muchísimos casos repite la misma figura de dictador que el padre de familia y de este modo la violencia se repite en la vida del niño. Muchas veces el maestro no ejerce una violencia física, pero ciertamente que ejerce una violencia moral frente al alumno que, desprovisto de toda defensa, tiene que someterse frente al profesor; pero un día encuentra la forma de rebelarse frente a esa injusticia, con una conducta de la que él ya no es responsable.

No estamos, pues, educados para la paz, sino para la violencia. Y lo peor es que seguimos educando para la violencia. Fácilmente cuando se conversa de educación se llega a ver que se trata de una cierta domesticación, muy semejante a la que hacemos con los animales. Hay que someter cueste lo que cueste a la persona que tenemos frente a nosotros.

En este sentido los medios de comunicación juegan un papel muy importante, pues en vez de mostrarnos educativamente esquemas diferentes no hacen sino apoyar el esquema dominante que ya tenemos todos dentro. Pero aún más, la cosa es más grave, pues nos ponen nuevos modelos de violencia en los que reina el sometimiento, marcados por un falso sentido de la justicia. Nunca tratan de dar una explicación con cierta profundidad del problema humano. Plantean un esquema de sociedad en el que la ley del más fuerte es la que impera.

LA PROBLEMÁTICA DE LA EDUCACIÓN

Es cierto que en materia educativa se han hecho algunos esfuerzos por hacer algo en este aspecto. Negarlo sería una injusticia frente a aquellas personas de buena voluntad que han dedicado mucho tiempo, inteligencia y cordura en este sentido. Hay que darles las gracias por todo ese esfuerzo. Pero, hay que tomarlos en serio. El problema no es de ellos, sino nuestro, No basta haber leído un buen libro u oído una buena conferencia en ese aspecto, ni tampoco haber examinado unos buenos programas. Se trata de hacer efectivos estos planes, esos consejos que nos han dado.

Es cierto que hay planes para hacer una educación por la paz, pero también es cierto que esos planes no se cumplen en la mayoría de los centros educativos de nuestro país, pues, parecen cosas de buena voluntad que se pueden o no cumplir. En la práctica uno se da cuenta que la paz no tiene la misma importancia que la enseñanza de las matemáticas o de las ciencias naturales. Uno

> **No podemos esperar que se nos dé la paz sino que tenemos que lograr la paz.**

---

1. del mismo molde

puede no hacer una enseñanza de lo que es la verdadera paz, pero no puede dejar de enseñar matemáticas. Da la impresión que ésta fuera un aspecto importante sólo para algunos altruistas que la quieren hacer. Podríamos decir que la enseñanza de la paz, en el verdadero sentido que necesitamos hoy, es sólo cosa tolerada en nuestras escuelas peruanas.

Personalmente pienso que no se le puede echar toda la culpa al Ministerio de Educación, pues sería también una elegante manera de salvar nuestra propia responsabilidad. El problema es de todos los que tenemos alguna relación con la educación, Ministerio incluido. Hay necesidad de una cierta coherencia con la realidad nacional que necesita urgentemente la paz, pues estamos llegando a unos niveles de violencia realmente increíbles y que son destructores de esa misma realidad y de las personas que ella incluye.

Cuando hablamos de la paz, tenemos que tomar conciencia de la importancia que tienen nuestros maestros peruanos. Maestros que muchas veces son de una gran generosidad y que en lugares muy apartados, y sin medios didácticos, dan de lo mejor que tienen ellos mismos. También, es cierto que la responsabilidad de la paz está en manos de personas que durante muchos años han vivido una mar-

Nuestra educación se parece a la domesticación, muy semejante a la que hacemos con los animales.

ginación social y económica, que no les ha permitido el mínimo de posibilidades para una vida con todos los recursos, ni que el planteamiento de su problemática tan angustiosa pudiera tener visos en nuevos rumbos. También, es cierto que hoy día en muchos sectores de nuestra patria, todavía se mira en menos[2] al maestro, como si no fuera tan útil como es el médico, el abogado o el ingeniero. Pero no es menos cierto que en las manos de nuestros maestros peruanos está buena parte de la solución. Queda en manos, también, de aquellos que tienen la posibilidad de dignificar cada vez más la tarea magisterial el brindar las posibilidades de ayuda real para la construcción de la paz.

En muchas de nuestras escuelas, los maestros han abdicado de la función de educadores, para convertirse en meros instructores. Las causas de este cambio son muy profundas, y no se trata de echarnos culpas, se trata de buscar caminos nuevos para que los maestros puedan vivir plenamente su vocación de formar y no sólo instruir. Y esto no sólo por la función social importantísima que tienen entre manos sino, antes que nada, por su propia realización personal. Quien forma personas se siente realizado humanamente muchísimo más que quien solo cumple la tarea de instruir.

2. se desprecia

ALGUNAS PISTAS DE CONSTRUCCIÓN DE LA PAZ

A. Valorar al hombre

Creo que es fundamental en toda educación el tener muy a flor de piel[3] el valor de todo ser humano. En este sentido se impone una revisión de todas nuestras tareas educativas para sacar a luz el valor del hombre y de todo lo humano.

Esto, que parece evidente, en la práctica no es tan evidente. Cuando alguien está en la tarea educativa (que no es sólo la tarea escolar), está lleno de apuros para poder cumplir con planes y programas, y muy a menudo se olvida de lo que es realmente importante. En este sentido se nos impone, por las mismas circunstancias, una reflexión que ayude a todos los miembros a los que atañe la tarea, a buscar la forma de ser más humanos. No es sólo una contemplación del asunto, sino una tarea a cumplir. En este sentido es muy importante hacer ver lo terrible y monstruoso de la violencia que existe entre nosotros. Nuestros alumnos saben perfectamente las cosas que ocurren, pero necesitan una interpretación adecuada de los hechos. No pueden quedarse con la sola información que proporcionan los medios de comunicación, que en muchos casos están alejados de interpretaciones verdaderamente humanas y se con-

> **Nos ponen nuevos modelos de violencia en los que reina el sometimiento, marcados por un falso sentido de la justicia.**

tentan con alcances políticos o, lo que es peor, con culpabilidades tendenciosas.

Tenemos que hacer consciente que la vida es el don más preciado que tenemos los hombres y que nada puede justificar la pérdida de una vida humana. En este sentido también tenemos que tomar conciencia que nadie tiene el derecho de reducir la vida de nadie, sino que por el contrario es tarea de todos los hombres hacer que sus hermanos tengan más vida. La pobreza de las mayorías tiene que ser un escándalo, que va contra la verdadera paz.

B. Educar para la relación verdaderamente humana

La búsqueda de relaciones verdaderamente humanas es una de las tareas más importantes y difíciles que tenemos entre manos. Nadie puede negar que éste es también uno de los problemas más graves que vivimos todos hoy día. La forma en que nos tratamos es muchas veces funcional y estamos perdiendo todo el calor humano tan característico de nuestros pueblos latinoamericanos.

Los jóvenes de hoy tienen que saber que es con los otros como ellos que pueden ser realmente felices. También parece ésta una verdad evidente, pero la práctica nos muestra que esa evidencia no es tal, pues ellos están bombardeados por toda una pro-

---

3. en la superficie, al dedillo

paganda que predica exactamente lo contrario. En este sentido se trata de entablar una lucha contra todo aquello que trata de influir en búsqueda de un individualismo inhumano.

C. Educar siendo conscientes de que se quiere personas diferentes a nosotros mismos

Buena parte de la problemátiăca educativa consiste en que repetimos consciente o inconscientemente los mismos modelos que tenemos en nuestro actuar. Sabemos que todos tenemos dentro de nosotros mismos esos modelos, pero tenemos que hacer serios esfuerzos para no repetirlos pues queremos formar personas que tengan esos valores que se nos quedaron en un plano meramente teórico.

Para todo educador éste es un punto que exige una generosidad muy grande, ya que es muy corriente que nos pongamos como modelos para los educandos. En realidad no somos modelos, sino que somos personas de buena voluntad que queremos forjar un mundo diferente al que construimos. Queremos construir algo nuevo.

Se trata de una verdadera conversión, en la que desterramos la violencia física o moral, y podemos proponer experiencias que no hemos vivido en nuestra etapa de educandos.

Los medios de comunicación plantean un esquema de la sociedad en el que impera la ley del más fuerte.

D. Educar seriamente para la justicia

Éste podría ser, quien sabe, el punto más difícil de toda la educación, pues el concepto de justicia que hemos recibido los mayores tiene grandes lagunas en nuestra práctica. La prueba es justamente nuestro trato con los educandos. Pero no se trata únicamente del trato con nuestros educandos, sino de la apreciación que cada persona tiene de la realidad de nuestro país. Hoy día se nos exige a todos una profundización sobre lo que es justicia, y los deberes y derechos que nos impone.

E. Educar en relación con la fuerza de la juventud

Muchos de los educandos sienten hoy día que lo que se les da es un freno frente a la fuerza de vida que ellos mismos poseen. Es decir, que nuestra educación tanto formal como informal tiene antes que nada un carácter represivo en lugar de ser un verdadero estímulo. Sienten que a ellos no se les toma en cuenta en la planificación de lo que se quiere conseguir, y que por lo tanto viven en el mundo de las imposiciones, de las que no se les da ningún motivo.

Estamos aquí frente a uno de los retos más grandes que tenemos los adultos: ¿Cómo tomar en serio a los jóvenes que no nos demuestran la solidez adecuada, como para querer hacer frente a una realidad que vemos nosotros mismos tan confusa? Es cierto que es difícil todo este asunto, pero no es menos cierto que una educación que pretenda ser tal tiene que ser antes que nada un estímulo vital que encamine con mística[4] la vida de los menores.

Gran parte de los problemas de la educación podrían resumirse en la falta de mística de los educadores. En muchos casos los educadores se sienten frente a una tarea difícil que soportan con resignación, pero que en ningún momento les produce un entusiasmo comprometido con la realidad en que vivimos.

A MODO DE CONCLUSIÓN

El problema de la paz, turbada por la violencia entre nosotros, es un asunto realmente urgente. No es algo que podamos dejar para más tarde pues, en su pronta solución están comprometidas las vidas de miles de hermanos nuestros. Hemos pasado demasiado tiempo mirando la tragedia de la violencia sin hacer nada productivo para contrarrestarla. La paz no sólo compromete nuestro ser de cristianos, sino también la veracidad de nuestra calidad humana, solidaria con los hombres y mujeres de nuestra tierra a quienes tenemos que dar, entre todos, posibilidades de una vida realmente humana. Lo que vivimos en estos momentos es realmente inhumano, y tiende a irse descomponiendo cada día más si es que no actuamos con la premura que la situación requiere.

—**Gastón Garatea**
(*Paz: tarea de todos,* Perú)

---

4. una llamada interior a una vocación

COMPROBANDO LA LECTURA

"LA EDUCACIÓN FORMAL"

1. Este artículo enumera por lo menos 5 cosas que una buena educación debe desarrollar. Busque estos puntos y explíquelos en sus propias palabras.

2. Describa los efectos positivos y negativos de la amplia escolarización de la juventud ecuatoriana.

3. ¿Qué significa que un sistema de educación formal sea **bancario?** ¿Cuáles son los efectos personales y prácticos de tal educación?

4. Comente las implicaciones del graffiti "si la estupidez es una virtud, Uds. son virtuosos" pintado en la pared de un colegio. ¿Qué efecto supone Ud. que tendría tal mensaje sobre quienes lo lean todos los días?

"LA PAZ..."

1. Analice el concepto de **la paz** en este artículo.

2. ¿Está el Perú en guerra? ¿Por qué afirma el autor que "la paz se ha quebrado en este país"?

3. Defina Ud. los siguientes conceptos mencionados en el artículo:

    construir la paz

    la violencia estructural

    la paz es fruto de la justicia

    la violencia subversiva

    la violencia represiva

4. Según el artículo ¿cómo falla el hogar en la tarea de construir la paz?

5. ¿Cómo se manifiesta la violencia en la educación formal?

6. ¿Cuál es el papel de los medios de comunicación en este asunto?

TEMAS PARA CONVERSAR

1. IMAGÍNESE: DIÁLOGO CON SU CONSEJERO ACADÉMICO.

Ud. acude al consejero académico de su universidad porque desea compaginar los requisitos de una educación liberal con unas aspiraciones profesionales muy concretas (por ejemplo, Ud. quiere ser agricultora, artista, enfermera, médica, técnica de computadoras, maestra, etc.). Explique al consejero cuáles son estas aspiraciones y pídale ayuda para elegir un curso de estudios sensato.

2. IMAGÍNESE: "DEME SU CONSEJO". Ud. acude a la consejera

académica de su universidad porque Ud. no tiene ni idea de lo que quiere hacer ni de lo que debe estudiar para prepararse para el mundo del futuro. Explíquele a la consejera su dilema y pídale ayuda para elegir un curso de estudios sensato.

3. SER ALGUIEN EN LA VIDA.

¿Qué signifca para Ud. ser "alguien" en la vida? ¿Diría Ud. que un agricultor o un taxista es alguien en la vida? Compárelos a un médico o a un abogado. ¿Qué criterio utiliza la sociedad para juzgar el valor profesional de una persona? ¿Cree Ud. que muchos jóvenes escogen un oficio o una profesión atendiendo a los criterios sociales?

4. EL VALOR DEL MAESTRO.

Los artículos insisten en el valor fundamental del trabajo del maestro o del profesor. ¿Cómo considera nuestra sociedad a los que ejercen esta profesión? ¿Cuáles son las cualidades ideales de un profesor? ¿Qué se necesitaría para atraer a los mejores candidatos a esta profesión?

5. LA BUENA EDUCACIÓN.

¿Cómo se nota que una persona ha tenido una buena educación? ¿Qué es lo que una buena educación puede y no puede lograr?

6. SISTEMA EDUCATIVO VS. SISTEMA AUTORITARIO.

¿Está Ud. de acuerdo con la afirmación de que un sistema autoritario reproduce y fortalece los valores de la sociedad? ¿Piensa Ud. que un sistema creativo conduce al libertinaje o a la falta de disciplina? ¿Cuáles, en su opinión, son los valores que su propia educación ha fortalecido? ¿Qué tipo de individuo trata de formar el sistema educativo?

7. INFORMACIÓN, CONOCIMIENTO Y SABIDURÍA.

¿Cómo se distingue la información del conocimiento y estos dos de la sabiduría? ¿Para qué sirve la información "embutida a fuerza"? ¿Cuándo es útil y cuándo no sirve para nada? ¿Qué piensa Ud. del concepto de Hirsch *cultural literacy?*

8. IMAGÍNESE: EDUCANDO PARA LA PAZ.

Uds. son los miembros del Ministerio de Educación de su estado y les han mandado que transformen el plan de estudios de las escuelas de su estado para que la paz tenga un lugar más prominente. Decidan entre sí por lo menos 5 maneras en que se podría transformar los estudios para realizar esta meta.

9. DEBATE: EL ACTIVISMO ESTUDIANTIL. Los estudiantes y los profesores no están de acuerdo. Aquéllos insisten en tener una voz más activa en la política educativa, mientras que éstos afirman que los estudiantes no están capacitados para participar en tales decisiones. Divídanse en dos grupos —estudiantes y profesores— y sostengan un debate sobre este tema.

10. CONSTRUIR LA PAZ. ¿Qué significa **construir la paz?** ¿Es algo activo o pasivo? ¿Qué actividades humanas sirven para construir la paz y cuáles para derribarla?

11. ¿EDUCADOR O INSTRUCTOR? Discuta la diferencia entre **educador** e **instructor.** ¿Cuáles podrían y deberían ser las funciones del maestro? Comente la noción de **la mística** de los profesores y de otras profesiones. ¿Cómo se nota que alguien siente **la mística** de su oficio?

12. LA PRENSA Y LA PAZ. El artículo afirma que los medios de comunicación no interpretan bien los hechos violentos, que sólo presentan "los hechos" y que no brindan las interpretaciones "verdaderamente humanas". ¿Cuál es su opinión acerca de la prensa sensacionalista? ¿Cuál es su función, su atractivo, su beneficio y su peligro?

TEMAS PARA ESCRIBIR

1. ARTÍCULO DE PRENSA. Imagínese que Ud. es un estudiante de intercambio en el Perú a quien el periódico escolar ha pedido un artículo sobre su país. Ud. decide describir el sistema educativo que conoce.

2. RETRATO. Describa a una persona con educación formal. Incluya en su descripción tanto su formación educativa como los rasgos psicológicos y morales que exhibe actualmente.

3. EL CONCEPTO DE LA JUSTICIA. Desarrolle un ensayo que explique e ilustre el concepto de la necesidad de crear "...una justicia que vaya construyendo al otro en lo que realmente él es, y no en lo que yo más quiero, por conveniencia a mis propios intereses, que sea él".

Una visión crítica de la juventud

Es prácticamente un tópico decir que la juventud de hoy no es idealista como lo fue la de los años 60 y 70: que no afirman gran compromiso político, ni toman posturas protestarias ante las injusticias de nuestro día, ni luchan por cambiar las estructuras sociales. Sin embargo, ¿es justo rechazar a toda una generación por lo que no es en comparación a otra? ¿No vale más valorarla por sus propios méritos? En el próximo ensayo, Moncho Alpuente intenta hacer esto último al considerar el contexto político, social y económico en que se formaron dos generaciones tan dispares como la de los años 60 y 70 y la actual.

ANTES DE LEER

1. EL EXISTENCIALISMO.

El título del artículo siguiente, "Rebeldes sin naúsea", alude a una obra del filósofo francés Jean Paul Sartre, "La Naúsea", y a una película norteamericana popular en los años 50 sobre la generación *beat*, "Rebeldes sin causa". En ésta el actor James Dean representaba el papel de un joven rebelde existencial. ¿Qué sugiere la variación que ha dado el autor al título de la película?

2. LOS "HIPPIES".

El artículo que sigue hace referencia a la generación "hippy" de los años 60. ¿Qué sabe Ud. de esa generación? ¿Cómo se vestía? ¿Cuáles eran sus valores? ¿Que les parecen los de esa generación?

VOCABULARIO ÚTIL

airado   enfadado; enojado; irritado

con mayúsculas   CON LETRAS GRANDES

de balde   en vano

lúdico   que tiene que ver con el juego; de espíritu juguetón

un paria   una persona marginada

pese a   a pesar de

"Rebeldes sin náusea"

Aquellos jóvenes de antaño (20 años son una eternidad en materia de juventudes) tomaban las calles para combatir contra el Sistema con mayúsculas y reivindicaban la Utopía también con mayúsculas, a cantazos en las barricadas o a golpe de *slogan* pintarrajeado en la pared o coreado[1] en manifestaciones multitudinarias y lúdicas. Aquellos jóvenes airados hubieran sido magníficos creativos publicitarios, algunos de ellos probablemente lo sean ahora que ya no son ni jóvenes ni airados.

Frases como "Levantad los adoquines[2], debajo están las playas", "Seamos realistas, pidamos lo imposible" o "Prohibido prohibir" deben o deberían figurar en los manuales de comunicación más modernos. Los jóvenes de hoy, cuando toman las calles, no reivindican la Utopía, y si sus proyectiles se dirigen contra el Sistema, no es para derribarlo, sino para pedirle mejores expectativas de cara a su integración.

Estos jóvenes realistas no piden lo imposible y tampoco persiguen, como lo hacían sus padres, la marginalidad; entre otras cosas porque la marginalidad de hoy es otra cosa.

> **Los jóvenes de hoy, cuando toman las calles, no reivindican la Utopía, y si sus proyectiles se dirigen contra el Sistema, no es para derribarlo, sino para pedirle mejores expectativas de integración.**

La marginalidad de ayer era un sueño de libertad con un horizonte de campos de fresas para siempre[3], viajes a Katmandú o a los paraísos artificiales del ácido, paz, amor y promiscuidad sexual para todos los jóvenes parias de la Tierra. La marginalidad de hoy es marginación, desempleo y las siete plagas del sida y la heroína, pestes apocalípticas que airearon sobre las inocentes hordas juveniles los sicarios[4] del Sistema, precisamente para esto, para quitarles las malas ideas de la cabeza y que no siguieran su viaje por el lado peligroso de la calle. Peligroso para los jóvenes y aún más peligroso para el Sistema que corría el riesgo de no encontrar recambios suficientes y aptos para su perpetuación entre aquella calaña[5] de *hippies*, radicales y anarquistas.

Tras ímprobos esfuerzos, sin duda dignos de la mejor causa, los cerebros grises, plomizos, del Sistema (al que al partir de ahora llamaremos *Establishment* por no repetir más la palabreja y seguir con términos de uso común en los 60) consiguieron meter el miedo en el cuerpo de las nuevas generaciones y propiciaron un estratégico cambio en su

---

1. cantado en coro   2. piedras que se usan para pavimentar las calles   3. título de una canción de los Beatles   4. asesino asalariado   5. tipo, especie

escala de valores, sustituyendo libertad por seguridad. Desde ese momento, los jóvenes no buscaron más en el viejo baúl de las utopías y se aplicaron para convertirse en hombres y mujeres de provecho, dignos de ocupar un puesto en la nómina y en el escalafón[6], un puesto del que los rebeldes de antaño habían huido despavoridos, aterrorizados ante la idea de parecerse alguna vez a sus progenitores y tener que conformarse, como ellos, con una idea de trabajo por lo general, embrutecedor, absurdo y mal remunerado.

Los problemas resurgieron cuando estos sumisos alumnos, ávidos de integración, descubrieron que, pese a su buena conducta y a su aprovechamiento escolar, no iba a haber puestos para todos y que, en el caso de haberlos, ellos no estarían preparados para ocuparlos a causa de la deficiente formación que se les impartía en las aulas colegiales, profesionales o universitarias.

Una vez más habían sido engañados por sus mayores, una vez más habían creído en sus falsas promesas y estaban sacrificando de balde los mejores años de sus vidas para acabar engrosando las filas del paro o, en el mejor de los casos, trabajando en precarias condiciones, a base de contratos eventuales y leoninos[7] y en áreas muy alejadas de sus inquietudes vocacionales y de sus aspiraciones pecuniarias.

La respuesta no se hizo esperar, los cachorros[8] volvieron a enseñar los dientes, huelgas y manifestaciones volvieron a estar a la orden del día y en sus correrías callejeras los jóvenes aplicados se vieron una vez más desbordados por sus colegas más violentos y más escépticos, marginados, no por elección, sino por necesidad, que aprovechaban la revuelta de los buenos chicos para entregarse al vandalismo por puro amor al arte, sin reivindicaciones ni consignas.

Supongo que en esta ocasión los representantes del *Establishment* no habrán podido evitar la tentación de dirigirse a los estudiantes revoltosos en tono paternal para decirles: "Ya véis lo que os pasa por salir a la calle","tened cuidado con las malas compañías" y "con la violencia nunca se arregla nada". Argumentaciones no han de faltarles a estos esbirros[9], pues en sus filas militan, con cargos de responsabilidad, muchos de aquellos imaginativos líderes de las revueltas de Mayo del 68[10], ex pirómanos reciclados en bomberos, que se ganan su sueldo en los pesebres de la Administración, intelectuales que, como diría Orson Welles, un día cambiaron sus ideales por sus piscinas y dejaron de nadar contracorriente.

Estos jóvenes aplicados y sumisos de hoy no tienen ideales, pero tampoco tienen piscinas y, si bien pueden prescindir de lo primero, no están dispuestos a hacer muchas concesiones en el segundo apartado. Algo han aprendido de las enseñanzas de sus maestros.

—**Moncho Alpuente**
(*Cambio 16,* España)

---

6. en la lista y en la jerarquía de empleados en una empresa   7. desventajoso   8. perritos recién nacidos   9. oficiales de justicia   10. momento en que se produjeron muchas protestas estudiantiles por todo el mundo: París, Nueva York, México, etc.

Comprobando la lectura

1. ¿Cómo caracteriza el autor del artículo a los jóvenes de los años 60?
2. ¿Cómo han cambiado estos jóvenes al llegar a ser mayores?
3. Según el autor, ¿cuáles son las preocupaciones de los jóvenes de hoy?
4. ¿A quiénes critica el autor en este artículo?
5. Busque expresiones o palabras que comunican un tono crítico o negativo en este artículo.

Temas para conversar

1. LOS VALORES GENERACIONALES. ¿Tendrían los adultos de hoy los valores que tienen Uds., los jóvenes actuales, cuando ellos tenían la misma edad? Para contestar mejor la pregunta, piensen en los consejos que les dan sus padres y abuelos como pautas de vida. ¿Están Uds. de acuerdo con ellos?

2. LOS JÓVENES VISTOS POR LOS ADULTOS. En su opinión ¿qué aspectos de la juventud olvidan los adultos al juzgar a los jóvenes? ¿Creen Uds. que los adultos los toman a Uds. en serio?

3. LA BRECHA GENERACIONAL. ¿Existe una brecha generacional? ¿Cómo se manifiesta? En su opinión, ¿se puede superar la brecha generacional, si existe? Explique.

4. IMAGÍNESE: UN MONÓLOGO. Imagínese que Ud. es el autor del editorial "Rebeldes sin náusea" quien decide ahora hacer una autocrítica de su propia generación. Prepare un monólogo —para presentar en clase— en el que confiesa cómo falló su generación al poner en práctica sus ideales.

5. LEMAS PARA LA JUVENTUD. Después de examinar el sentido y la estructura de los lemas "Levantad los adoquines, debajo están las playas", "Seamos realistas, pidamos lo imposible" y "Prohibido prohibir" en el artículo de Moncho Alpuente, preparen en pequeños grupos unos slogans que caractericen su propia generación de jóvenes o que ilustren su actitud hacia el idealismo y el compromiso político-social.

TEMAS PARA ESCRIBIR

1. UNA CARTA ABIERTA.
Los adultos a menudo se presentan como la autoridad ante los jóvenes. Imagínese que Ud. reta la autoridad de los mayores al escribir una carta abierta a los adultos exponiendo lo que Ud. considera que son las responsabilidades de ellos como administradores del mundo actual.

2. EDITORIAL.
Escriba un artículo editorial de tres a cuatro párrafos en que presenta su propia visión acerca de la responsabilidad de los jóvenes en la actualidad.

ÚLTIMAS CONSIDERACIONES

Como último texto de este capítulo sobre la juventud, se presenta una canción de Violeta Parra, canto-autora chilena fallecida en 1967. Violeta Parra formó parte de la ola de la **nueva canción chilena,** movimiento paralelo al del *folk-rock* en que la letra de las canciones exhibían una clara conciencia de los dilemas sociales del momento. La selección que se presenta a continuación es un canto de alabanza a los jóvenes estudiantes comprometidos que luchan contra las injusticias a su alrededor.

LA NUEVA CANCIÓN

LETRA Y MÚSICA DE VIOLETA PARRA
Me gustan los estudiantes

1   ¡Que vivan los estudiantes, jardín de las alegrías!
Son aves que no se asustan de animal ni
policía;
y no le asustan las balas ni el ladrar
5   de la jauría[1].
Caramba y zamba la cosa,
¡que viva la astronomía!
Me gustan los estudiantes que rugen como
los vientos
10   cuando les meten al oído sotanas[2] o regimientos.
Pajarillos libertarios igual que los elementos
¡que vivan los experimentos!

---

1. grupo de perros   2. hábito de sacerdote

Me gustan los estudiantes porque levantan
el pecho
15 cuando les dicen harina, sabiéndose que es
afrecho[3]
Y no hacen el sordomudo cuando se presenta
el hecho.
Caramba y zamba la cosa,
20 ¡el código del derecho![4]
Me gustan los estudiantes porque son la
levadura[5]
del pan que saldrá del horno con toda su
sabrosura
25 para la boca del pobre que come con amargura.
Caramba y zamba la cosa,
¡viva la literatura!
Me gustan los estudiantes que marchan sobre
las ruinas.
30 Con las banderas en alto va toda la
estudiantina.
Son químicos y doctores, cirujanos y dentistas.
Caramba y zamba la cosa,
¡vivan los especialistas!
35 Me gustan los estudiantes que van al
laboratorio.
Descubren lo que se esconde adentro del
confesorio[6].
Ya tiene el hombre un carrito que llegó hasta
40 el purgatorio.
Caramba y zamba la cosa,
¡los libros explicatorios!
Me gustan los estudiantes que con muy clara
elocuencia
45 a la bolsa negra sacra le bajó las
indulgencias[7].
Porque ¿hasta cuando nos dura, señores, la
penitencia?
Caramba y zamba la cosa,
50 ¡que viva toda la ciencia!

3. salvado de trigo   4. compilación de leyes   5. sustancia para fermentar el pan
6. confesionario; cubículo en que uno se confiesa   7. derriban el mito del capitalismo

PARA CONVERSAR

Compare la actitud hacia los jóvenes reflejada en esta canción con la de las otras selecciones de este capítulo. ¿Se identifica Ud. con este poema más o menos que con los otros artículos?

PARA ESCRIBIR

Escriba una canción original sobre la juventud, usando la música de una canción que Ud. ya conoce.

CAPÍTULO 2

SER HOMBRE, SER MUJER: IMAGEN Y REALIDAD

La imagen que se proyecta y la imagen que se nos proyecta encima son dos elementos que influyen en nuestra manera de percibirnos y de percibir nuestro lugar en el mundo. ¿Qué significa ser hombre y ser mujer en el mundo contemporáneo? ¿Nos autodeterminamos o somos manipulados a cada paso por una serie de definiciones e imágenes? En este capítulo examinaremos varias maneras en que se ha definido —o utilizado— la esencia de la masculinidad y de la feminidad y algunas de las preocupaciones centrales del ser humano en su lucha con o contra estas definiciones. Veremos

El hombre y la mujer: ¿viven según sus propios criterios o intentan mostrar la imagen que les impone la sociedad?

varias maneras en que nuestro ser verdadero y nuestros seres ideales se entrecruzan y entran en conflicto con las definiciones sociales de

Hombre y **Mujer.**

VOCABULARIO TEMÁTICO

1. PALABRAS Y EXPRESIONES RELACIONADAS CON EL TEMA DE LA MUJER.

abortar   la acción de terminar un embarazo *(sustantivo relacionado:* **el aborto)**

acosar   hostigar o presionar con fines sexuales *(sustantivo relacionado:* **el acoso)**

el feminismo   sustantivo referente al tema de la igualdad de la mujer *(adjetivo relacionado:* **feminista)**

la matriarca / matriarcal   sustantivo y adjetivo referentes a una sociedad regida por mujeres

la sumisión   la subordinación

la violación   un acto de agresión o asalto sexual *(verbo relacionado:* **violar)**

2. PALABRAS Y EXPRESIONES RELACIONADAS CON EL TEMA DEL HOMBRE.

el dominio   el poder; poderío *(verbo relacionado:* **dominar)**

el machismo   sustantivo referente al dominio del hombre *(adjetivo relacionado:* **machista)**

un mujeriego   un hombre al que le gusta perseguir a las mujeres

el patriarca / patriarcal   sustantivo y adjetivo referentes a una sociedad regida por hombres

varonil   masculino; lo contrario de **femenino**

la virilidad   la masculinidad *(adjetivo relacionado:* **viril)**

3. PALABRAS RELACIONADAS CON LA IMAGEN Y LA AUTO-REFLEXIÓN.

el auto-análisis   el análisis de sí mismo

la auto-estima   la estimación que tiene una persona de sí misma

la auto-imagen   la imagen que tiene una persona de sí misma

la enajenación   la sensación de sentirse aislado de e incomprendido por los demás

el respeto propio   el respeto a sí mismo

sentirse bien dentro de su propio pellejo   estar contento y satisfecho con quién se es y cómo se es

el sexismo   sustantivo y adjetivo referentes al prejuicio sexual *(adjetivo relacionado:* **sexista)**

4. Maneras de denotar a mujeres y hombres.

En español hay distintas maneras de designar a hombres y mujeres; en cada caso reflejan connotaciones especiales.

dama y caballero   términos formales reservados para ocasiones solemnes y situaciones delicadas (se usan en el teatro, en discursos fúnebres o políticos, y para designar los baños públicos)

varón   persona de sexo masculino. Éste es un sustantivo sin equivalente femenino; se aplica sólo a los hombres y no conlleva ninguna connotación negativa.

hembra y macho   La **hembra:** un ser de sexo femenino; a menudo se aplica a los animales de género femenino; aplicado a una mujer puede ser considerado peyorativo. El **macho:** un ser de sexo masculino; este término se aplica a animales de género masculino; la connotación puede ser negativa, a diferencia de varón que tiene una connotación neutra.

mujer y marido   términos con que se designa a los componentes de una pareja conyugal. Nótese la falta de correspondencia entre los dos términos

señor y señora   hombre y mujer adultos

señorita y señorito   aunque **señorita** designa a una mujer soltera, **señorito** es un término peyorativo que designa a un hombre joven, pretencioso y rico

Nota sobre las palabras que terminan en "-ista".

Los sustantivos y adjetivos con terminación "-ista" son tanto femeninos como masculinos y por lo tanto no cambian de terminación según el género. Ejemplos: **el** líder comun**ista; un** periódico femin**ista; una** ley mach**ista; los** telefon**istas**

Para seguir avanzando: Funciones para ayudar en la exposición de un argumento

I. Para dar a su opinión un tono de autoridad: Expresiones impersonales

Existe una serie de funciones lingüísticas que nos ayudan a dar un tono de mayor autoridad a la expresión de nuestro punto de vista. A diferencia de las de la sección **Para constatar una opinión personal** del capítulo anterior, las expresiones impersonales que verán a continuación resaltan no sólo la opinión expresada sino el peso que le confiere la apariencia de objetividad.

Consta que / Es cierto que / Está claro que / Es consabido que / Es evidente que / Es obvio que / Es que / Es verdad que pocos son los que se sienten bien dentro del propio pellejo.

Excusa decir que / No está de más decir que la televisión no proyecta una imagen completa de la mujer.

De hecho / De verdad / En efecto la televisión distorsiona la imagen de la mujer.

El hecho es que las mujeres en Puerto Rico desempeñan una gran variedad de papeles, muchos más de los que la televisión proyecta.

Nota: Igualmente se puede volver a personalizar estas expresiones utilizando el complemento indirecto:

Me consta que / Me parece cierto que / Me parece claro que / Me parece evidente que / Me parece obvio que / Me parece verdad que para las mujeres el macho exhibido como objeto erótico no resulta objeto de deseo.

II. PARA EXPRESAR SU ACUERDO CON UNA PERSONA O UNA IDEA

Las siguientes expresiones son casi sinónimos y se utilizan cuando uno quiere aprobar la opinión de otra persona y expresar su acuerdo con esa opinión. La mayoría son expresiones más apropiadas para la expresión oral que para la escrita.

¡Así es!

¡Cierto!

¡Claro que sí!

¡Coincido con Ud. (contigo, con Pedro)!

¡Comparto tu / su opinión! o ¡Comparto la opinión de María!

¡De acuerdo!

¡Desde luego!

¡Es cierto lo que dice!

¡Eso es!

¡Eso está muy bien!

¡Eso sí!

¡Estoy de acuerdo con Ud. (contigo, con Ángela)!

¡Exacto!

¡Por supuesto!

¡Precisamente!

¡Vale! (Se usa más en España que en Latinoamérica)

III. PARA EXPRESAR SU DESACUERDO CON UNA PERSONA O UNA IDEA

Las siguientes son maneras socialmente adecuadas pero firmes para expresar el desacuerdo:

¡No es así!

¡No estoy de acuerdo con Ud. (contigo, con José)!

¡No lo veo así!

¡No lo veo muy claro!

¡No me parece así!

Nota: Para ser más cortés se puede empezar la expresión de desacuerdo con "Lo siento pero..." ("Lo siento pero no es así", etc.)

Las siguientes son más directas y coloquiales:

¡De ninguna manera!

¡En absoluto!

¡Ni hablar!

¡Ni modo!

Algunas expresiones de desacuerdo tienen un tono impaciente y algo enojado:

¡Qué barbaridad!

¡Qué va!

IV. PARA CAMBIAR EL RUMBO DE LA DISCUSIÓN

RECONOCER EL VALOR DEL ARGUMENTO DE LA OTRA PERSONA

Una de las maneras de llevar la conversación o argumento a un punto diferente es conceder un punto al adversario al mismo tiempo que uno impone su propio punto de vista. Esto tiene como efecto el parecer aceptar y negar el valor del argumento del otro al mismo tiempo. Expresiones de este tipo son:

aunque

> **Aunque** lo que Ud. dice está bien, queda otro punto que aclarar.

es posible que...pero

> Es **posible que** tenga razón en lo que dice, **pero** hay que considerar las implicaciones.

puede ser que...pero

> **Puede ser que** sea así, **pero** sólo es verdad hasta cierto punto.

por una parte...pero por otra parte

> **Por una parte** sí que es lícito lo que Ud. dice, **pero por otra parte** hay otros temas más importantes que considerar.

sin embargo

> Es verdad que las mujeres tienen más oportunidades para trabajar; **sin embargo,** esas oportunidades siguen siendo muy limitadas.

no obstante

> Sí que la estética corporal es importante; **no obstante,** puede ser que le demos demasiada atención.

REBAJAR O NEGAR LA VALIDEZ DEL ARGUMENTO, DE LA EVIDENCIA O DE LA EXPERIENCIA DE OTRO

Una manera más directa de cambiar el rumbo de una discusión se logra negando que la otra persona tenga razón en su opinión o que su evidencia tenga mucha importancia para entender el tema que se está considerando. Algunas de las expresiones apropiadas para lograr este efecto son las siguientes:

a pesar de / pese a

> **A pesar de / Pese a** toda su buena voluntad Ud. no puede entender a fondo la problemática de la mujer puertorriqueña.

en cambio

> El cuerpo femenino es una fuerte motivación para el interés que muestra el hombre en la mujer; **en cambio,** el interés de la mujer respecto al hombre responde a otros motivos.

es más bien cuestión de

> La insatisfacción de la mujer **es más bien cuestión de** género que de clase.

es todo lo contrario / No...sino todo lo contrario

> No es como Ud. dice; **es todo lo contrario.** / **No** es como Ud. dice **sino todo lo contrario.**

No es cuestión de / No se trata de

> **No es cuestión de / No se trata de** eso, sino de otra cosa más esencial.

No...pero sí

> **No** quiero bajar de peso, **pero sí** que me importa mi aspecto físico.

No...sino

> **No** debemos volver atrás **sino** seguir adelante.

por el contrario

> No es de gran ventaja pasar muchas horas todos los días en el gimnasio; **por el contrario,** puede resultar peligroso para la salud.

por + más adjetivo/adverbio + que + subjuntivo
por + mucho + que + subjuntivo

> **Por más inteligente que sea** Ud. nunca va a entender el problema. / **Por mucho que hablemos** nunca podremos ponernos de acuerdo sobre el tema.

EN TORNO AL TEMA: CONVERSACIÓN

1. LO VARONIL Y LO FEMENINO. En pequeños grupos hagan una lista de características varoniles y otra de características femeninas. ¿Son las dos listas completamente diferentes o coinciden algunas de las características elegidas? Discutan las implicaciones.

2. QUIERO TENER ÉXITO. Haga un lista de cosas que Ud. cree absolutamente necesarias para ser popular entre sus compañeros. Después haga una lista de las cosas que consideraba necesarias cuando tenía 13 años. ¿Son iguales las listas? ¿Nota Ud. una relación entre las cosas que aparecen en las listas y la identidad sexual? Interpreten en grupo sus observaciones.

3. ¡NI EN PINTURA! Ahora haga un lista de las cosas que están absolutamente prohibidas si una persona de su generación quiere ser popular entre sus amigos. ¿Cuáles de estas restricciones acepta Ud. y cuáles considera Ud. ridículas? ¿Cómo afecta su opinión la imagen que Ud. desea tener de sí mismo como hombre o como mujer?

4. NOSOTROS A TRAVÉS DE LOS DEMÁS.

Mirando las listas de los números 2 y 3 discutan cómo la alabanza o la crítica de parte de otros determina cómo Uds. se ven, se visten y se comportan como individuos.

5. ¡CÓMO CAMBIA LA IMAGEN HUMANA!

La representación de la figura humana no es siempre la misma en todas las épocas ni en todos los países. A continuación Ud. verá representaciones del rostro femenino concebido por artistas del mundo hispánico. ¿Cuál es su reacción ante estas imágenes? Discuta por qué un artista decidiría representar así a una persona:

No deje de utilizar las funciones expuestas en la sección **Para seguir avanzando.**

EN TORNO AL TEMA: REDACCIÓN

1. IMAGEN, AUTOIMAGEN Y REALIDAD. Al considerar la cuestión de la imagen personal que proyectamos y que los demás perciben —o no— podría ser útil recordar las afirmaciones del filósofo español Miguel de Unamuno, quien en su obra *Tres novelas ejemplares y un prólogo* anota que según Oliver Wendell Holmes "...cuando conversan dos, Juan y Tomás, hay seis en conversación, que son:

Tres Juanes:

El Juan real; conocido sólo por su Hacedor

El Juan ideal de Juan; nunca el real, y a menudo muy diferente de él

El Juan ideal de Tomás; nunca el Juan real ni el Juan ideal de Juan, sino a menudo muy diferente de ambos

Tres Tomases:

El Tomás real

El Tomás ideal de Tomás

El Tomás ideal de Juan."

Es decir, la realidad no coincide necesariamente ni con la auto-imagen ni con la imagen social que uno proyecta.

Partiendo de estas consideraciones, escoja **una** de las siguientes alternativas para desarrollar una redacción:

    a.   una descripción "real" de alguien que conoce Ud. a fondo

    b.   una descripción del "yo" ideal de Ud.

    c.   una valoración de cómo le percibe a Ud. alguien del sexo opuesto

2. MUJER Y HOMBRE: ¿NATURALEZA Y CULTURA? Algunos teóricos han planteado la afirmación de que "la mujer es a la naturaleza como el hombre a la cultura"; es decir, la mujer simboliza la naturaleza —la belleza, la fertilidad y el carácter cíclico de las estaciones— mientras que el hombre es asociado con todo lo que transforma la naturaleza en algo más elevado —la arquitectura, el arte, la política y hasta la gastronomía. Desarrolle un argumento a favor o en contra de esta idea, sin dejar de utilizar en su exposición las funciones de la sección **Para seguir avanzando** que expresan acuerdo y desacuerdo, autoridad, y valoración o refutación de la opinión ajena.

FACETA 1

La imagen corporal

El aspecto físico es uno de los elementos que más marca a una persona, tanto en su autodefinición como en sus relaciones sociales: cualquier descripción de una persona casi necesariamente incluye un análisis de rasgos físicos tales como la estatura, el peso y el color de ojos y pelo. En principio, estos rasgos son determinados genéticamente y por lo tanto son neutros en valor. Sin embargo, hasta cierto punto se pueden manipular a través de medidas cosméticas, alimenticias y hasta quirúrgicas. Pero ¿por qué hacerlo? ¿Cuáles son los motivos sociales y personales que conducen a alguien a luchar con rasgos difíciles de controlar? ¿Y cuándo pasa esta opción a ser una obsesión enfermiza? Los artículos "Esclavos de la estética" de una revista española y "Dietomanía" de una revista colombiana, cada uno a su manera, plantean estas preguntas y presentan una visión crítica de la importancia que se da al aspecto físico en el mundo contemporáneo.

ANTES DE LEER

1. ¿QUÉ NOS COMUNICAN LOS TÍTULOS?   ¿Qué le sugieren los títulos "Los esclavos de la estética" y "Dietomanía"? En pequeños grupos hagan una lista de los temas y preocupaciones que Uds. esperarían encontrar en cada uno de estos dos artículos. Después un miembro de cada grupo escribirá su lista en la pizarra y la clase comparará las listas para ver si son diferentes o semejantes.

2. EN EL GIMNASIO.   En su opinión ¿por qué son los gimnasios en los Estados Unidos populares? En pequeños grupos hagan una lista de 5 razones por las que uno va al gimnasio. Después de preparar la lista consideren si las razones citadas obedecen a motivos de salud, de estética u otros motivos. ¿Es la generación de sus padres tan aficionada al gimnasio como Uds.?

3. PREPARÁNDOSE PARA UN ENCUENTRO IMPORTANTE.
¿Cómo se prepara Ud. respecto a su aspecto físico para una determinada ocasión? Cada estudiante debe elegir una de las siguientes situaciones:

una entrevista para un trabajo

la primera cita con alguien

una noche en la discoteca

una noche solitaria en casa

otra situación de su elección

Después de elegir la situación cada estudiante discutirá cómo se prepararía para esa ocasión, por qué considera necesarios los preparativos que ha mencionado y en qué sería diferente la ocasión si no se preparara así.

4. ¡DIETAS, DIETAS! En parejas preparen las tres comidas diarias para los siguientes tipos de dietas. Después presenten a la clase la dieta y expliquen su elección de comidas.

una dieta para adelgazar

una dieta para engordar

una dieta para ganar una carrera de maratón

una dieta para una persona con problemas cardíacos

una dieta para una mujer embarazada

una dieta para un vegetariano

una dieta antialérgica

una dieta para un erudito sedentario

5. ¿DEFINEN LOS ANUNCIOS EL *LOOK?* Describa un anuncio publicitario reciente que en su opinión define el *look* de ahora. Si es posible, llévelo a clase. ¿Qué imagen del hombre o de la mujer presenta?

VOCABULARIO ÚTIL

PALABRAS RELACIONADAS CON EL CUERPO Y SU IMAGEN

la báscula   aparato que mide el peso

de buena pinta / tener buena pinta   de buen aspecto / tener buen aspecto

la cirugía   tipo de tratamiento médico en que se opera con instrumentos cortantes *(concepto relacionado:* **la cirugía plástica)**

la delgadez   sustantivo relacionado con el adjetivo "delgado" *(verbo relacionado:* **adelgazar)**

(estar) en boga   (estar) de moda

el físico el aspecto físico; el cuerpo

la gordura sustantivo relacionado con el adjetivo "gordo" (*verbo relacionado:* **engordar**)

la grasa la sustancia que es la parte constitutiva de la gordura

el perfil la cara vista de lado

OTRAS PALABRAS Y EXPRESIONES

alabar decir algo bueno de algo o alguien (*antónimos:* **censurar, criticar**)

el anticonceptivo aparato o píldora que impide la concepción

como un tiro rápidamente

> *Después de muy poco tiempo bajé* **como un tiro** *5 kilos.*

confirmar la regla lo que hace una excepción, es decir "La excepción siempre confirma la regla"

de cabeza apresuradamente; con prisa

> *Cuando vi el libro de dietas entré* **de cabeza** *en la tienda y lo compré.*

descarado desvergonzado; "fresco"

dizque se dice que; según muchos

> *En esta dieta extraordinaria* **dizque** *se puede adelgazar comiendo rico y haciendo ejercicios suaves.*

imprescindible absolutamente esencial

> *Es* **imprescindible** *comer poco y hacer mucho ejercicio para adelgazar.*

la oferta y la demanda un principio económico que describe la relación entre lo que ofrece el mercado y lo que exige el público consumidor

"Los esclavos de la estética"

Estar a gusto con uno mismo, aceptarse tal y como se es físicamente, reconocerse en el espejo sin miedo y enfrentarse a la vida con el cuerpo y la cara que nos han correspondido no parece ser la tendencia de nuestra época. Las morenas quieren ser rubias; los negros, blancos; los bajos, altos; los narigudos, chatos, y, por supuesto, los gordos, flacos.

Pocos son los que se sienten bien dentro del propio pellejo. La falta de identidad, los complejos y nuestra vulnerabilidad ante la propia imagen comienzan a ser exagerados. ¿Necesidad de automejorarse?, ¿valoración de la estética como principal virtud?, ¿dependencia excesiva del *look* impuesto?, ¿consumo exacerbado?, ¿exageración en la oferta de productos innecesarios?, ¿falta de seguridad?, ¿o simplemente manipulación descarada en aras del[1] reforzamiento de un sistema económico que nos obliga a consumir sin freno?; ¿qué estamos buscando? Según el filósofo y sociólogo francés Jean Baudrillard: "No se busca la salud, sino la forma. Domina la presencia y la apariencia. Se acabó la seducción, tenemos que ser mirados sólo por nosotros mismos. El *look* es un simulacro, una exhibición sin inhibición, ya no tenemos tiempo de buscarnos una identidad, necesitamos una memoria instantánea. El cuerpo se ha entregado a un destino artificial: convertirse en prótesis[2]. El hombre moderno lucha contra su físico.

Estamos intentando eliminarnos físicamente. La ceremonia es tan válida como cualquier otra, y el espectáculo, asombroso. Fascinación, modelos culturales, sistema de valores, privatización y sacrificio del propio cuerpo. El triunfo del ectoplasma carnal nos lleva a convertirnos en seres barrocos, en mutantes".

Sirvan estas sorprendentes declaraciones para centrar los comentarios e impresiones que a continuación siguen. Con ellas no se pretende agotar el tema, sino dejar constancia de otras opiniones al respecto. No se trata de defender ni la fealdad ni la gordura, tampoco de ir en contra de los loables intentos de estar *à la page*.

La paranoia del provecto[3] hombre moderno occidental se ve alimentada por una diversidad de marcas que, sin embargo, sólo conducen a la homogeneidad y uniformidad de un arquetipo de hombre/mujer que en todo el mundo desarrollado se fija hoy en un perfil invariable y definido por la juventud, la belleza, la ausencia de grasas y

---

1. en honor de; con el propósito de   2. pieza o aparato que reemplaza un órgano o parte de él   3. antiguo; viejo

defectos. Excepcionalmente se incluyen rostros y figuras exóticos que confirman la regla. A la incentivadora frase de "cualquiera puede llegar a presidente" se le añade ahora la de "tú también puedes parecerte a X", o incluso llegar a ser como Y en un *futuro inmediato*.

Para Mario Gaviria, sociólogo, el lapso recorrido desde el invento del espejo a la sobrecarga de imágenes del propio aspecto físico y la dramática y universal instantaneización de los mensajes nos está llevando a una enajenación del yo y de la identidad.

Según la bombardeante y envolvente publicidad, todo se reduce a procurarlo. Cirugías y productos salvadores vienen inexorablemente en nuestra ayuda. Ana Pelegrín, escritora y profesora en el Instituto Nacional de Educación Física, vive en permanente contacto con los más jóvenes y bellos cuerpos. "Uno se refleja en el ojo de los otros y nos sentimos tan listos, guapos o delgados según la cantidad de gente que nos esté censurando o alabando. Actualmente se nos pide el todo en todos los frentes, y esta exigencia nos tiene estresados[4] e inseguros a casi todos".

Mila Viñas, psicóloga, ratifica el mismo enfoque: "Hace años, por buena presencia se entendía presentarse a un puesto con traje y zapatos nuevos, aseado y peinado. Hoy es imprescindible un *look* que dé a entender que pretendemos llegar a ser como mínimo director general y, por supuesto, comernos el mundo laboral. Se supone que así propiciamos nuestro seguro y casi garantizado éxito en otras esferas que quedan implícitas en lo que se llama triunfo total. Importa más la imagen que lo que uno pueda dar de sí. Todos hemos entrado en ello, y las mujeres, mucho más. La carga cultural nos planea cumplir inevitables exigencias: inteligencia, belleza y juventud. Antes sólo tenías que estar guapa, ser maravillosa y tocar el piano. Hoy, el deterioro en una mujer es algo imperdonable".

Ana Pelegrín abunda en el tema: "A nuestra sociedad le disgusta profundamente la decadencia corporal. Ancianidad ya no es sabiduría, sino estar fuera de juego. Aun así, creo que los medios y sus mitos femeninos, Claudia Cardinale o Sofia Loren, han posibilitado que la mujer no quede fuera de circulacion al cumplir los 40". Juan Merelo Barberá, sexólogo, amplía el campo: "Hoy, el hombre impone cánones de deseo a la mujer, y viceversa, y la industria fomenta que surja así en el inconsciente de la sociedad. En torno a los 40 cuando se llega al cenit de las posibilidades de un individuo, surge la tragedia del cuerpo, las saunas, cirugías y tratamientos y el vestirse para

> **Es el propio mundo de izquierdas, llamémosle ahora liberal, el que admira el poder. El que más se ve y más guapo se ve siempre es el poder, porque no necesita de otro tipo de valores.**

---

4. bajo mucha tensión o estrés

poder disfrutar aún de esa situación de poder ser admirado".

A Joaquín Merino, gastrónomo y gordo en activo, lo que le llama la atención es que haya que adaptarse a un solo canon. "Lo que hoy consideramos antiestético antes fue lo contrario. Las divas de la *belle époque,* con cuyos muslos se pueden hacer hoy dos bailarinas, volvían locos a los señores. ¿Que decir de las amantes y barraganas de tamaño descomunal[5] del duque de Windsor o Eduardo de Inglaterra? La paranoia de la delgadez empezó en los años sesenta; la era del *pop* puso de moda a la Twiggy y La Gamba, y luego, en esta tendencia hipocondríaca se ha involucrado a toda la humanidad. La preocupación por la moda y la salud es tan exagerada que hay gente que en cuanto te descuidas es capaz de amargarte una comida hablando de colesterol, ácidos úricos y cochinadas[6] semejantes; desde mis mollas reivindico a los rellenitos[7].

La psicosis creada en torno al *esos kilitos de más,* las fotos del antes y después de haberse operado tal o cual ángulo o curva, o el simple cambiarse de modelo, peinado y en general *look,* encierra tantas aspiraciones y esperanzas en las modas que ya queda incluso mal el preguntarse el porqué de esta u otra fascinación. El exceso de información, cuya degeneración máxima suele acabar en desinformación, hace que la vapuleada[8] opinión pública sea presa fácil de cualquier lanzamiento al mercado. Una nueva ideología invisible viene a sustituir a las viejas ideas estructurales, más o menos acertadas, por una modernísima integración y sometimiento. El ciudadano medio sale perdiendo en la confrontación con la imagen que se difunde como suya, dado que ésta más bien corresponde a un pequeño sector de la población instalada en los aledaños del poder[9], la gente guapa, los habitantes de los arrabales[10] de la injusticia social.

"El mundo es hoy audiovisual. Los códigos morales, el concepto clásico de ideología y el valor positivo de las conductas han dejado paso a un universo hedonista en que todo el mundo desea un gozo audiovisual. Al mundo de los sentidos se le ofrece inmediatamente la imagen como música; ahí está concentrado todo el poder y nadie puede resistirse porque ninguna otra cosa nos compensa salvo poseer belleza". Así se expresa Paco Almazán, intelectual y flamencólogo[11].

Deseamos acercarnos como sea al modelo en boga. Queremos ser iguales, aunque digamos que por otra parte deseamos ser independientes, originales o distintos. No obstante, la realidad empuja a pensar en el triunfo de la uniformidad.

Merelo-Barberá va aún más lejos: "El hombre actual se identifica como objeto, el cuerpo se ha objetivizado y sigue un modelo de diseño semejante al de la máquina, siguiendo una lenta evolución que le lleva a dejar de ser persona, tal y como hoy lo entendemos, para convertirse en un robot de carne y hueso que responde a los estímulos

---

5. concubinas gordas o de proporciones enormes   6. cosas sucias   7. para mí, yo defiendo a los gordos
8. azotada; castigada   9. en los lugares del poder   10. las afueras   11. especialista en flamenco

del mercado. El culto al cuerpo ha cobrado importancia desde la supuesta liberación sexual. Ésta ha sido tecnológica a través de los anticonceptivos. La no liberación significaba una ocultación del cuerpo; ahora lo exhibimos mostrándolo como pasaporte para *hacerlo*.

La autenticidad del hombre moderno queda en entredicho[12]. Nacemos con ella, pero hoy la reprimimos continuamente, sacrificándonos por la apariencia. La imagen crea el camino para adquirir la forma deseada. La expansión erótica y psicológica integrada está cada día más mediatizada a un comportamiento social del modelo preponderante. A nadie se le escapa ya que, tanto mujeres como hombres, vivimos inmersos en las leyes de la oferta y la demanda.

En nuestra ultramoderna actitud de integración y supuesto autodiseño, aparentemente individual, pasamos por dietas, penurias, privaciones y malos tratos, aceptando la dictadura de la imagen como si de un mal menor se tratara. Pensamos que quienes nos imponemos somos nosotros, dejando de lado el análisis de las circunstancias productivas de una sociedad industrial que, en pleno paroxismo capitalista, nos exige competitividad y valía.

Mario Gaviria ilustra el tema con la figura del triunfador más sobresaliente en estos días, el ejecutivo agresivo. "Hoy se le llama *yuppie* y es el tipo que las empresas necesitan. Carne fresca para el mercado. Las empresas solicitan individuos entre 20 y 30 años; me recuerda un poco al servicio militar. A esa edad se da la máxima capacidad de reflexión, creatividad, esfuerzo y ambición. Simplemente les extraen la plusvalía[13]. La forma exigida no es más que la figura de lo sano, de lo agresivo y dinámico, pero, de hecho, es evidente que en las grandes empresas son los *seniors* quienes mandan y controlan el capital. La imagen de éstos no suele entrar en consideración alguna. Sin embargo, los que trabajan, liquidan a la competencia y se dejan la piel, son gente ágil, que se cuida, etcétera; a los 40 suelen estar acabados y la imagen y el *look* no es más que la forma externa de la mercancía que busca la empresa. Se supone que un individuo con buena pinta será más resistente. A quien contrata le interesa más la resistencia que lo meramente estético. Esto puede parecer extraño, pero es lógico que si uno no bebe, fuma poco, duerme y come adecuadamente, tendrá mayor capacidad de producción. Esto es lo que busca la estética".

Paco Almazán sitúa la revalorización de la propia imagen en relación con la crisis de las ideologías.

Ya no vale la tenacidad, el esfuerzo, la espera o la conquista; se trata únicamente de gozar. Todo el día estamos viendo y deseando poseer belleza. Nadie es feliz porque no se realiza y no hay dinero para comprar la imagen que se vende ni ésta existe para todos. Lo que, en última instancia, se valora es el poder, la aceptación del poder a través de la imagen. Y es el propio

---

12. está en duda   13. el aumento de valor

mundo de izquierdas, llamémosle ahora liberal, el que admira el poder. El que más se ve y más guapo se ve siempre es el poder, porque no necesita de otro tipo de valores.

El hombre audiovisual identifica felicidad con distracción, y ha perdido la costumbre de ejercer su criterio. Antes uno se pregunta quién soy, de dónde vengo. El audiovisual zanja[14] sus interrogantes con un aquí estoy yo y a ver quién es el más guapo...

—Maite Contreras J.
(*El país semanal,* España)

---

14. ataca

"Dietomanía"

Nunca pensé, cuando comenzó todo este calvario[1], que terminaría con mis kilos de más, acostada en el diván del siquiatra, tratando de liberarme del trauma que me dejaron Adriana, Carolina, Marta Rocío, la antidieta y las recomendaciones de Rita La Rosa, para perder siete kilos en 30 días, dizque comiendo rico y haciendo ejercicios suaves.

Todo comenzó una mañana sobre la báscula. El exceso era de 10 kilos, según la tabla universal de pesos y medidas: a 1,68 de estatura, 56 kilos de peso. La primera parada de mi peregrinación fue donde Adriana. Dieta de un mes, comiendo lo que a uno le gusta, sólo que en porciones para enanos. Carne, pollo y pescado sí, pero 100 gramos. Jamón sí, pero una tajada[2]. Queso sí, pero blanco y 50 gramos. Fruta sí, pero medio pocillo[3] y ni hablar de vinos y licores, que quedaron *out.*

Para qué. A las tres semanas había bajado como un tiro cinco de los 10 kilos. Sólo que, flaca ya, también comenzó a flaquearme la voluntad, a pesar del pánico que me

---

1. sufrimiento   2. un pedazo   3. taza

producían los controles "regañados"[4] de tan magnífica dietista. La primera vez que volví a subir un kilo, saqué la disculpa del trasteo[5]. La segunda, la de una extraña enfermedad que sólo se curaba con milhojas[6] frescas. A la tercera no volví y ahogué la debilidad de mi carácter en los placeres de la gastronomía.

Cuando, al poco tiempo, cierta mañana volví a enfrentarme con la báscula, comprendí que había llegado la hora de acudir a Carolina. Más comprensiva con las tentaciones de la buena vida, me adjudicó nuevamente mi dietita de enano, con la advertencia de que no habría regaños ni controles. Eso fue suficiente para que la abandonara a la primera semana. Un carácter dulce y comprensivo como el de Carolina era demasiado generoso para la dictadura de mi organismo.

Fue entonces cuando invertí la mitad de mi quincena[7] en el manual de Rita La Rosa, para eliminar siete kilos en 30 días. Aquí ni siquiera se contemplaba en el renglón[8] de las bebidas, al contrario de las dietas de Adriana y Carolina, el desahogo de una gaseosa dietética o la excitación de una negra taza de café. Y en cuanto a las recetas que trae el libro... bueno. Que una dieta depende de conseguir en Colombia codornices[9], sepias[10] limpias, lenguado[11], grana[12], merluza[13], café de aceite de oliva, vaya y venga. Pero cada día gastaba el tiempo que tenía reservado a los ejercicios obligatorios, interpretando sus instrucciones. ¡A quién se le ocurre adelgazar a punta de *"en posición erecta, al lado de un punto de apoyo, elevad una pierna y colocadla en dicho punto de apoyo, flexionad el busto hasta tocar el suelo con las manos... Repetid 30 veces por parte (sic)"?*

El carácter dulce de Carolina era demasiado para la dictadura de mi organismo.

Y luego... fue casual. Me encontré con el Ministro en un coctel y no tuve más remedio que ponderarle su extraordinaria delgadez. *"Es la dieta de las proteínas. Es buenísima. En un mes bajas 10 kilos sin pasar hambre, comiendo chicharrones[14], chorizos[15], jamones, quesos, carne, pollo y pescado. ¿Qué más se quiere en la vida?"*

Ni corta ni perezosa, me fui de cabeza donde Marta Rocío, y la referencia del Ministro había sido exacta. A mis manos llegó la dieta que mi organismo había estado reclamando toda la vida. Comer cada dos horas la variedad más inimaginable de proteínas, acompañadas de un wiskicito aquí y una ginebrota allá... Pero eso sí, prohibido todo lo sano. Cero verduras, cero frutas, y prohibido también todo lo rico: cero harinas, cero dulces.

---

4. dicho de modo crítico   5. mudanza, cambio de domicilio   6. pastel en forma de mil hojas   7. el sueldo de un período de quince días   8. en la lista   9. tipo de ave comestible   10. calamares   11. tipo de pescado   12. fruta   13. tipo de pescado   14. carne frita   15. salchichas

Sin embargo, ahí no termina el cuento. Hace poco volví a encontrarme con el Ministro quien, un poco más "repuestico"[16], pareció no saber al principio qué era aquello por lo que le preguntaba. Cuando comprendió que no era ningún programa nuevo de Corabastos, ni un renglón específico de la canasta familiar, me dijo: *"¿Ah, la dieta de las proteínas? No. Infernal. Comencé a despertarme a las dos de la mañana soñando que me iba a ahogar en un mar de manteca donde gigantescos chicharrones me acechaban cual tiburones[17], y que mi única opción era nadar hasta un salvavidas de pandebono[18]. A las cuatro de la madrugada, acosado por el insomnio, me tocaba despertar a mi señora, y... bueno. Nuestra relación mejoró, pero mi estado de nervios empeoró, así es que dejé las proteínas".*

"Y en qué está ahora, Ministro?", le pregunté. *"Ah, la mejor. Se llama la antidieta. La clave está en que se puede comer carne y papa o carne y ensalada, pero no papa y ensalada. Y una última recomendación: las frutas cocinadas son veneno".*

Desde entonces, consulto con el siquiatra. No he abandonado aún la dieta de las proteínas, que ya empieza a ejercer en mí claros efectos adelgazantes. Pero todas las noches, a las dos de la mañana, me despierta la pesadilla de que la Constituyente es el nombre de una fábrica de salchichas o de que una amiga mía dio a luz un hermoso y rollizo chorizo.

Pero anoche tuve la peor pesadilla de mi vida. Soñé que en la licitación[19] de la televisión no habían adjudicado noticieros, sino lonjas[20] de jamón.

—María Isabel Rueda
(*Semana*, Colombia)

---

16. recuperado; mejor   17. me vigilaban como si fueran tiburones   18. un tipo de pan para el desayuno
19. una programación   20. pedazos largos y finos

COMPROBANDO LA LECTURA

"LOS ESCLAVOS DE LA ESTÉTICA"

Después de leer el artículo, encuentre dónde se hallan los siguientes comentarios en el texto. Luego, indique si la autora está de acuerdo o no con las afirmaciones que figuran a continuación. ¿Aprueba la autora el punto de vista que expresan las siguientes impresiones? Explique cómo se revela si su actitud hacia estos juicios es positiva o negativa.

1. La gente tiene una dependencia excesiva del *look* impuesto del momento.

2. No se desarrolla el cuerpo para seducir a otros.

3. Todos aspiramos a un arquetipo físico de hombre / mujer.

4. Nos sentimos tan listos, guapos o delgados según el número de personas que nos critique o nos celebre.

5. Para tener éxito es más importante tener un *look* distintivo que tener muchas buenas cualidades personales.

6. A nuestra sociedad le desagrada profundamente el envejecimiento corporal. Ancianidad ya no significa sabiduría, sino estar pasado de moda.

7. La delgadez no es un valor universal.

8. Vivimos en un mundo hedonista en donde uno de los valores fundamentales es poseer belleza.

9. El hombre actual se ha convertido en robot de carne y hueso que responde a las demandas del mercado.

10. Entre los 20 y los 30 años se tiene la máxima capacidad de reflexión, creatividad, esfuerzo y ambición.

"DIETOMANÍA"

1. Defina los diferentes tipos de dietas por las cuales ha pasado la autora.

2. Busque en el artículo las frases o palabras que le dan a este artículo un tono cómico. Busquen recursos retóricos como el uso del diminutivo, el uso de hipérbole, el uso de ironía, el uso del detalle inesperado, etc.

3. ¿Quiénes son o qué representan Adriana, Carolina, María Rocío y Rita La Rosa?

4. Busque en la lectura "Dietomanía" algunos alimentos que:

engordan   tienen poco valor nutritivo

contienen proteínas   tienen poca grasa

TEMAS PARA CONVERSAR

1. HABLA EL FILÓSOFO. El filósofo francés Jean Baudrillard, al examinar la cultura contemporánea y la importancia que ésta da a la imagen física, ha hecho una serie de afirmaciones. Discuta con sus compañeros la validez de los juicios de este pensador en nuestros días.

"No se busca la salud, se busca la forma."

"...ya no tenemos tiempo de buscarnos una identidad, necesitamos una forma instantánea."

"Estamos intentando eliminarnos físicamente."

2. LA BELLEZA Y LA SALUD. ¿Es la búsqueda de la belleza una forma de promover la salud o de poner la salud en peligro? Si Ud. cree que es peligrosa, ¿cuándo llega a ser peligroso este comportamiento?

3. IMAGÍNESE: ¿SER MODELO O NO? Prepare con otra persona una escena en la que dos partes de la conciencia de un/una joven están en conflicto: una parte quiere ser modelo porque le ofrece la posibilidad de fama y dinero inmediato, la otra parte se opone a esta decisión porque representa sacrificios y peligros. En parejas, preparen y presenten el drama ante la clase. La clase debe decidir cuál de los dos lados de la personalidad gana y decir por qué.

4. ¿SON NECESARIOS NUESTROS PRODUCTOS ESTÉTICOS?
En el tablero decida la función del producto en la primera columna y en la segunda decida la necesidad de ese producto en su vida actual, escribiéndole un número entre **1** y **10**, en donde **1** es el menos necesario y **10** el más necesario. Después comparen y discutan los resultados en clase.

Producto	Función	Valor en su vida
lápiz de labios		
cirugía plástica		
colonia		
pesas		
crema bronceadora		
lentes de contacto		
desodorante		
pasta de dientes		
pastillas para adelgazar		
ropa de moda		
espejo		
tinte de pelo		
aretes		
nombra otro producto		

5. ¿TRANSFORMARSE PARA EL ÉXITO?

Aquí tienen una lista de varias personas que se han transformado físicamente y han logrado un gran éxito en el mundo. Para cada persona discuta con otros 3 compañeros:

a. ¿Cuál es la imagen que esta persona quiere presentar al mundo?

b. ¿Qué tipo de sacrificios tuvo que hacer esta persona?

c. ¿Ha valido la pena la transformación?

d. ¿Hubiera tenido éxito al no transformarse de esta manera?

e. ¿Haría Ud. lo mismo para tener los mismos resultados?

Cher   Arnold Schwarzenegger
Madonna   David Bowie
Michael Jackson   otra persona de su elección

6. LA CIRUGÍA PLÁSTICA.

Discuta las circunstancias en que Ud. cree necesaria y beneficiosa la cirugía plástica y las razones por las que más valdría no someterse a este procedimiento.

7. LA MONA VESTIDA DE SEDA.

En español hay un refrán que dice "La mona aunque se vista de seda, mona se queda." ¿Qué cree Ud. que puede significar en el contexto de estas lecturas? ¿Está de acuerdo con lo que afirma el refrán? ¿Podría Ud. ofrecer algunos ejemplos para apoyar su opinión?

8. LA ROPA: ¿DECISIÓN PERSONAL O ESCLAVITUD?

Hay muchos tipos de ropa o uniforme que sirven para identificar un grupo y definir sus valores. Para cada grupo describa el tipo de atuendo que nos señala que una persona pertenece a un grupo o clase y explique lo que este uniforme intenta comunicar al mundo:

un policía

un soldado

un/a enfermero/a

una chica *punk*

un sacerdote

una ejecutiva de una empresa importante

otro tipo de su elección

9. ¿HASTA DÓNDE SE DEBE LLEGAR?

A continuación encontrará un tablero con partes del cuerpo y características físicas por un lado, y métodos para cambiarlas por otro. En pequeños grupos llenen el tablero indicando cuáles métodos les parecen aceptables y cuáles no, y después discutan las razones de sus respuestas.

	Cosméticos	Ejercicio	Régimen alimenticio	Cirugía	Drogas
cabello					
piel					
dientes					
nariz					
estar bajo peso					
estar sobre peso					
musculatura					
ojos					

10. **IMAGÍNESE: ACONSEJAR A UN AMIGO.** Preparen y presenten un diálogo entre dos amigos. Uno de los amigos está insatisfecho con una de las características físicas del tablero y le pide consejo a su compañero o compañera acerca de cómo debe proceder para quedar más a gusto con su apariencia.

11. **DIETAS DE HOY.** Describa las dietas que están en boga hoy.

12. **LA APARIENCIA Y LAS OPORTUNIDADES DEL TRABAJO.**
¿Cree Ud. que factores físicos —la cara, el cuerpo, la edad— afectan la posibilidad que tiene uno de conseguir o mantener un empleo? Si Ud. cree que sí ¿hay tipos de trabajo en que estos factores son más importantes que en otros? ¿Qué opina Ud. sobre este fenómeno? ¿Es justo? ¿Es válido?

TEMAS PARA ESCRIBIR

1. **ANTES Y DESPUÉS.** Preparen con otra persona un anuncio de tipo **Antes-Después** para vender un producto estético. Usen una combinación de dibujos o fotos y palabras.

2. **UN PRODUCTO PARA VENDER.** Invente un producto estético nuevo —y posiblemente innecesario— y escriba un anuncio para venderlo.

3. **CRITICANDO A LA CRÍTICA.** Escriba un breve artículo en donde Ud. propone que Maite Contreras, la autora de "Dietomanía", (a) está tomando un punto de vista exagerado, o (b) tiene una ideología demasiado radical.

4. **UNA NARRACIÓN CÓMICA.** Consultando la lista de recursos retóricos y de palabras que dan un tono cómico a este artículo que Ud. ha preparado en la sección **Comprobando la lectura,** escriba su propia narración humorística sobre uno de los siguientes temas:

sus esfuerzos para hacerse fuerte físicamente

sus esfuerzos para aprender a escribir a computadora

sus esfuerzos para aprender a cantar o a bailar

sus esfuerzos para aprender a hablar otro idioma

sus esfuerzos para aprender a jugar a un deporte

otro tema de su elección

Su historia debe seguir cronológicamente su **calvario** y debe incluir los resultados actuales de sus esfuerzos. ¿Ha tenido éxito? ¿Ha fracasado?

5. LA BELLEZA. Escriba un ensayo breve donde Ud. define su propio concepto de la belleza humana.

FACETA 2

La imagen masculina

El feminismo nos ha obligado a repensar los papeles tradicionales masculino y femenino. A diferencia del concepto del machismo —en el que el hombre domina de forma física y con autoridad a la mujer— el feminismo internacional ha exigido que se redefina lo masculino, de tal modo que se va poniendo más énfasis en la capacidad del hombre de compartir, de sentir y de comunicarse. Sin embargo, como indica el siguiente artículo proveniente de una revista española, parece que en gran parte la publicidad comercial sigue presentando bajo nuevas ópticas la consabida imagen del hombre fuerte y viril. La figura del desnudo masculino ha llegado a ser un nuevo icono. ¿Representa este fenómeno otro aspecto de la liberación sexual o es otra forma de la explotación del cuerpo humano? ¿Va dirigida al deseo femenino o es una manifestación de una sensibilidad homosexual? El artículo nos sugiere varias teorías provocativas.

ANTES DE LEER

1. NADA MENOS QUE TODO UN HOMBRE. Indique qué cualidades Ud. considera importantes en un hombre. Atribuya a cada característica un valor de **1** a **10**, donde **10** es para Ud. un atributo de máxima importancia y **1** un atributo de valor mínimo. Después comparen sus listas e intenten interpretar los resultados.

Atributo o cualidad	Valor que Ud. le atribuye
actividad física	
agresividad	
amabilidad	
barba	
belleza física	
deseo de comunicarse	
inclinación artística	
intelecto	
músculos	
proeza sexual	
riqueza	
sensibilidad	
sentido de familia	
sentido de humor	
ternura	
voz profunda	
otro atributo no mencionado aquí…	

2. INTERPRETANDO LAS IMÁGENES.

Traiga a clase un anuncio publicitario de una revista hispana (si no tiene una hispana puede buscar un anuncio en una publicación norteamericana) en donde se utiliza la figura de un hombre o de una mujer para vender algo. Si es posible, elija un anuncio sin palabras o en el cual se puedan cortar las palabras de la foto. La clase se organizará en grupos pequeños. Cada grupo analizará los anuncios para determinar:

    a.   lo que se vende

    b.   la imagen que se presenta del hombre o de la mujer

    c.   a qué tipo de consumidor va dirigido el anuncio

    d.   si el tipo de imagen que se presenta en la revista hispana se diferencia o se asemeja al tipo de imagen que se encuentra en las publicaciones norteamericanas

3. UNA ESTRELLA DE CINE.

Elija a una estrella de cine masculina y una femenina de hoy. Examine la imagen que proyecta. ¿En qué consiste su imagen? ¿Por qué es popular? Compárelos a figuras del pasado, por ej. a Marilyn Monroe o James Dean.

4. DESNUDO EN LA PANTALLA.

¿Según Ud., en el cine norteamericano, ¿abunda más el desnudo masculino o el femenino? Y en películas que Ud. ha visto de otros países, ¿hispánicos o no hispánicos? ¿Puede Ud. ofrecer una interpretación de lo que Ud. ha observado?

VOCABULARIO ÚTIL

PALABRAS RELACIONADAS CON LA ROPA O LA FALTA DE ROPA

los calzoncillos   ropa interior masculina en forma de pantalón corto

la desnudez   sustantivo relacionado con el adjetivo **desnudo**

en cueros   expresión coloquial para la palabra **desnudo**

el slip   calzoncillos cortos; bragas

los tejanos / los vaqueros   las dos palabras se refieren a los pantalones populares norteamericanos, normalmente de dril y de color azul

PALABRAS RELACIONADAS CON LA IMAGEN

terso   de buen tono muscular

el ejemplar   algo o alguien que sirve como modelo o ejemplo perfecto

OTRAS PALABRAS Y EXPRESIONES

el auge   el momento más alto; el momento culminante; el apogeo

*Con tantos desnudos masculinos en los reclamos se puede decir que hoy representa el **auge** del desnudo masculino.*

el reclamo   el anuncio publicitario

salta a la vista   es evidente

***Salta a la vista** que la imagen que más se valoriza en los reclamos de hoy es la del cuerpo terso masculino.*

"El hombre como objeto de deseo"

El desnudo masculino, última triquiñuela publicitaria para vender desde ordenadores a calzoncillos.

Basta hojear hoy las satinadas páginas publicitarias de las más afamadas publicaciones internacionales o andar por la calle mirando vallas[1] para que salten a la vista los dorados fastos[2] de un Adonis anunciando la colonia tal[3], o para ver que los tejanos cual proponen la transgresión del pecado original, en la figura de un ejemplar masculino con los vaqueros abiertos por debajo del ombligo.

El varón surge ofrecido como objeto de deseo. El *deseante* de toda la vida aspira a convertirse en *deseado*. Y la publicidad parece haberse apuntado decididamente a ello.

En España, el *boom* del reclamo del cuerpo masculino en la publicidad se desató con la campaña pergeñada[4] por el creativo barcelonés Rafael Boladeras, de la agencia GGK, para la colonia *Yacaré*. Boladeras llenó las cabinas telefónicas con la figura, tamaño natural, de un rubio sonriente entregado sin tapujos[5] a la mirada pública, como exaltación del desnudo varonil.

La fiebre por desnudar al macho como reclamo publicitario se ha extendido ahora a otras campañas, que, vendan lo que vendan, han sustituido las acostumbradas sinuosidades femeninas por la contundencia de bíceps, abdominales, glúteos y abultadas entrepiernas viriles.

Pero ¿a quiénes están dirigidas estas estrategias, más que sensuales? ¿Existe actualmente una operación para convertir al varón en objeto sexual en nombre de una presuntamente alcanzada paridad de sexos?

No todos están de acuerdo en que también "el macho es bello" y atractivo. Según Lidia Falcón, fundadora y dirigente del Partido Feminista de España, esta nueva moda publicitaria "no anuncia hombres sino objetos de consumo y está destinada especialmente a un público masculino, que en su gran mayoría es *gay*. Y esto, el único cambio social que señala en el capítulo de la liberalización de costumbres es la influencia que ha logrado el mundo homosexual masculino, que representa un enorme y rico mercado. Porque homosexuales los hay en la derecha y en la izquierda, y en el Gobierno, en la Iglesia y en la Banca".

---

1. anuncios publicitarios en las paredes   2. días de gloria   3. un perfume de tal nombre o marca   4. preparada; inventada   5. sin pudor; sin vergüenza

En opinión de Falcón, el guaperas de turno[6] —es decir, los anunciantes— no se comería un solo rosco[7], comercialmente hablando, con las mujeres.

Con todo, el reclamo sexual, meramente erótico, no parece ser demasiado importante en este nuevo fenómeno publicitario, según Manuel Portela, subdirector de la revista *Dunia Hombre:* "Tiene más bien que ver con cambios de pautas y formas creativas consideradas más modernas, con la tipología de lo que hoy debe ser un anuncio moderno, que apunta a lo urbano, a la arquitectura y al diseño racionales, duros. Y también al uso de colores que señalan una estética de lo terso. Y esto está justamente en un desnudo masculino. El femenino no encaja con esta tipología que han impuesto desde Holanda y Estados Unidos y luego se ha ido extendiendo."

El sociólogo Amando de Miguel y el filósofo Fernando Savater coinciden en ver natural el fenómeno de la explotación del desnudo masculino como reclamo. Ambos consideran que además del cuerpo femenino, hoy se admite que la anatomía varonil pueda ser objeto de deseo no sólo para la mujer sino también para el hombre mismo. "Todos llevamos, recuerda De Miguel, un cincuenta por ciento de homosexualidad latente en nuestras machísimas psicologías." "Y no sólo" —dice Savater— "puede que

exista una relación erótica con ese cuerpo del otro sino que también prima una posibilidad de identificación con el cuerpo hermoso, es decir, una relación especular[8] con su propio deseo."

Y esto, "no es un fenómeno nuevo: así lo demuestra la historia de las artes plásticas desde el arte antiguo hasta nuestros días", termina diciendo Amando de Miguel.

Pero para las mujeres, el macho exhibido como objeto erótico no les resulta, en modo alguno, objeto de deseo: su erotismo se mueve con otros impulsos distintos de los masculinos, como lo confirma el escaso éxito de ventas obtenido hasta ahora en este país por la revista *Playgirl*, publicación concebida como gemela de *Playboy*, para uso de la posible o presunta concupiscencia[9] femenina. Las motivaciones que coinciden este auge del desnudo masculino son múltiples, opina Nelly Schnait, especialista en temas de cultura de la imagen. "Pero es importante señalar la *liberalización*, diferente a *liberación sexual*, la progresiva emancipación de la mujer, que ha descubierto que tiene intelecto, además de un cuerpo a valorar. Y, junto a esto, el muy lento progreso del hombre para abandonar los esquemas en que socialmente se ha enmarcado su función y para entregarse con placer a la libertad de manifestar la preocupación narcisista por su pro-

Desnudos sin venir a cuento.

6. el hombre guapo y sexy más popular en este momento 7. no les interesaría en absoluto a las mujeres 8. de espejo 9. deseo

pio cuerpo." Esto ha supuesto, opina Schnait, un mayor reconocimiento de las elecciones eróticas homosexuales y un cambio en los papeles que tradicionalmente se han asignado al hombre y a la mujer en sus actitudes sexuales. La consecuencia ha sido la sustitución del cuerpo femenino por el masculino como *objeto* erótico.

Libertad que hoy se permite también el cine, en el que ya no hay más contrabando de relampagueantes desnudos varoniles mostrados sólo por "exigencias del argumento". Actualmente, en nombre del realismo, el cine juega a cartas descubiertas acariciando con la cámara —como antes lo hiciera con las curvas de Marilyn— la hortera[10] fascinación que rezuman los bíceps del *american gigoló* Richard Gere, uno de los primeros objetos masculinos de consumo.

¿Y qué opinan los creativos publicitarios acerca de la moda del hombre-objeto? El éxito de la publicidad, nadie lo niega, radica ante todo en que trafica con objetos-mercancías ante la mirada de sujetos consumidores.

"Querámoslo o no la estrategia Rambo o Rocky se ha transformado en un mito moderno. Y como antes se aprovechó el mito de Marilyn, ahora se aprovecha ese mito masculino de estética viril. Y, mientras dure, la publicidad, que siempre va detrás de lo que marca el uso social, seguirá apuntándose a ello", dice Juan Mariano Mancebo, director creativo de la agencia Contrapunto.

Según Mancebo, cuando se utilizaba a la mujer en publicidad la motivación sexual estaba presente. Ahora, en cambio, esa motivación es más bien estética, hedonista: "El cuerpo del varón se valoriza hoy como bello y todos podemos asimilar esa belleza como tal, enseñando nuestro cuerpo como valor estético, en lugar de esconderlo."

No obstante, Mancebo considera un tanto exagerado el uso indiscriminado del desnudo viril que "se emplea muchas veces sin venir a cuento. En este país los condicionamientos anteriores a la transición democrática eran pura represión. Ahora hemos pasado al otro extremo. Estamos haciendo aquí ciertos anuncios que avergüenzan —ironiza— un tanto en Estados Unidos, por ejemplo. Los latinos nos apuntamos un poco más a la exageración".

Estética hedonista, nuevas pautas que marcan el culto por la imagen y, por tanto, del propio cuerpo, como lo demuestra, por ejemplo, el éxito comercial que han supuesto los gimnasios que tanto han proliferado en los últimos años. Rosa García, directora creativa de la agencia GGK, coincide con su colega en señalar los condicionantes de la irrupción publicitaria del hombre-objeto: "Se ha roto con el viejo y tópico refrán de que *El hombre, como el oso, cuanto más feo, más hermoso.* Una vía hacia una nueva mirada del varón sobre su propio cuerpo ha surgido. El hombre ha tomado conciencia de la importancia que tiene la imagen, incluso

10. vulgar

en su mundo profesional. Actualmente, frente a la igualdad de conocimientos y preparación, muchas veces se llega a eliminar al candidato para un cargo porque simplemente es más feo que otro." El hombre —opina— se está convenciendo de que cuidar, lucir y disfrutar no supone falta de masculinidad; que utilizar ciertos productos no va en desdoro de[11] su virilidad, sino que incluso la potencia[12]. La publicidad sólo intentaría provocar una identificación con ese cuerpo masculino que hoy tanto se exhibe. "Creo que no hay que mitificar tanto este nuevo fenómeno."

—Edgardo Oviedo
(*Cambio 16*, España)

---

11. en contra de   12. del verbo potenciar, posibilitar

COMPROBANDO LA LECTURA

Decida si las siguientes afirmaciones son ciertas o falsas según el artículo y corrija las afirmaciones falsas:

1. El cambio más importante en los anuncios publicitarios en los últimos años es la presencia del cuerpo masculino.

2. El cuerpo masculino ha sustituido la sugestividad femenina en las campañas de publicidad.

3. Dice Lidia Falcón que la imagen masculina está dirigida principalmente a las mujeres como consumidoras.

4. La anatomía varonil en la publicidad sirve para despertar interés erótico en la imagen representada y para crear una identificación con ella.

5. Las españolas son asiduas lectoras de *Playgirl*.

6. El papel del hombre que presentan los nuevos anuncios refleja una ruptura con los papeles tradicionales del hombre y de la mujer.

7. Según Mancebo, no hay motivación sexual en la imagen del hombre presentada en los anuncios recientes.

8. Para los norteamericanos, los anuncios españoles resultan demasiado atrevidos.

9. El español ya no cree en el refrán "El hombre, como el oso, cuanto más feo más hermoso."

10. Según este artículo, España se ha hecho un país más represivo.

TEMAS PARA CONVERSAR

1. IMAGÍNESE: ENTREVISTAR A UN MODELO.   Cada estudiante de la clase elaborará por escrito 5 preguntas que le gustaría hacerle a un modelo masculino. Luego en parejas uno le hará las preguntas al otro para que conteste como si fuera el modelo. Luego invertirán los papeles: es decir, ahora la persona que ha hecho las preguntas hará el papel del modelo, y la persona que antes fue el modelo le hará al otro las preguntas.

2. PERO...¿POR QUÉ AHORA?   En su opinión, ¿por qué es que el utilizar la imagen masculina con fines comerciales está empezando a surgir ahora (a) en España y (b) en los Estados Unidos? ¿Por qué no se dio antes? ¿Qué ha contribuido a que se ocultara hasta ahora el cuerpo masculino en la publicidad? ¿Por qué antes dominaba sólo la figura femenina ?

3. OBJETOS DE DESEO.   ¿Qué reacciones produce en Ud. el uso de personas de su sexo como objeto de deseo? ¿Y las del sexo opuesto? ¿Es la representación del desnudo masculino degradante para los hombres? ¿Es degradante para las mujeres? ¿Y el desnudo femenino? ¿Es degradante para las mujeres? ¿Para los hombres?

4. LO QUE NOS ATRAE.   En este artículo varios comentaristas aluden a la idea de que existe una diferencia entre la imaginación erótica del hombre y la de la mujer: que al hombre le estimula más el observar el cuerpo del otro —sea el objeto de deseo hombre o mujer— pero que a la mujer le interesa más la manera de ser de la persona deseada que su atractivo corporal. ¿Cree Ud. que esta descripción de la orientación erótica del hombre y de la mujer es válida?

5. DEBATE. Formen dos equipos en que se defiendan y se debatan las dos posiciones que figuran a continuación:

a. El uso del desnudo masculino representa un paso hacia la igualdad de los sexos.

b. El uso del desnudo es siempre una explotación.

6. ¿LA DESNUDEZ COMO LIBERACIÓN? Unos han proclamado que el uso del desnudo —sea masculino o femenino— representa la liberación de nuestras inhibiciones hacia el cuerpo, que el cuerpo es algo inocente que se debe celebrar, y que cualquier oposición a este fenómeno representa una opresión de lo natural. ¿Está Ud. de acuerdo?

7. COMENTARIOS A LOS CRÍTICOS. En pequeños grupos discutan si están de acuerdo o en desacuerdo con las siguientes afirmaciones de los comentaristas Lidia Falcón, Manuel Portela, Fernando Savater y Juan Mariano Mancebo. Después presenten a la clase sus evaluaciones.

a. Los anuncios que retratan desnudos masculinos van dirigidos al mercado *gay*. (Falcón)

b. El cuerpo masculino es como la arquitectura moderna: urbana, angular, racional, dura. (Portela)

c. Al observar un bello cuerpo ajeno, se evoca la imagen idealizada de sí mismo; se establece así un reflejo narcisista. (Savater)

d. El objeto masculino es sólo objeto artístico; no inspira deseo como el cuerpo de la mujer. (Mancebo)

8. ¿CÓMO SE FORMA UN PUNTO DE VISTA? ¿Cómo influye la formación profesional o la carrera en la manera en que uno considera un tema? Vuelvan a examinar las cuatro afirmaciones de la actividad anterior y la manera en que cada uno de los comentaristas considera el tema del desnudo masculino. Intenten determinar si lo que opinan compagina de forma lógica con su profesión y discutan hasta qué punto tendría importancia en la formación de su opinión sobre el tema el que:

a. Lidia Falcón dirija el Partido Feminista de España;

b. Manuel Portela trabaje como subdirector de una revista de moda masculina;

c. Fernando Savater se identifique como filósofo;

d. Juan Mariano Mancebo sea director creativo de una agencia de publicidad.

9. EL ESTÍMULO DE LA PUBLICIDAD.

Elija algo que Ud. ha comprado estimulado por la publicidad en torno a ese producto. ¿Puede Ud. definir qué aspectos, elementos o características de un anuncio publicitario influyeron en que Ud. comprara el producto? En general, ¿qué aspecto de un anuncio le impulsa a Ud. a comprar el producto anunciado? ¿Se ha identificado Ud. alguna vez con los personajes en los anuncios? ¿Ha influido alguna vez la sugestión erótica en su decisión?

10. LA IMAGEN Y SUS PELIGROS.

En su opinión ¿representa algún peligro para el individuo y/o para la sociedad el presentar un tipo de cuerpo —sea masculino o femenino— como el cuerpo ejemplar o perfecto?

TEMAS PARA ESCRIBIR

1. LA LIBERACIÓN MASCULINA.

Imagínese que Ud. es miembro del Movimiento de Liberación Masculina. Escriba un artículo que ataque el uso del desnudo masculino en la publicidad como medio de explotación.

2. EL HOMBRE Y SU IMAGEN.

Escriba un ensayo breve en que intente describir la imagen del hombre que se presenta en películas o programas de televisión populares actuales. En su ensayo intente evaluar las consecuencias de tal retrato.

3. EL HOMBRE NUEVO.

Muchos hombres se quejan de que ya no saben lo que quieren de ellos las mujeres. Tomando el punto de vista de una mujer moderna, escriba un artículo breve de periódico dirigido a los hombres en el que intente explicarles su versión de lo que es el hombre ejemplar.

FACETA 3

Formas de la masculinidad

Así como la pregunta ¿"qué significa ser auténticamente hombre"? replantea el papel del hombre en función del papel cambiante de la mujer, también exige una reconsideración de lo que significa en sí ser hombre. No son pocos los hombres que se alejan de las convenciones masculinas tradicionales en mayor o menor grado: desde los que escogen carreras tradicionalmente reservadas para la mujer, como la enfermería, hasta los que rompen con el esquema social "ideal" de la pareja heterosexual, pasando por los que atienden más a la estética —tanto la personal como la artística. ¿Cómo recibe la sociedad estas manifestaciones de individualidad y diferencia? ¿Es aceptado socialmente el hombre que se define a su propia manera? A continuación se encuentra un cuento del escritor limeño Diego Martínez Lora que presenta la problemática de cómo interpretar a un hombre que no se adhiere al molde convencional de lo masculino.

ANTES DE LEER

1. SER HOMBRE Y SER HOMOSEXUAL. ¿Qué ideas positivas y negativas tiene la sociedad en la que Ud. vive de la homosexualidad masculina y de la relación entre la masculinidad y la homosexualidad?

2. EL HIJO O LA HIJA IDEAL. Antes de tener hijos, mucha gente se crea un esquema de cómo serán sus futuros hijos; la imagen que se proyecta, claro, tiende a ser ideal. Haga una lista de las características que desearía en sus hijos. Si las cualidades que desean para sus hijas no son las que desean para sus hijos, haga dos listas. Después, compare su lista con la de sus compañeros y discuta las implicaciones de lo que han escogido para sus hijos ideales. También discutan cómo reaccionarían si el hijo real se apartara mucho de su ideal.

3. MINIDRAMA: EL HIJO O LA HIJA REAL. En grupos de entre 2 y 4, escojan una de la situaciones que figuran a continuación para crear y representar en clase un diálogo en que se presenten las diferencias que hipotéticamente pueden surgir entre los siguientes padres e hijos :

a. los padres son intelectuales y el hijo no quiere estudiar

b. los padres son tradicionales y la hija pertenece a un grupo musical *punk*

c. los padres de un hijo único desean tener nietos pero el hijo no se quiere casar nunca

d. una familia de pocos recursos económicos tiene dos hijos de 19 y 20 años que viven en casa y se niegan a trabajar y ayudar a la familia

e. quiere hacerse monja la hija única de unos padres que tienen grandes aspiraciones profesionales para ella

f. un padre campeón de deportes tiene un hijo delgado y delicado sin ningún interés en el culturismo físico

4. UNA DEFINICIÓN DE LO MASCULINO.

Discutan en pequeños grupos el criterio que usa la sociedad en que Ud. vive para juzgar la masculinidad de las siguientes categorías de hombres. Después discutan si este criterio tiene sentido o si es arbitrario.

un hombre que le pega a su mujer

un atleta gay

un travesti

un hombre casado aficionado a las artes

un mecánico

VOCABULARIO ÚTIL

aparte de   además de

bien marcado   bien definido

los bombones   dulces; caramelos

difunto   muerto (se usa como adjetivo o sustantivo aplicable a una persona.)

*El primero de noviembre se acostumbra ir al cementerio para visitar las tumbas de los **difuntos.***

educado   de buena conducta (Ojo: **educado** no es exactamente un cognado ya que no significa "culto" como en inglés, sino "cortés o de buenos modales".)

engrosar   ponerse gordo

las letras   humanidades: filosofía, literatura, arte, música

rancio   viejo; en decadencia; podrido

el rostro   la cara

el travesti   hombre que se viste de mujer

el vicio   adicción; mal hábito

Diego Martínez Lora
"Vi a su hijo vestido de mujer en una calle de Madrid"

Mi hijo: claro, Coco Claros, ése es mi hijo. El comenzó a estudiar letras, pero se retiró porque le encantaban los idiomas. A mí me causaba mucha admiración su gran habilidad. Así que como sea le conseguí el pasaje a Europa que tanto me había pedido. Desde entonces no le he visto, pero recibo noticias suyas cada mes. Me da gusto que esté pasándola bien, aunque lo extraño, porque tú sabes que él se quedó conmigo luego de que me divorciara y han pasado casi diez años en que nos hemos acompañado. Ha sido y sigue siendo mi adoración por eso he tratado de darle todo. Inteligente, crítico, irónico, gracioso y sobre todo muy simpático. ¿Y qué me dices de la pepa[1]? Me parece increíble, pero cada vez mejoraba más. Las chicas lo llamaban todo el día. Y sabes, aquí entre nos, él era todo un caballerito, nunca abusó de ninguna muchacha. Decía que quería llegar casto al matrimonio, en eso pesaba mucho su madre que le metía las ideas más represivas, pero él no se hacía problemas y las aceptaba. Y a pesar de que me vio salir con muchas mujeres nunca llevó una sola a la casa. Quería estudiar bien y luego pensaría en casarse. En esto el cura González también le ayudaba, y mantenían una buena amistad, escuchaban óperas los domingos y leían juntos algunos autores clásicos. A mí no me gustaba mucho ese cura, olía un poco rancio y a veces se le escapaban algunos gestos afeminados. Coco lo defendía a muerte así que yo tenía que respetar sus preferencias. Aprendí a hacerlo cuando me di cuenta de que le estaba naciendo una personalidad muy definida. Tenía sus gustos bien marcados y se había hecho de hábitos propios de una persona madura. Me sorprendía su orden y su capacidad de organización en todo. Desde muy pequeño sus juguetes se fueron transformando en un ejército disciplinado que adornaba su enorme cuarto. Jugaba algunas horas y cuando acababa nuevamente todo estaba en su sitio. En el tiempo que los libros reemplazaron a los carritos y a los muñecos, y los amiguitos del colegio dejaron de ir a la casa, comenzó a encerrarse en su habitación y leía hasta muy tarde. De esta manera fue que le salió esa sombra en el rostro que a pesar de las vitaminas y proteínas que le di nunca se le fue. Toda la pubertad le vino de golpe mientras devoraba los gordos tomos de Aguilar[2], sí exacto, fue en unas vacaciones de verano, que felizmente se terminaron pronto, porque yo tenía miedo de que de repente se fuera a envejecer del todo. El cambio fue brutal,

---

1. la novia   2. una casa editorial

creció bastante delgado, pero su voz se engrosó tanto que pensaba muchas veces que estaba hablando con mi propio padre, ya difunto.

Realmente mi hijo era especial. Tú sabes que a él le encantan los bombones y yo le compraba siempre. El me decía que los prefería a estar fumando como todos. Vicios vanos no, padre, me repetía. También cuando mis amigos venían de viaje le traían colonias, le fascinaban los perfumes. ¿Pero sabes una cosa? lo que me disgustaba de él, no se lo vayas a decir ¿eh?, era que adoraba a su madre, creo que demasiado. Su cuarto aparte de estar lleno de libros, tenía montones de retratos de ella. El pobre la extrañaba. ¿Tú no lo has conocido? Todo el mundo hablaba excelentemente de él. Me felicitaban por tener un hijo tan educado y caballero, por culto y por ese humor tan atinado que poseía.

Su ropa era impecable. Su característico buen gusto se apreciaba en todo. Cuando se nos ocurría cocinar algo diferente los domingos, caray[3], me asombraba con la exquisitez que preparaba las cosas. A veces me veía en apuros en comprar todo lo que me pedía, pero salían unos platos para chuparse los dedos. Ignoro de dónde había aprendido a cocinar, pero resultaba increíble...

No sé por qué te cuento todo esto... la verdad es que estoy muy orgulloso de mi hijo. No me arrepiento de haberlo mandado a Europa, aunque me cueste una barbaridad[4], aunque me quede con una mano adelante y una atrás, aunque me quede con las justas[5] para comer, tú sabes, la crisis, pero sé que pronto volverá hecho todo un hombre, con un buen título y continuará mi familia. Tengo mucha fe en él. Yo soy hijo único y él es mi único hijo. No veo el momento de que me dé un nieto, mira no me importa con quién se meta[6], con negra, con china, rubia, chola[7]. Ahora los tiempos han cambiado, pero que me dé el nieto. Debo de estar loco pensando en eso, pero eso quiero. Discúlpame de nuevo, pero hace tanto tiempo que no hablo acerca de mi hijo con nadie...

¿Qué me ibas a decir acerca de Coco?...

(*Caretas*, Perú)

---

3. una exclamación coloquial   4. aunque me cueste muchísimo dinero   5. con el dinero escaso   6. con quién se case   7. india

COMPROBANDO LA LECTURA

1. Busque en el cuento frases o expresiones que el padre usa para comunicar sus sentimientos para con su hijo: expresiones de orgullo, de desaprobación, de tristeza, de nostalgia, de perplejidad, etc.

2. Haga una caracterización del hijo; escoja 5 adjetivos para describirlo y explique por qué ha escogido estos cinco. Compare su lista con la de sus compañeros.

3. Analice y discuta los mensajes contradictorios que la sociedad le transmite al muchacho acerca de la masculinidad.

4. ¿Por qué razones —explícitas e implícitas— va el hijo a Europa? ¿Cree que va a volver? ¿Por qué?

5. ¿Qué se implica cuando el padre dice "Volverá hecho todo un hombre"?

TEMAS PARA CONVERSAR

1. EL INTERLOCUTOR IMPLÍCITO.

Aunque el cuento parece un monólogo, es un diálogo implícito; es decir, es un diálogo en que el interlocutor no interviene. Imagínese al interlocutor. ¿Qué tipo de actitud tendría acerca del hijo? ¿Cuál sería su relación con el padre: amigos, colegas, vecinos, parientes? ¿Por qué está hablando con el padre de este tema? ¿Qué valores tiene esta persona? ¿Es hombre o mujer? Explique su opinión.

2. LA IMAGEN FILIAL.

¿Qué imagen presentan de Ud. sus padres cuando hablan a sus amigos, vecinos, colegas o parientes? ¿Es la imagen que proyectan positiva? ¿Es idealizada? ¿Preferiría Ud. que sus padres presentaran una imagen realista de Ud., o una imagen exaltada? ¿Por qué? ¿Pensaría Ud. que sería una traición que sus padres lo criticaran a Ud. ante los demás? Discuta sus comentarios con sus compañeros.

3. LA ACTITUD PATERNA.

Discuta la actitud del padre hacia su hijo en el cuento. ¿Es ambivalente? ¿Está satisfecho con este hijo? ¿Está orgulloso de él? ¿Está confundido? ¿Cómo se sentirían los padres suyos en semejante situación?

4. LA VERDAD, PERO ¿TODA LA VERDAD?

¿Cree Ud. que el padre está diciendo toda la verdad sobre su hijo? Si no ¿qué ocultará y por qué?

5. EL PAPEL MASCULINO.   Discuta la actitud del padre de Coco hacia el papel masculino, su ex-esposa, el papel femenino y la familia. ¿Considera Ud. que el padre tiene una actitud convencional? ¿Es la de él una actitud saludable? ¿O piensa Ud. que él tiene conflictos internos que resolver?

6. MADRE E HIJO.   Compare y discuta la relación de Coco con su padre y con su madre. ¿Está Ud. de acuerdo con el padre en que su madre ha influido a su hijo en exceso?

7. SU PROPIA DINÁMICA FAMILIAR.   ¿Quién ha tenido más influencia sobre su personalidad: su padre o su madre? ¿Cómo se ha producido esta influencia? ¿Es que su padre o madre deliberadamente ha querido influir en Ud. o ha sido Ud. quien activamente ha emulado su forma de ser? ¿Se identifica Ud. más con el padre del mismo sexo que Ud.? ¿Por qué? ¿Han influido en su formación otras personas dentro o fuera de la familia? ¿Quiénes han sido y cómo se ha producido esa influencia? ¿Qué efecto han tenido en su personalidad estas dinámicas familiares e interpersonales? Después de pensar en estas preguntas, compare sus experiencias con las de sus compañeros.

8. EL TÍTULO.   ¿Qué aporta el título al cuento? ¿Por qué le diría el interlocutor estas palabras al padre? ¿Qué efecto piensa Ud. que estas palabras tienen sobre el padre? Si el cuento no tuviera título o si tuviera otro título ¿cómo cambiaría su perspectiva del cuento? En ese caso ¿qué título le pondría?

9. ¿QUÉ HAY EN UN NOMBRE?   ¿Qué efecto produce el nombre "Coco" en el lector? ¿Por qué se escoge este nombre? ¿Le daría Ud. este nombre al personaje si escribiera este cuento?

10. EL NOMBRE PROPIO Y LA IDENTIDAD.   ¿Le gusta a Ud. su nombre? ¿Le llaman a Ud. como se llama o le llaman por un diminutivo o por un apodo? ¿Cómo ha llegado Ud. a tener el nombre y/o el apodo que tiene? ¿Cree Ud. que su nombre ha tenido un efecto en su personalidad? ¿Lo ha marcado su nombre de alguna manera? Compare su historia y su experiencia con las de sus compañeros.

11. LA CONTINUACIÓN DEL NOMBRE.

El padre de Coco habla de futuros nietos y de la continuación de la familia. ¿Es esa meta importante para los padres de Ud. también? ¿Es igualmente importante para su madre como para su padre? ¿Y para Ud.? ¿Desea Ud. continuar la familia y su nombre? ¿Por qué?

12. ¿CÓMO RESOLVER LOS CONFLICTOS?

Analice la manera en que Ud. acostumbra a abordar los conflictos dentro de su familia. ¿Tiende Ud. a escapar (pasar mucho tiempo con las amistades, en el trabajo, en los estudios o en un pasatiempo), a estar presente pero sin hablar? ¿O tiende a gritar, a llorar, a planear una venganza, a hablar directamente con la persona con quien está en conflicto o a comunicarse con él o ella por escrito? ¿Se comporta de manera totalmente diferente cuando tiene problemas fuera de la casa? ¿Reacciona Ud. de diferentes maneras en diferentes situaciones familiares? Discuta las implicaciones de su análisis con sus compañeros y compare su experiencia con la de ellos.

13. IMAGÍNESE: CARA A CARA CON COCO.

En grupos de dos representen una de las siguientes conversaciones:

- a. Coco y su padre cuando éste lo visita en Europa
- b. el interlocutor y Coco cuando áquel lo vio en Madrid
- c. la madre y Coco antes de marcharse éste a Europa
- d. Coco y el cura antes del viaje de aquél a Europa

TEMAS PARA ESCRIBIR

1. ESCRIBEN LOS PADRES.

Usando el monólogo del padre de Coco como modelo formal, tome el punto de vista de uno de los padres de Ud. para elaborar una descripción o un análisis de la personalidad de Ud.

2. "VI A SU HIJO VESTIDO DE MUJER...": OTRO PUNTO DE VISTA.

Vuelva a escribir la anécdota de Coco usando la voz narrativa de una de las siguientes figuras mencionadas en el cuento:

la madre de Coco

Coco

la novia de Coco

el cura

3. **LA CARTA DE COCO.** Después de pasar seis meses en Europa, Coco se da cuenta de que no tiene intención de volver jamás a su país. Por eso le escribe a su padre para explicarle el porqué de su decisión. Escriba Ud. esta carta hipotética en la voz de Coco.

4. **COCO COMO MODELO MASCULINO.** ¿Podría Coco servir como modelo tipo de hombre? Escriba un argumento exponiendo su punto de vista al respecto.

FACETA 4

La imagen de la mujer en la televisión

Como vimos en las secciones anteriores existe un desbarajuste entre la realidad del hombre actual en las sociedades hispánicas y la imagen que la publicidad presenta de él. La imagen de la mujer en otro medio de comunicación, la televisión —un medio que no sólo refleja sino que inculca valores—, presenta un problema parecido, según el artículo a continuación. Este análisis, de tono fuertemente feminista, puntualiza cómo la televisión en Puerto Rico sigue retratando a la mujer en papeles pasivos, una imagen que tampoco refleja la realidad de la mujer que hoy participa cada vez más en su sociedad.

ANTES DE LEER

1. **ASOCIACIÓN DE PALABRAS.** En pequeños grupos escriban una lista de conceptos —adjetivos descriptivos, sustantivos (profesiones, trabajos, situaciones, objetos) y verbos— que Uds. asocian con las mujeres representadas en los siguientes programas de televisión:

Tipo de programa	Adjetivos	Verbos	Sustantivos
telenovelas y series			
noticiarios			
anuncios			
películas			

Después comparen las listas de la clase. ¿Hay semejanzas o diferencias notables?

2. MIRANDO LA IMAGEN MÁS DE CERCA.
En parejas elijan a una mujer concreta de una de las categorías de la pregunta anterior y analicen la imagen de ella. Mencionen elementos como su profesión, su aspecto físico, su vida afectiva, etc. ¿Es la imagen realista? ¿Corresponde a la realidad de las mujeres que Uds. conocen?

3. ¡AHORA LES TOCA A LOS HOMBRES!
Ahora llenen de nuevo el tablero de arriba pero esta vez pensando en figuras masculinas correspondientes. Después comparen los resultados. ¿Son iguales o diferentes las palabras que Uds. han asociado con cada género? Discutan las implicaciones de sus resultados.

4. LA MUJER TRABAJADORA.
¿Hay muchos programas que presentan a la mujer trabajadora? ¿Cuál es la imagen de esa mujer en la televisión en general? ¿Es una caracterización realista? ¿Es positiva? ¿Considera Ud. a la ama de casa como ejemplo de la mujer trabajadora?

5. LOS MEDIOS DE COMUNICACIÓN Y YO.
¿Qué medios de comunicación —periódicos, revistas, radio, televisión, libros— tienen más impacto en Ud. o afectan sus decisiones y maneras de ver el mundo? ¿Diría Ud. que su respuesta se aplica igualmente a sus padres y a otras generaciones: los niños, los abuelos, etc.? ¿Se aplica igualmente a hombres y a mujeres? ¿A personas de diversas ocupaciones? ¿Es el impacto positivo o negativo?

6. ¿PARA QUÉ SIRVE LA TELEVISIÓN?
¿Cuál es la función del televisor en su vida? ¿Tiene Ud. uno? ¿Cuándo lo mira? ¿Para qué: para distraerse, informarse, aprender? ¿Aporta algo positivo a su vida? ¿Consideraría Ud. vivir sin televisor? ¿Cómo cambiaría su vida sin él?

7. LA TELEVISIÓN EN LA COMUNIDAD.
¿Qué función tiene el televisor para otros miembros de su comunidad? ¿Conoce Ud. a alguien que no tenga televisor? ¿Cómo le afecta el no tenerlo?

Vocabulario útil

Palabras relacionadas con la mujer y la televisión

el cuidado diurno   el cuidado de los niños mientras trabaja la madre fuera de casa

despistado   distraído; de escasa concentración

desvalido   desprotegido; sin protección

el hostigador   la persona que molesta de forma amenazante

el llanto   sustantivo asociado con el verbo **llorar**

la niñera   mujer cuyo oficio es cuidar niños

la trama   el argumento de una historia ficticia

Otras palabras y expresiones

destacarse   ponerse de relieve; distinguirse

> *Se destaca* el dato de que los hombres ejercen más oficios en la televisión que las mujeres.

los ingresos   el dinero que entra en una casa gracias al trabajo, las inversiones, etc.

la jornada   el día laboral

el patrón   el jefe de los obreros (en una fábrica, un sitio de construcciones, una finca, etc.)

socarrón   burlón; cínico

"La representación de la mujer trabajadora en la televisión de Puerto Rico"

Yo tengo, usted tiene, todos
tenemos un televisor.
Allí gritan, se acogotan y se matan
todos los cowboys:
indios flacos sin jabón
negros feos, que atacan a traición
y muy poco alguna vez, los
hombres blancos malos pueden ser.

Piero

La imagen de la mujer en la televisión debe analizarse dentro del contexto de la sociedad como un todo. La formación social capitalista enmarca la especificidad de la situación de la mujer ya que el capitalismo trajo consigo relaciones de propiedad y dominación particulares. Los trabajadores ahora "libres" deben vender su potencial de trabajo en el mercado a una clase dueña de los modos de producción. Las mujeres, por su parte, continúan subordinadas a los hombres. Esa subordinación no es la misma para las mujeres pertenecientes a las diferentes clases sociales.

La participación de la mujer en las actividades remuneradas, o lo que comunmente se llama trabajo fuera de la casa, parece estar afectado por su papel en la reproducción biológica. Mientras la mujer no pudo ejercer control directo y efectivo sobre su biología, ni encontrar sustituto a la lactancia[1], estas funciones determinaron su ámbito de acción. Ahora bien, la mujer aislada en el hogar no produce ingresos económicamente tangibles para la familia, por lo que cuando el salario se convirtió en el medio de medir el valor del trabajo de la gente, el trabajo doméstico realizado por la mujer se desvalorizó frente al trabajo de la fábrica. El carácter oculto del trabajo realizado por las mujeres en el hogar tiene importancia sobre la imagen de la mujer proyectada en los medios.

Los programas de radio y televisión se han utilizado para "acompañar la división del tiempo cotidiano convencional de las mujeres".

Estos "puntúan la jornada con unos momentos que 'valoran' la condición femenina y contribuyen a recompensar su encierro en el hogar, y legitiman ese trabajo de las mujeres no como un trabajo sino como un deber inscrito en la función natural femenina". (Mattelart: 1981:26)

Todos los días, al observar y escuchar pasivamente la televisión, nos sometemos a una constante exposición de los valores, las normas y los mitos existentes en nuestra

---

1. sustantivo asociado con la acción de amamantar o de alimentar a un bebé con la leche materna

sociedad. El no tener plena conciencia de esa realidad no implica que la misma no exista. Por eso, en una sociedad como la puertorriqueña, donde el 97 por ciento de las familias posee un receptor de televisión (Stanford Klapper Assoc. 1982), donde la televisión se considera un medio de recreación barato e indispensable y, donde en algunos casos la televisión ejerce la función de "niñera" de algunos niños, es importante poder identificar cómo nos afecta lo transmitido en ella diariamente.

La televisión proyecta una imagen incompleta de la mujer, porque refuerza los estereotipos y porque excluye muchos de los roles desempeñados por la mujer en la sociedad actual. Con esto no sólo se distorsiona la propia imagen de la mujer, sino también la de los niños, la del hombre y la de la sociedad en general.

Los medios ejercen no sólo una función informativa —comunican ideas—, sino también una función formativa —sirven para la formación de valores, arquetipos y estereotipos. Los medios no sólo reflejan la realidad social; también contribuyen a formarla. Esto se debe a su función de agentes de socialización y de cambio social.

El tema mayormente estudiado en las investigaciones sobre la televisión es el de los estereotipos sexuales. Las investigaciones demuestran la tendencia a fortalecer la imagen tradicional de la mujer: madre y esposa. Los programas de variedades, novelas, programas cómicos, los anuncios, enfatizan el rol dual de la mujer como objeto sexual o, como madre y esposa: abnegada, pasiva, dependiente del hombre económica, emocional y físicamente.

La trama de las novelas transmitidas por la televisión se desarrolla alrededor de lo que se conoce como el género rosa del amor. En este género "los ricos siempre lo son de modo natural, objetivo, al igual que los pobres. Riqueza y pobreza no aparecen como relaciones sociales, relaciones de poder y afecto susceptibles de la crítica ética, sino como condiciones naturales en las cuales cada uno nació"(Walger: 1974-59). A cada individuo se le fija un lugar en la sociedad del cual no puede salir sino con las propuestas mágicas ofrecidas en los medios.

Sin embargo, un tema poco estudiado es la representación de la mujer trabajadora y la representación del lugar de trabajo en la televisión. Las imágenes representadas en la televisión son sólo un aspecto a estudiarse. El otro aspecto sería estudiar la influencia que ejercen los medios en la formación de las opiniones de la audiencia.

En un estudio realizado por nosotros recientemente, al analizar el trabajo realizado por las mujeres en las telenovelas, encontramos que el 55 por ciento eran secretarias, artistas, sirvientas, o amas de casa.

El otro 45 por ciento de las mujeres no se sabe si trabajan o no. En algunas ocasiones en que el personaje principal era femenino, el trabajo no se consideraba relevante, lo cual contrasta con las ocasiones en que el personaje principal es masculino y sí se destaca este dato.

En los programas cómicos, el 76 por ciento de las mujeres eran amas de casa, el 20 por ciento se desconoce si están o no empleadas y el 4 por ciento eran secretarias. Por ejemplo, Wiwi es una ama de casa siempre vestida a la última moda, como si fuera a salir de paseo. Más importante aún, Wiwi es una esposa histérica, gritona, hostigadora, manipuladora y una consumidora irracional. En los programas cómicos el trabajo se ve como una burla. La mujer trabajadora tiene como característica principal tener una dudosa capacidad intelectual, ser despistada, tonta y no conocer sus obligaciones. Son secretarias como la "Mosquita Muerta[2]" o peluqueras como Cuca Gómez, para ofrecer sólo dos ejemplos.

En los anuncios de televisión, el 80 por ciento de las veces quien anuncia es una mujer. La mujer la mayor parte de las veces está desempeñando tareas relacionadas con la familia y el hogar, por tanto el 50 por ciento de las veces la mujer estará haciendo trabajo cuyo escenario típico es una casa. No es difícil discernir, ¿quién se beneficia de las tareas realizadas por la mujer? —el hombre. Esto es así el 50 por ciento de las veces en los anuncios de alimentos y el 85 por ciento de las veces en los de productos de limpieza. Así pues, parafraseando a Simóne de Beauvoir[3], "el ama de casa maniática desarrolla una guerra furiosa contra el sucio y los regueros[4] para mantener contento al hombre y a los hijos".

Con este tipo de situación el televidente reafirma su concepción de que el habitat natural de la mujer es el hogar-urna. Baste sólo un ejemplo: mujeres cantando alegremente limpian el piso, el baño, la ropa y el automóvil con Mistolín, "porque todo queda perfumado y al sucio le pone fin". Algunos anuncios aparentan romper con la visión de que las tareas del hogar corresponden exclusivamente a la mujer. Un ejemplo es el anuncio de Lestoil; sin embargo, en este caso la mujer seduce al hombre para poder conseguir su ayuda. Esta observación es confirmada cuando al final del anuncio el esposo con su voz socarrona afirma: "En verdad este Lestoil... es poderoso".

La propaganda política no se escapa y reproduce también los estereotipos de la feminidad, niñez, inocencia y debilidad de la mujer. La propaganda política se aprovecha de la orientación del contenido de los mitos y símbolos logrados por la publicidad comercial. En la pasada contienda eleccionaria, en uno de los anuncios políticos pagados, una mujer... Doña Paquita, no tiene suficiente dinero para su sustento. Su hija tampoco puede ayudarla económicamente. A estas dos mujeres desvalidas sólo un cambio (hacia la estadidad federada[5]) en el status político de Puerto Rico, le ofrece los beneficios necesarios para mejorar su situación. En otro anuncio se presentaba a una mujer embarazada, planteándose los problemas a enfrentar con el nacimiento de un

---

2. una mujer aparentemente dócil, pasiva y sin caracter   3. escritora francesa de teoría feminista
4. el desorden doméstico   5. el estatus que tendría Puerto Rico si se convirtiera en un estado más de los EE.UU.

nuevo hijo. ¿Cómo conseguir leche, cuidado diurno, solucionar los problemas de salud? Esta desvalida mujer también resuelve todos los problemas con la estadidad federada.

En la vida real la mujer puertorriqueña tiene cada vez una participación más activa en la economía del país. Sin embargo, en la televisión se continúan presentando las mujeres en ocupaciones que no reflejan su verdadera participación en la fuerza trabajadora. En raras ocasiones se presenta un ama de casa que trabaje fuera del hogar.

Las estadísticas demuestran que existe poca representación, por no decir ninguna, de la mujer obrera en la televisión. A nadie se le ocurre presentar en un programa una conversación entre mujeres obreras sobre las relaciones obrero-patronales, sobre la relación tecno-estructura-obreras o sobre el hostigamiento sexual de las mujeres en su trabajo.

Los trabajos representados en los programas son los considerados de status alto como abogados, médicos o ingenieros y los mismos obviamente son representados por hombres.

En relación a la actitud hacia el trabajo proyectada en los programas de televisión, la investigación demuestra con respecto a las mujeres, que el trabajo se presenta como periferial al argumento. En la novela Julieta, por ejemplo, ésta trabajó por un tiempo en un hospital. Mientras trabajaba la llamaban por teléfono y ella seguía caminando a resolver algún problema personal, sin solici-

tar permiso a sus superiores para salir fuera de la oficina. Diana Carolina, personaje de novela con dos nombres de princesa europea, no trabaja asalariadamente; además, está bajo las órdenes de su marido, quién incluso por algún tiempo llega a mantenerla encerrada.

En los casos en que la mujer trabaja y es a la vez la cabeza de la familia, el trabajo le trae problemas, el 50 por ciento de las veces de tipo psicológico, como por ejemplo: crisis de llanto, o ataques de histeria, o afecta las relaciones con los hijos. La mujer estará más interesada en el hombre que en su propio desarrollo profesional, dejará de hacer su trabajo o abandonará el mismo por el hombre —típico final feliz de las novelas al estilo Corín Tellado[6]. En caso de conservar su empleo, la conducta de la mujer con respecto al jefe, que obviamente es un hombre, será sumisa, pasiva, dependiente.

En términos generales, las características de los diferentes tipos de trabajo tienen, relación directa con el prestigio de la ocupación que se desempeña. Mientras mayor prestigio tiene la ocupación, más favorablemente se representará. Pero en el caso de la mujer hay un prejuicio ostensible. Por ejemplo, en la novela Laura Guzmán había precisamente una mujer abogada, sin embargo, este personaje no utilizaba profesionalmente sus conocimientos; utilizaba su carrera con fines personales, era la mala, la arpía[7]. En otras palabras, la única probabilidad de conducta afirmativa para la mujer es

---

6. el nombre de una escritora muy célebre de fotonovelas rosas   7. bruja, mujer malvada

en los roles de villana, donde lógicamente obtendrá el rechazo de la comunidad y reforzará la ecuación, mujer que trabaja —mujer mala, deshumanizada, visiblemente despiadada[8].

El desarrollo de estrategias para cambiar la imagen estereotipada de la mujer es una tarea intergrupal porque requiere el concurso de las personas interesadas, tanto hombres como mujeres, de los especialistas en la materia y del gobierno.

Ya en un seminario celebrado en San Juan se propusieron algunas estrategias, entre ellas: en el área de concientización, crear cursos en los centros educativos sobre la mujer y sus diferentes problemas, desarrollar programas de becas para preparar recursos femeninos en el área de comunicaciones, producir programas de televisión dirigidos a concientizar mujeres y hombres.

Pero insistimos en afirmar que la liberación de la mujer no puede verse aislada sino que es parte indiscutible de la liberación económica, social y política de la sociedad en cuestión.

—Idsa E. Alegría Ortega
(*Pensamiento crítico*, Puerto Rico)

---

8. sin compasión ni piedad

COMPROBANDO LA LECTURA

Determine si las siguientes afirmaciones son ciertas o falsas, según la lectura:

1. Todas las mujeres comparten la misma subordinación al hombre.

2. Porque el trabajo de la mujer en casa no ha sido remunerado, se ha desvalorizado su aporte a la sociedad.

3. La programación televisiva condiciona a la mujer a aceptar como natural para ella las obligaciones domésticas.

4. Los medios de comunicación reflejan la realidad.

5. La imagen de la mujer como dulce, sumisa, sacrificada por sus hijos sirve para crear cierto tipo de conducta en la mujer.

6. Mientras menos televisión mire la mujer menos sujeta está a la influencia que puede ejercer sobre ella la tele.

TEMAS PARA CONVERSAR

1. DEBATE. Formen dos equipos en que se defiendan y se debatan los dos puntos de vista siguientes:

a. El trabajo casero es un trabajo como cualquier otro y por eso debe ser recompensado.

b. Los quehaceres domésticos forman parte de la responsabilidad personal de los individuos o las familias. Es tan absurdo remunerarlo como pagarle a alguien por peinarse, cepillarse los dientes, comer tres comidas equilibradas o dormir ocho horas.

2. ¿CÓMO RECOMPENSAR EL TRABAJO DOMÉSTICO? ¿Cree Ud. que a las amas de casa se les debería pagar por el trabajo casero? Si se debe remunerar el trabajo casero, ¿quién debe pagarlo?: ¿su esposo?, ¿el gobierno? ¿Qué opina Ud. de los siguientes casos?

¿Se le debería pagar a un ama de casa que...?	¿Sí o no?	¿Quién?	Razón
tuviera un marido desempleado			
tuviera un marido bien empleado			
no tuviera hijos			
tuviera hijos de edad escolar			
fuera divorciada con hijos			
viviera en pareja sin casarse			
Invente su propio caso...			

3. LA TELEVISIÓN Y LA ESTRUCTURA SOCIAL. ¿Cree Ud. que la televisión ha influido en mantener la estructura social en que se encuentra la mujer trabajadora? Discuta usando ejemplos concretos.

4. EL VALOR DEL TRABAJO CASERO. ¿Cree Ud. que el trabajo casero es tan productivo como el de la fábrica o el de la oficina y que se debe valorar de la misma manera?

5. IMAGÍNESE: UN PERSONAJE EN BUSCA DE SU AUTOR. Un día Wiwi compra una revista y lee un artículo titulado "La representación de la mujer trabajadora en la televisión de Puerto Rico". Allí se encuentra con su propia historia: "una esposa histérica, gritona, hostigadora, manipuladora y una consumidora irracional". Mira el programa de televisión en que ella es un personaje principal y entiende por primera vez su verdadera condición de mujer mal representada. Decide asomarse al mundo real y enfrentarse con sus creadores y exigir que cambien su imagen. Imagínese la escena entre ella y su autor. Divídanse en parejas y preparen la escena para representar ante la clase.

6. IMAGÍNESE: WIWI SE LIBERA. Un día Wiwi, Julieta, Mosquita Muerta, Cuca Gómez, Diana Carolina y Laura Guzmán se reúnen para charlar y se dan cuenta de la estrecha imagen con que las telenovelas las caracterizan. Cada una decide rebelarse y definirse a su manera como individuo. Divídanse en parejas y dramaticen la rebelión de estas obreras televisivas, al tomar un estudiante el papel de una de estas protagonistas y otro el de la figura contra quien ella se rebela (por ej.: contra el guionista de la telenovela, su esposo, su patrón, el gobierno). Incluya una descripción de su carácter auténtico y una negociación del rumbo que tomará su vida.

7. LA TELE COMO MODELO. Discuta con sus compañeros si la televisión ofrece buenos modelos de conducta. ¿Cuáles y por qué?

8. EL OBRERO EN LA TELE. ¿Qué imagen se proyecta del hombre trabajador en la televisión? ¿Es él también víctima inadvertida de los medios de comunicación?

9. OTRO TIPO DE PROGRAMACIÓN. ¿Le llamaría la atención una telenovela sobre las relaciones obrero-patronales? ¿Por qué sí o por qué no? ¿Qué tipos de incidentes les gustaría que desarrollara la telenovela?

TEMAS PARA ESCRIBIR

1. ANÁLISIS DE LA PROGRAMACIÓN LOCAL. Consulte la lista de programación televisiva de su comunidad. Después escriba un ensayo analítico sobre la imagen de la mujer y/o la del hombre que se desprende de esta programación.

2. ESCRIBA UN GUIÓN A SU GUSTO.
Escriba una propuesta para una telenovela que tenga como protagonistas tipos de mujeres poco representadas en la televisión. Su propuesta debe tomar la forma de una narración del primer episodio de esta serie.

3. UNA RESEÑA.
Escriba una reseña periodística crítica sobre una telenovela de su elección.

4. SE DEFIENDE LA MUJER.
Una mujer puertorriqueña que ha leído el artículo discutido decide empezar un proceso legal contra una estación de televisión por haber sido la causa de su difamación de carácter y de la subsiguiente imposibilidad de colocarse en un puesto de trabajo digno. Escriba su querella al juez.

ÚLTIMAS CONSIDERACIONES

A continuación se presentan dos interpretaciones líricas del papel social del ser humano en general y del hombre y la mujer en particular. El contraste entre los anhelos más íntimos de la mujer y las limitantes expectativas sociales es un tema constante en los versos de la poeta puertorriqueña Julia de Burgos (1914-1953); en "Yo misma fui mi ruta" la voz lírica reflexiona sobre el efecto que esta tensión ha tenido sobre su relación con los hombres.

En cambio, el poema XXI del poemario *Las manos del día* del poeta chileno Pablo Neruda (1904–1973) pone de relieve el descontento personal que producen las estrechas definiciones sociales y profesionales. En resumidas cuentas, para los dos poetas, la mujer y el hombre son mucho más de lo que su imagen externa representa.

Julia de Burgos

Pablo Neruda

JULIA DE BURGOS

"Yo misma fui mi ruta"

1 Yo quise ser como los hombres quisieron que yo fuese:
   un intento de vida;
   un juego al escondite[1] con mi ser.
   Pero yo estaba hecha de presentes,
5 y mis pies planos sobre la tierra promisora
   no resistían caminar hacia atrás,
   y seguían adelante, adelante,
   burlando las cenizas[2] para alcanzar el beso
   de los senderos nuevos.
10 A cada paso adelantado en mi ruta hacia el frente
   rasgaba mis espaldas el aleteo[3] desesperado
   de los troncos viejos.
   Pero la rama estaba desprendida para siempre,
   y a cada nuevo azote[4] la mirada mía
15 se separaba más y más y más de los lejanos
   horizontes aprendidos;
   y mi rostro iba tomando la expresión que le venía de adentro,
   la expresión definida que asomaba un sentimiento
   de liberación íntima;
20 un sentimiento que surgía
   del equilibrio sostenido entre mi vida
   y la verdad del beso de los senderos nuevos.
   Ya definido mi rumbo en el presente,
   me sentí brote[5] de todos los suelos de la tierra,
25 de los suelos sin historia,
   de los suelos sin porvenir,

---

1. juego en que se esconden los niños   2. restos de un fuego   3. el movimiento de las alas de un pájaro   4. la flagelación (en este caso, la de la rama)   5. planta recién salida de la tierra

del suelo siempre suelo sin orillas

de todos los hombres y de todas las épocas.

Y fui toda en mí como fue en mí la vida...

30 Yo quise ser como los hombres quisieron que yo fuese:

un intento de vida;

un juego al escondite con mi ser.

Pero yo estaba hecha de presentes;

35 cuando ya los heraldos me anunciaban

en el regio desfile de los troncos viejos,

se me torció el deseo de seguir a los hombres,

y el homenaje se quedó esperándome.

(Antología poética)

PABLO NERUDA

XXI

EL LLANTO 1 Dice el hombre: en la calle he padecido[1]

de andar sin ver, de ausencia con presencia,

de consumir sin ser, del extravío[2]

de los hostiles ojos pasajeros.

5

Dice además el hombre

que odia su *cada día* de trabajo,

su *ganarás el pan,* su triste guerra,

su ropa de oro el rico, el coronel su espada,

---

1. sufrido   2. pérdida

10   su pie cansado el pobre, su maleta el viajante,
     su impecable corbata el camarero,
     el banquero su jaula[3], su uniforme el gendarme,
     su convento la monja, su naranja el frutero,
     su carne el carnicero, el olor de farmacia
15   el farmacéutico, su oficio la ramera[4],
     me dice el hombre que anda fugitivo
     en el fluvial paseo del odio que ha llenado
     la calle con sus pasos
     rápidos, insaciables, equívocos, amargos
20   como si a todo el mundo le pesara en los hombros
     una invisible pero dura mercadería.
     Porque, según me cuenta el transeúnte[5],
     se trastornó el valiente y odió la valentía,
     y estuvo descontenta de sus pies la belleza
25   y odió el bombero el agua con que apagaba el fuego
     hasta que un desagrado de algas en el océano,
     un arrabal de brazos intrínsecos que llaman,
     un agitado golfo de mareas vacías
     es la ciudad, y el hombre ya no sabe que llora.

(Manos del día)

---

3. aquí, las rejas en las ventanillas de un banco   4. prostituta   5. caminante, pasajero

PARA CONVERSAR

1. EL YO POÉTICO. Señale cómo la voz poética en los dos poemas se somete y/o se aparta de los papeles impuestos a los individuos por la sociedad. Explique en qué consiste la diferencia entre el **yo** auténtico y el **yo** social de estos dos poemas.

2. UN ENCUENTRO DE DOS POETAS. Según lo que se desprende de estos poemas, ¿cree Ud. que se identificaría Julia de Burgos con el punto de vista de Pablo Neruda y viceversa?

PARA ESCRIBIR

1. SU PROPIA RUTA. Escriba su propio poema, en verso o en prosa, que lleve el título "Yo soy mi propia ruta", donde Ud. le ofrece al lector una visión de su **yo** masculino o femenino auténtico.

2. IMAGÍNESE: COMENTA UN POETA. Escriba sobre uno de los siguientes temas:

   a. un comentario hipotético de Julia de Burgos sobre los temas que surgen de "La representación de la mujer trabajadora en la televisión de Puerto Rico" o "Los esclavos de la estética".

   b. un comentario hipotético de Pablo Neruda sobre los temas que surgen de "Vi a su hijo vestido de mujer…" o "El hombre como objeto de deseo".

CAPÍTULO 3

COMUNICACIÓN Y ALIENACIÓN

"El mundo es una aldea global", "Todos un pueblo" son lemas que proclaman la unidad del mundo y la anulación de las distancias. La comunicación con otros países, con otras culturas se ha hecho instantánea gracias a los recientes inventos tecnológicos como los satélites, las computadoras, el telefax y el perfeccionamiento de otros más antiguos como el teléfono y el avión. Esto es ya consabido. Pero ¿la comunicación extensa y más rápida

Gracias a los rápidos medios de transporte, las largas distancias ya no son un obstáculo para reunirnos con nuestros seres queridos.

implica una comunicación más íntima, más profunda? ¿Cómo se ve el estado actual de la comunicación interpersonal? ¿Nos hablamos más o menos? ¿Tenemos una comunidad más estrecha o más aislada? Este capítulo contempla estos temas.

Vocabulario temático

1. Palabras relacionadas con el tema de la separación de un grupo.

Verbos	Adjetivos	Sustantivos
aislarse[1]	aislado	el aislamiento
apartarse	apartado	el apartamiento
	aparte[2]	
retirarse	retirado	el retiro
enajenarse	enajenado	la enajenación
	ajeno[3]	

2. Palabras relacionadas con la vida solitaria.

la autosuficiencia   el no depender de nadie sino de sí mismo

desamparado   abandonado; sin seguridad ni protección; sin amparo *(palabras relacionadas:* **desamparar, el desamparo***)*

la soledad   el estado de la persona que vive lejos del mundo; un estado tanto voluntario como involuntario, la soledad puede conducir a la melancolía o no

la soltería   el estado civil de una persona no casada o soltera

solterón / solterona   nombre peyorativo que se da a un soltero / una soltera de una edad mayor

3. Palabras relacionadas con la comunidad.

comprometerse   hacerle una promesa a alguien; estas palabras se aplican muchas veces a la promesa de una pareja de novios de casarse y fundar una familia *(palabra relacionada:* **el compromiso***)*

de sobremesa   una costumbre hispana de quedarse sentados a la mesa del comedor después de comer o cenar para charlar

---

[1] **aislarse** proviene etimológicamente de la palabra **isla**

[2] **aparte** se usa como adjetivo, como en "un tema aparte", pero también se usa como adverbio, como en "vivir aparte"

[3] **ajeno:** otro, extraño; así que **estar enajenado** es sentirse otro, diferente, extraño, alienado y **enajenarse** es alienarse; apartarse

la media naranja   expresión coloquial para la persona "perfecta" para formar pareja

meterse en algo   participar o estar involucrado en algo (*expresión relacionada:* **estar metido en algo**; estar involucrado; ser participante en algo)

> *En Latinoamérica los jóvenes a menudo se meten en la política de su comunidad.*

el socio   un compañero o colega; por lo general un compañero en un negocio

la solidaridad   el apoyo a individuos o grupos de personas afines a uno

tener buena / mala fama   tener buena o mala reputación

el vínculo   la conexión que nos une a algo o alguien (*verbo relacionado:* **vincular;** unir)

> *Hay vínculos entre España y Latinoamérica; los vinculan la lengua, la historia y la cultura hispánica.*

4. Palabras relacionadas con la comunicación.

el chisme   murmuración, hablilla (*verbo relacionado:* **chismear** - hablar o murmurar sobre alguien)

la comunicación telefónica / la conferencia telefónica   la llamada telefónica

confiar en   tener fe en

> *Se dice que en las grandes ciudades impersonales, la gente confía poco en los demás.*

confiarle algo a alguien   revelarle a alguien un secreto o información personal

> *En la carta, la mujer le confía sus sentimientos a su amado.*

cuchichear   murmurar en voz baja

encogerse de hombros   levantar la espalda como señal de indiferencia

enterarse de   descubrir o llegar a saber algo

inspirar confianza   la habilidad de hacer que los demás tengan fe en uno

> *Ese es un demagogo; no me inspira confianza.*

titubear   hablar vacilando al escoger las palabras (*sinónimo:* **balbucear)**

trabársele la lengua   tener dificultad en hablar o expresarse bien (*palabra relacionada:* **el trabalenguas** –una frase difícil de pronunciar, como "tres tristes tigres")

> *Quise responder con elocuencia pero no pude: se me trabó la lengua.*

Para seguir avanzando

I. Para hablar o escribir de sí mismo

En español hay varios modos diferentes de expresar la conciencia que tiene una persona de sí misma y de diversos aspectos de su ser.

A. El verbo reflexivo

Se usan verbos en forma reflexiva cuando se trata de una acción que revierte al **yo** o al sujeto:

Ella **se analiza** todos los detalles de la cara.

Si Ud. **se estimara** más, no dejaría que nadie le maltratara.

Yo **me defino** por mí misma; nadie influye en mi vida.

B. Los verbos reflexivos acompañados de expresiones que aclaran o que dan énfasis

A los verbos reflexivos a menudo los acompaña una frase preposicional que sirve para aclarar o para dar énfasis al sujeto del verbo; la preposición suele ser **a** seguida del pronombre preposicional (mí, ti, Ud., sí, nosotros, Uds., sí) y la forma correspondiente del adjetivo **mismo:**

El **se** habla **a sí mismo** de una manera muy severa.

Ellos **se** describieron **a sí mismos** con exactitud.

Ella **se** encontró **a sí misma** cuando vivió sola por primera vez.

Te engañas **a ti misma** si crees que él está enamorado de ti.

C. Frases preposicionales que aclaran o dan énfasis a los verbos no reflexivos

No hace falta que la preposición de la frase sea **a.** Se puede emplear una fórmula paralela con otras preposiciones y verbos no reflexivos:

El no tiene conciencia **de sí mismo.**

El consejero nos dijo verdades que eran evidentes **en sí mismas.**

Para hacer contacto con otros, necesitas tener confianza **en ti misma.**

D. El adjetivo MISMO

El adjetivo **mismo** puede modificar cualquier sustantivo o pronombre para darle énfasis; como adjetivo, naturalmente, debe coincidir en número y género con el sustantivo o pronombre que modifica:

Los hombres **mismos** están insatisfechos con los papeles convencionales.

Yo misma escribí el anuncio personal.

Ellos mismos quisieron encontrarse en una estación de tren.

E. EL PREFIJO **AUTO-**

Para referirse al **yo,** muchos sustantivos adquieren el prefijo **auto-,** como ya se ha visto en algunas listas de vocabulario; se ve escrito tanto con guión como sin él:

el autoanálisis

la auto-estima

la autodeterminación

la auto-reflexión

la autosuficiencia

F. EL ADJETIVO **PROPIO** COMO ALTERNATIVA A LA EXPRESIÓN **AUTO-**

Propio es otro adjetivo que a menudo se usa para expresar ideas relacionadas con el ser. Muchas veces modifica un sustantivo para crear una expresión paralela a la de los sustantivos formados con **auto-**; en estos casos el adjetivo sigue al sustantivo.

la conciencia **propia** (equivale a **la auto-conciencia**)

la estimación **propia** (equivale a **la auto-estima**)

el respeto **propio** (equivale a el **auto-respeto**)

G. OTROS USOS DE **PROPIO**

Cuando **propio** precede el sustantivo, hace énfasis en algo que la persona posee:

Ella vive en **su propia** casa.

Las mujeres solteras hicieron **sus propias** declaraciones a la prensa.

El joven mandó **su propio** autoretrato a una mujer anónima.

II. PARA PEDIR CONSEJOS, AYUDA O UNA OPINIÓN

A continuación se presentan algunas maneras directas de pedir consejos u opiniones a los demás:

¿Qué me aconseja(s) / recomienda(s)?

¿Qué me aconseja(s) / recomienda(s) que + presente del subjuntivo?

¿Qué me aconseja que haga? / ¿Qué me recomienda que diga?

¿Qué me aconsejaría(s) / recomendaría(s) que + imperfecto del subjuntivo?

¿Qué me aconsejaría que hiciera? / ¿Qué me recomendaría que dijera?

¿Qué le parece...? / ¿Qué te parece...?

¿Qué te parece si le declaro abiertamente mi amor?

¿Qué te parece vivir juntos?

¿Qué opina(s) de...?

¿Qué opinas tú de mi situación?

¿Pudiera(s) ayudarme con mi problema?

¿Qué haría Ud. en tal situación?

También se puede pedir consejos, ayuda o una opinión de una manera indirecta, usando algunas de las siguientes expresiones en que se aparenta no pedirle nada a la persona que está escuchando:

Me pregunto si no sería mejor...

Me pregunto si no sería mejor averiguar si está enamorada de mí.

Me pregunto si debo...

Me pregunto si debo preocuparme de sus reacciones.

No sé si debo...

No sé si debo escribirle una carta declarando mis intenciones.

III. PARA OFRECER CONSEJOS, AYUDA O UNA OPINIÓN

A. VARIAS EXPRESIONES QUE VAN SEGUIDAS DE UN VERBO

Le (Te) aconsejo que / Le (Te) recomiendo que / Es preferible que / Es mejor que... + presente del subjuntivo

Le aconsejo que no le escriba esa carta.

Lo más conveniente / indicado / acertado / adecuado / prudente sería que + imperfecto del subjuntivo

Lo más conveniente sería que te olvidaras de ese hombre y que siguieras adelante con tu vida.

No sería mala idea que / Lo mejor sería que / Sería preferible que + imperfecto del subjuntivo

No sería mala idea que le hablaras directamente de tus sentimientos.

¿Por qué no...?

¿Por qué no le revelas tus sentimientos en una carta?

B. EL IMPERATIVO

Los imperativos también sirven para aconsejar:

Haga lo que le voy a indicar.

Siga haciendo lo mismo.

Cálmese y vaya a un consejero profesional.

No te aflijas.

Ten paciencia.

C. EXPRESIONES QUE VAN SEGUIDAS DE UN INFINITIVO

Debe Ud...

Debería Ud...

Puede Ud...

Podría Ud...

Hay que...

Habrá que...

Le (Te) conviene / Le (Te) convendría...

Te convendría no declararte tan precipitadamente.

D. LO QUE YO HARÍA

Puede Ud. hablar de lo que haría Ud. en una situación semejante como estrategia para dar consejos, usando las siguientes expresiones seguidas de un verbo en el tiempo condicional:

Si yo fuera Ud...

Si yo fuera Ud. no le diría nada.

Si yo estuviera en tu / su lugar...

Yo que tú...

Yo que tú haría lo mismo.

En tu lugar, yo...

IV. PARA ESCRIBIR CARTAS

Para redactar cartas, necesita Ud. manejar las fórmulas de apertura y cierre correctamente. La fórmula apropiada depende en muchos casos de quién es el destinatario de la carta.

A. PARA DIRIGIRLE UNA CARTA A UN AMIGO

Querido/a...:

Mi querido/a...:

B. PARA DESPEDIRSE DE UN AMIGO

Un abrazo

Recibe un (fuerte) abrazo,

Besos y abrazos,

Recibe un saludo muy cálido de

Cariñosamente,

C. PARA ENCABEZAR UNA CARTA MÁS FORMAL

Muy señor/a mío/a:

Estimado/a señor/a…:

Apreciado/a señor/a…:

Distinguido/a señor/a…:

D. PARA CERRAR UNA CARTA MÁS FORMAL

Atentamente,

Le saluda atentamente,

Le saluda cordialmente,

Se despide sin más,

En torno al tema: Conversación

1. LA ALDEA GLOBAL. ¿Qué significa la expresión **aldea global** para Ud.? ¿En qué sentido es el mundo de hoy más pequeño? ¿Es esto algo positivo o negativo para el mundo?

2. LA COMUNICACIÓN COMO NECESIDAD. ¿Qué tipo de cosas siente Ud. necesidad de comunicar a los demás? Haga una lista de cinco tipos de cosas que a Ud. le gusta decirles a los demás. Compare esta lista con las de sus compañeros para determinar si las listas tienen algo en común.

3. LOS SECRETOS. ¿Qué cosas preferimos guardar en secreto? Haga una lista del tipo de cosas que a Ud. no le gustaría revelar y compare su lista con las de sus compañeros para ver las semejanzas y diferencias.

4. LOS CAMBIOS EN LA COMUNICACIÓN. Describa las formas en que ha cambiado la comunicación en los últimos cien años y también en los últimos cincuenta años. Con sus compañeros, discuta las repercusiones sociales que han tenido estos cambios.

5. LA COMUNIDAD Y YO. ¿Qué es una comunidad para Ud.? ¿Se limita una comunidad sólo a una zona geográfica o se puede aplicar también a grupos de personas afines? ¿A cuántas comunidades pertenece Ud.? ¿Cuáles son?

6. CIUDAD Y COMUNIDAD. ¿Piensa Ud. que en una ciudad grande es más fácil o más difícil establecer o lograr un sentido de comunidad? Explique su respuesta.

7. LA SOLTERÍA. Los solteros a los veinte, treinta y cuarenta años: ¿los trata la sociedad a todos de la misma manera? ¿Es más fácil o más difícil para un soltero integrarse a una comunidad a medida que pasan los años? Analice con sus compañeros este tema en referencia a su comunidad.

En torno al tema: Redacción

1. Carta para la posteridad.
Imagínese que Ud. es una persona importante actual a quien le importa mucho que las próximas generaciones piensen bien de Ud. Para dejar la impresión más favorable de su personalidad, sus motivos y acciones, Ud. decide escribir una carta para la posteridad. Escriba esa carta. Después varios miembros de la clase leerán secciones de sus respectivas cartas en voz alta para que los otros miembros adivinen quién es la figura importante.

2. Querida Abby.
Escriba una carta a "Querida Abby" que explique un problema personal suyo (real o imaginario) y pida consejos para resolverlo.

3. Contesta Abby.
Cada miembro de la clase recibirá una de las cartas dirigidas a Abby en la actividad anterior y escribirá una respuesta a la carta ofreciendo consejos. Después cada persona leerá las dos cartas en voz alta a la clase para que todos comenten si el consejo es acertado o no.

FACETA 1

Correo y correspondencia

Antes del desarrollo de la tecnología de comunicaciones en este siglo, la correspondencia escrita era el método principal de comunicación cuando la distancia separaba a las personas. Abundaban cartas de amor, cartas entre amigos, cartas de noticias. Pero el escribir cartas no estaba al alcance de todos: para intercambiarlas hacía falta saber leer y escribir, y antiguamente la alfabetización era privilegio de pocos.

Irónicamente, hoy en día cuando la educación primaria es prácticamente universal, la costumbre de escribir cartas está en vías de extinción. ¿Por qué? ¿Es que el tiempo necesario para escribir cartas personales es ahora un lujo? ¿Ha cambiado el ritmo del mundo contemporáneo? Y aún más importante, ¿es esto un síntoma de la incomunicación y alienación que siente el individuo en la sociedad moderna, lo cual es un tema de muchas obras literarias contemporáneas? Saque sus propias conclusiones al leer "Nunca llegan cartas".

ANTES DE LEER

1. ¿QUÉ TRAE EL CORREO?   ¿Recibe Ud. correspondencia frecuentemente? ¿Qué tipo de correspondencia recibe por lo general: cartas personales, cuentas, promociones publicitarias? ¿En qué proporción? ¿Qué efecto causan en Ud. los diferentes tipos de correspondencia?

2. MIS CARTAS.   ¿Escribe Ud. cartas? ¿Por qué sí o por qué no? ¿Con qué propósito? ¿Bajo qué circunstancias? ¿Quién le escribe a Ud. cartas personales y con qué fines?

3. MIS MEDIOS DE COMUNICACIÓN.   Si tiene algún mensaje de importancia, ¿por qué medio prefiere Ud. comunicarlo: por teléfono, correo, telefax, correo electrónico? ¿Por qué?

4. ESCRIBIR CARTAS: ¿UN ARTE PERDIDO?   ¿Es el arte de escribir cartas un arte perdido? Compare la función de las cartas en la vida de sus padres y de sus abuelos con la función que tienen en su vida ¿Sería una gran pérdida si no se comunicaran las personas por escrito o es algo que no merece la pena mantener vivo?

VOCABULARIO ÚTIL

PALABRAS RELACIONADAS CON LAS CARTAS

el buzón   la caja en que se echan las cartas para mandar

el destinatario   al que va dirigida una carta

la misiva   la carta; la epístola

el remitente   el que manda la carta; también se refiere a la dirección del que manda la carta

OTRAS PALABRAS Y EXPRESIONES

a no ser que   a menos que (la expresión va seguida del subjuntivo)

*Las mujeres del siglo pasado no solían escribirles a caballeros **a no ser que** fueran sus esposos.*

cursi   pretencioso hasta el punto de ser ridículo y de mal gusto

declararse   proclamar por primera vez el amor a la persona amada

pasado de moda   anticuado

VIDA MODERNA

"Nunca llegan cartas..."

Un curioso libro pretende revivir el perdido arte de escribir cartas de amor.

¿Cuándo fue la última vez que le llegó algo interesante en el correo? Aparte de los extractos bancarios y de las tarjetas de crédito, de los recibos de servicios y de las promociones que se ofrecen por correo directo, es probable que lo último que le haya causado una fuerte impresión al sacarlo del buzón, haya sido un aviso de corte del teléfono. Y esto es debido a que el arte de escribir cartas está en franca decadencia.

Pero en tiempos pretéritos, la gente entendía el valor de las cartas. Había algo encantador, misterioso y clandestino en las cartas. Inclusive el sabor de lo prohibido. A las mujeres del siglo pasado ni siquiera se les permitía tener correspondencia con hombres, a no ser que fueran sus esposos o sus prometidos. El poder de lo escrito era

inmenso y las madres lo sabían. Había para algunos, cierto erotismo implicado en el acto mismo de escribir: el rasguño[1] de la pluma sobre el papel, el destello que la luz de la vela arrancaba del tintero[2] de plata, el brillo del rojo del lacre con que se sellaban las cartas, las insinuantes iniciales estampadas del remitente.

Mucha historia —y sobre todo pequeña historia— se ha podido reconstruir a través de las cartas. ¡Cuántas se han hecho famosas. Pero cuántas anónimas y hermosas se han escrito también a lo largo de los siglos! El porqué de muchos suicidios, la razón de separaciones y olvidos, y las más derretidas cartas de amor han dejado constancia de lo que sintieron muchos personajes. Un libro, "Las más bellas cartas de amor", recién edi-

1. dibujo   2. botella de tinta

tado en Colombia por la Oveja Negra, reúne famosos ejemplos de ello, como la misiva que dejara la escritora Virginia Woolf el día de su suicidio, la dolorida carta que enviara James Joyce a su esposa al enterarse de su infidelidad, la despedida definitiva de Manuela Sáenz[3] a su esposo inglés y único registro del amor "conceptual" de Sartre por la Beauvoir.

Pero quizás la parte más curiosa del libro es el capítulo final, donde se dan una serie de modelos para quienes estén interesados en revivir este viejo arte: Cómo declararse, Declaración de un hombre de cierta edad a una joven, Respuesta a una contestación negativa y Cómo pedir perdón, son algunos de los temas elegidos para entrenarse en el arte de comunicarse por escrito.

Escribir no es fácil, pero bien vale la pena el esfuerzo ante el infinito placer de recibir una respuesta. En una sociedad donde la tecnología lo ha ido invadiendo todo, esa agitación anticipatoria que se siente cuando se toma en las manos un sobre y se reconoce una letra, ha ido perdiendo terreno frente a los mensajes escritos en computador, los comunicados y promociones publicitarias que llegan por correo, los telefax, los telegramas y las llamadas telefónicas. Y aunque la moderna agilidad de la información tiene innumerables ventajas, nada compensa la emoción que produce una carta esperando en la mesa de la entrada, cuando se llega a la casa al final de la jornada.

Ante la insistencia de su primer marido, James Thorne, para que regresara, Manuela Sáenz decidió ser definitivamente enfática en la última carta que le escribió.

" No, no y no; por el amor de Dios, basta. ¿Porqué te empeñas en que cambie de resolución? ¡Mil veces no! Señor Mío, eres excelente, eres inimitable. Pero, mi amigo, no es grano de anís que te haya dejado por el general Bolívar; dejar a un marido sin tus méritos no sería nada. ¿Crees por un momento que después de haber sido amada por este general durante años, de tener la seguridad de que poseo su corazón, voy a preferir ser la esposa del Padre, del Hijo o del Espíritu Santo o de los tres juntos? Sé muy bien que no puedo unirme a él por las leyes del honor, como tú las llamas, pero, ¿crees que me siento menos honrada porque sea mi amante y no mi marido?

...Déjame en paz, mi querido inglés. Amas sin placer. Conversas sin gracia, caminas sin prisa, te sientas con cautela y no te ríes ni de tus propias bromas. Son atributos divinos, pero yo, miserable mortal que puedo reírme de mí misma, me río de ti también, con toda esa seriedad inglesa. ¡Cómo padeceré en el cielo! Tanto como si me fuera a vivir a Inglaterra o a Constan-tinopla. Eres más celoso que un portugués. Por eso no te quiero. ¿Tengo mal gusto?

Pero, basta de bromas. En serio, sin ligereza, con toda la escrupulosidad, la verdad y la pureza de una inglesa, nunca más volveré a tu lado....

Siempre tuya, Manuela.

---

3. amante del general Simón Bolívar

Paradójicamente, la explosión tecnológica le imprimió velocidades increíbles a la comunicación, pero también empobreció su contenido. Hoy en día quien se toma el trabajo de escribir una carta es para dejar constancia[4] de una operación comercial o un acuerdo legal. La vieja costumbre de poner sobre papel lo que se piensa o se siente ya no sólo está en desuso sino que es, inclusive, considerado "cursi". Sin embargo, la historia del mundo antes del telégrafo quedó registrada en innumerables documentos que dejaron evidencia sobre lo humano y lo divino. Hoy en día la mayoría de las "transacciones" humanas quedan perdidas en los hilos del teléfono.

El teléfono, en particular, ha acabado definitivamente con la comunicación "de puño y letra[5]". A pesar de la inmediatez, el aparato no compensa el encanto de saborear largamente una carta cuando se está solo. El teléfono acabó con el rito de la tinta y el papel y rompió esa especial intimidad que tiene y conserva una carta. Además de que es imposible comparar el estridente *ring* de un teléfono con el placer de abrir cuidadosamente un sobre blanco con la expectativa de saber qué dice esa letra tan conocida, la llamada telefónica puede ocurrir en un sinnúmero de ocasiones inoportunas: a la hora de la comida, cuando se está a punto de quedar dormido, en medio de una película interesante o, simplemente, cuando no se tiene ganas de hablar.

Pero quizás la más dramática diferencia entre una conversación por teléfono y una carta, es que después de la primera sólo queda el silencio. No hay líneas para leer y releer, ninguna dulce evidencia para sostener en la mano, para guardar en el fondo de un cajón y para volver a ver cuando llegue el momento de los recuerdos.

Mucho se ha perdido con la extinción de las cartas. En ellas, se hacía un esfuerzo por encontrar las palabras precisas para decir con propiedad cosas profundas. En cambio, el cara a cara a veces dificulta mucho la comunicación de sentimientos. Por eso, hay quienes afirman que mientras más inclinadas se sienten las personas a no escribir, más se empobrecen sus vidas. Inclusive algunos expertos en relaciones humanas han llegado a afirmar que los problemas de comunicación que derivan en relaciones rotas y en conflictos, se deben en parte a la cada vez menor capacidad de expresarse que tienen las personas.

---

4. dejar evidencia   5. escrito a mano

Son muchos los casos de vínculos que se deterioran o desaparecen por una lengua trabada, incapaz de decir lo que siente y piensa en frente de otros. Además, ciertas cosas que pueden sonar muy bien por escrito, resultan asombrosamente cursis cuando se dicen en voz alta. Y para no pocos, eso significa sentirse incómodos frente al amigo, al esposo o esposa, al amante o aun a los hijos.

Las cartas buenas, no importa su extensión, dicen los que saben, son aquellas que se escriben en tono familiar y no en el ortodoxo estilo que sugieren los profesores de colegio. Son auténticos pedazos autobiográficos o chismes a través de los cuales las personas expresan sus verdaderos pensamientos y sentimientos. Y en estos días, aunque suene extraño, pueden ser la manera de limar asperezas y de resolver conflictos. No son pocas las parejas y los padres e hijos que se escriben aun viviendo en la misma casa. Parece ridículo pero funciona. Son muchos los conflictos de padres e hijos, cuyas conversaciones inevitablemente terminan en garroteras[6], que pueden resolverse a través de las cartas. Por ejemplo, una madre confiesa que su hija adolescente era completamente inaccesible. Era imposible acercársele, cualquier intento terminaba en pelea y en gritería. La madre resolvió un día escribirle y pasarle la carta por debajo de la puerta de su cuarto. "Me recuerdas mucho a mí misma cuando tenía tu edad —empezaba la carta—. Me reconozco en ti. Detestaba entonces a mi mamá, la consideraba pasada de moda, terca, preocupada por cosas que a mí no me importaban, como la plata y la forma de vestirme. ¿Es lo que yo te parezco a ti?" Al día siguiente, debajo de la almohada, la madre encontró una nota: "¡Diste en el clavo[7]!" No era muy cariñosa ni propiamente sutil, pero era algo. Las notas entre una y otra continuaron y fueron cambiando de tono. Las asperezas se limaron, las relaciones mejoraron y escribir cartas se convirtió en un pasatiempo entretenido y útil.

En cuanto a la forma de escribirlas, a mano o a máquina, hay dos "escuelas". La que considera que hacerlo a máquina es, en cierta forma, una profanación, y la más pragmática, que considera que una persona puede expresarse igualmente bien a través de una máquina y evitarle a su corresponsal el problema de descifrar los jeroglíficos que constituyen su muy personal letra. El problema es que, para la gran mayoría, nunca nadie que se respete ha escrito una gran carta de amor a máquina. Es un despropósito. Lo mismo que una nota de suicidio. Por dramático que suene, resultaría bien extraño escribirla a máquina. Indudablemente, las cartas son un placer que se ha perdido, tal vez para siempre.

(*Semana*, Colombia)

---

6. peleas   7. Acertaste

Comprobando la lectura

1. ¿Qué denotaban las cartas en el pasado, especialmente para las mujeres? ¿Por qué no se les permitía a ellas escribir?

2. ¿Qué nos revelan las cartas que nos quedan del pasado?

3. ¿Cuáles son algunos subgéneros de las cartas de amor?

4. ¿Por qué y cómo ha empobrecido la tecnología el contenido de la comunicación en general?

5. ¿Qué desventajas tiene el teléfono frente a la correspondencia escrita?

6. Explique y comente: "Mientras más inclinadas se sienten las personas para no escribir, más se empobrecen".

7. Contraste la comunicación escrita y la hablada.

8. Describa una buena carta según el artículo.

9. Analice y comente la anécdota de la madre y la hija.

Temas para conversar

1. DEBATE: EL PODER DE LA PALABRA ESCRITA. Formen dos equipos en que se defiendan y se debatan las dos posiciones siguientes:

a. La palabra escrita es la manera más poderosa de comunicarse.

b. Como existen métodos de comunicación más avanzados tecnológicamente no necesitamos comunicarnos de una manera tan anticuada.

2. CARTAS Y MÁS CARTAS. En Colombia se ha compilado una colección de cartas de amor. ¿Qué otro tipo de cartas sería interesante compilar: cartas de políticos, cartas de personas enfermas, cartas de padres e hijos, cartas de exploradores, etc.? ¿Qué revelaría el tipo de colección que Ud. ha elegido?

3. LA CURIOSIDAD MATA AL GATO. ¿Tiene Ud. interés en leer cartas de amor ajenas? ¿Por qué razones? ¿Las de quién? ¿Le interesaría leer cartas amorosas de seres anónimos tanto como de personajes prominentes? ¿Qué categorías de cartas anónimas tendrían interés para Ud.? ¿Qué esperaría que estas cartas le revelaran?

4. LA CURIOSIDAD PROFESIONAL. En pequeños grupos elijan a una persona famosa cuyas cartas le interesarían a cada uno de las siguientes personas y expliquen por qué:

un activista

una antropóloga

un compositor

un estudiante de español

una psicóloga

un sacerdote

una feminista

un machista

5. EL MEDIO PARA EL MENSAJE. Para cada una de las siguientes categorías de mensaje indique cuál método Ud. preferiría usar. Después compare los resultados con los de sus compañeros y discutan la razón de las respuestas.

Categoría	Por carta	Una llamada telefónica	Un mensaje en la máquina	Cara a cara
anunciar un desastre				
declarar su amor				
explicar un gran cambio personal				
explorar un tema filosófico				
pedir una cita				
romper una relación amorosa				
otra categoría				

6. ¡QUÉ EMOCIÓN! ¿Se emociona Ud. más, menos o igual al recibir una carta que una llamada telefónica o una nota por correo electrónico de un ser querido? Analice con otros compañeros lo que causa esta reacción.

7. ¿POR QUÉ GUARDAR LAS CARTAS? Si Ud. ha conservado cartas que ha recibido explique a sus compañeros sus motivos. ¿Qué tipo de cartas ha conservado y por qué?

8. UNA CONFERENCIA TELEFÓNICA INOLVIDABLE. Describa a la clase la conversación telefónica más inolvidable que Ud. ha tenido.

9. IMAGÍNESE: UNA NUEVA COMISIÓN. La Comisión del Alfabetismo ha comprobado que la tesis del autor de este artículo tiene validez y que ya nadie escribe cartas. La Comisión también cree que nuestra capacidad de expresarnos por escrito está en peligro. Uds., como miembros de esta Comisión, tienen que proponer un programa para fomentar y resucitar el arte de escribir. Por ejemplo, pueden proponer que todo el mundo tenga que escribir un diario y que cada distrito dé un premio importante al mejor escritor.

10. DEBATE: ¿APRENDER A ESCRIBIR O A PROGRAMAR? Su universidad carece de fondos y necesita limitar el número de cursos que se ofrecen. Se han reducido las posibilidades a dos: o cortar los cursos de redacción o cortar los cursos de programación de computadoras. La clase debe dividirse en dos y cada grupo debe preparar argumentos a favor de una de las dos alternativas. Después se hará el debate sobre el tema.

11. IMAGÍNESE: EN FLAGRANTE. Ud. es una mujer casada de principios del siglo. Le está escribiendo una carta a una amiga en la que Ud. se está quejando de la vida limitada que tiene que vivir con su marido. Mientras Ud. está escribiendo la carta ¡entra su marido! En parejas preparen una escena breve entre el marido y su mujer en este momento crítico. Puede terminar feliz o trágicamente su drama.

Temas para escribir

1. Imagínese: La promoción de un epistolario.
Se han descubierto las cartas de una persona histórica importante y una casa editorial va a publicarlas. Imagínese que esta casa editorial ha empleado a cuatro de Uds. para preparar la propaganda para esta publicación. Cada grupo debe elegir una persona famosa y escribir un buen anuncio publicitario que pueda captar la atención del público y hacer que ellos quieran comprar el libro.

2. El placer de...
El autor describe el placer de escribir una carta en términos muy sensuales. Tome una actividad diaria en que Ud. participa y describa en todo detalle el placer y la sensualidad de esta actividad: el lavar los platos, el jugar al tenis, etc.

3. ¡Todo tiempo pasado fue mejor!
Escriba dos párrafos en los que Ud. lamenta la pérdida de una actividad que ha sido reemplazada por otra más moderna o tecnológica: el viajar en barco, el cocinar sin horno microondas, etc.

FACETA 2

Una carta de amor

Aunque el arte de escribir cartas aparentemente está desapareciendo en la vida, en la literatura la carta sigue siendo una forma literaria en vigor. La carta literaria le permite a un autor explorar en primera persona tanto los sentimientos íntimos de un personaje como la impresión que éste quiere darle al destinatario: es decir, una carta puede revelar pero también puede manipular. En el cuento "El recado" de la escritora mexicana Elena Poniatowska se presenta a una mujer aparentemente enamorada que dirige su carta a un hombre —¿su novio? ¿alguien que ha visto? ¿alguien con quién se ha imaginado tener una relación de amor? El destinatario no queda bien definido, pero se revela bien el carácter de la narradora y su afán por alcanzar el amor.

Elena Poniatowska

ANTES DE LEER

1. FRASES DE AMOR   Escriba una lista —de frases, preguntas, quejas— que Ud. cree que aparecerían en una carta de amor de alguien abandonado por su novio o su novia.

2. CARTAS AL VIENTO   ¿Ha escrito Ud. alguna vez una carta que no envió? ¿Qué lo motivaría a Ud. a escribir una carta que no piensa mandar?

VOCABULARIO ÚTIL

PALABRAS RELACIONADAS CON LAS PLANTAS

arrancar   sacar de la tierra con fuerza

la rama   la parte de un árbol o de una planta que contiene las hojas

regar   echar agua a las plantas

sembrar   plantar las semillas

PALABRAS RELACIONADAS CON LA CIUDAD

asaltar   atacar con intención de robar

el banco   asientos en los parques y en las calles para que la gente descanse *(palabra relacionada:* **la banqueta** –un banco pequeño)

la cuadra   un lado de una calle, de una esquina a otra

PALABRAS RELACIONADAS CON LA CASA

la olla   recipiente para cocinar

el peldaño   parte de una escalera en que se coloca el pie

prender la luz   encender o poner la luz

el rincón   la esquina de un cuarto

OTROS VERBOS

aguardar   esperar

cobrar   adquirir

ELENA PONIATOWSKA
"El recado"

Vine, Martín, y no estás. Me he sentado en el peldaño de tu casa, recargada en[1] tu puerta y pienso que en algún lugar de la ciudad, por una onda que cruza el aire, debes intuir que aquí estoy. Éste es tu pedacito de jardín; tu mimosa se inclina hacia afuera y los niños al pasar le arrancan las ramas más accesibles... En la tierra, sembradas alrededor del muro, muy rectilíneas y serias, veo unas flores que tienen hojas como espadas. Son azul marino, parecen soldados. Son muy graves, muy honestas. Tú también eres un soldado. Marchas por la vida, uno, dos, uno, dos... Todo tu jardín es sólido; es como tú; tiene una reciedumbre[2] que inspira confianza.

Aquí estoy contra el muro de tu casa, así como estoy a veces contra el muro de tu espalda. El sol da también contra el vidrio de tus ventanas y poco a poco se debilita porque ya es tarde. El cielo enrojecido ha calentado tu madreselva[3] y su olor se vuelve aún más penetrante. Es el atardecer. El día va a decaer. Tu vecina pasa. No sé si me habrá visto. Va a regar su pedazo de jardín. Recuerdo que ella te trae una sopa de pasta cuando estás enfermo y que su hija te pone inyecciones... Pienso en ti muy despacito, como si te dibujara dentro de mí y quedaras allí grabado[4]. Quisiera tener la certeza de que te voy a ver mañana y pasado mañana y siempre en una cadena ininterrumpida de días; que podré mirarte lentamente aunque ya me sé cada rinconcito de tu rostro; que nada entre nosotros ha sido provisional o un accidente.

Estoy inclinada ante una hoja de papel y te escribo todo esto y pienso que ahora, en alguna cuadra donde camines apresurado, decidido como sueles hacerlo en alguna de esas calles por donde te imagino siempre: Donceles y Cinco de Febrero o Venustiano Carranza, en alguna de esas banquetas grises y monocordes, rotas sólo por el remolino de gente[5] que va a tomar el camión[6], has de saber dentro de ti que te espero. Vine nada más a decirte que te quiero y como no estás te lo escribo. Ya casi no puedo escribir porque ya se fue el sol y no sé bien a bien lo que te pongo[7]. Afuera

> **Sabes, desde mi infancia me he sentado así a esperar, siempre fui dócil, porque te esperaba. Te esperaba a ti.**

---

1. recostada contra; apoyada en   2. una fortaleza; fuerza   3. un tipo de planta   4. anotado; impreso
5. el movimiento de los caminantes   6. el autobús   7. lo que te escribo

pasan más niños, corriendo. Y una señora con una olla advierte irritada: "No me sacudas la mano porque voy a tirar la leche...". Y dejo este lápiz, Martín, y dejo la hoja rayada[8] y dejo que mis brazos cuelguen inútilmente a lo largo de mi cuerpo y te espero. Pienso que te hubiera querido abrazar. A veces quisiera ser más vieja porque la juventud lleva en sí la imperiosa, la implacable necesidad de relacionarlo todo al amor.

Ladra un perro; ladra agresivamente. Creo que es hora de irme. Dentro de poco vendrá la vecina a prender la luz de tu casa; ella tiene llave y encenderá el foco de la recámara[9] que da hacia afuera porque en esta colonia[10] asaltan mucho, roban mucho. A los pobres les roban mucho; los pobres se roban entre sí... Sabes, desde mi infancia me he sentado así a esperar, siempre fui dócil, porque te esperaba. Te esperaba a ti. Sé que todas las mujeres aguardan. Aguardan la vida futura, todas esas imágenes forjadas en la soledad, todo ese bosque que camina hacia ellas; toda esa inmensa promesa que es el hombre; una granada[11] que de pronto se abre y muestra sus granos rojos, lustrosos; una granada como una boca pulposa de mil gajos[12]. Más tarde esas horas vividas en la imaginación, hechas horas reales, tendrán que cobrar peso y tamaño y crudeza. Todos estamos —oh mi amor— tan llenos de retratos interiores, tan llenos de paisajes no vividos.

Ha caído la noche y ya casi no veo lo que estoy borroneando[13] en la hoja rayada. Ya no percibo las letras. Allí donde no le entiendas, en los espacios blancos, en los huecos, pon: "Te quiero"... No sé si voy a echar esta hoja debajo de la puerta, no sé. Me has dado un tal respeto de ti mismo... Quizás ahora que me vaya, sólo pase a pedirle a la vecina que te dé el recado; que te diga que vine.

(*Lilus Kikus*)

---

8. el papel de escribir con líneas   9. la lámpara del cuarto   10. barrio   11. una fruta con muchas semillas adentro   12. pedazos de fruta   13. escribir de forma casi ilegible

COMPROBANDO LA LECTURA

1. Busque las palabras del primer párrafo que se asocian con "lo masculino".

2. Encuentre palabras o expresiones que describen la parte del día en que tiene lugar este cuento.

3. ¿Dónde está la narradora?

4. ¿Cuál es su actitud hacia Martín?

5. Según la narradora ¿por qué es preferible ser vieja a ser joven?

6. ¿Cómo es el barrio donde vive?

7. ¿Cómo caracteriza la narradora a las mujeres en general? ¿Cuál es su función? ¿Cuál es su destino común?

8. Prepare una lista de adjetivos que usaría para describir a la chica y explique su elección de palabras.

9. Encuentre una descripción poética en el texto y explique el efecto.

10. Encuentre evidencia de que la narradora no deja la carta que escribe.

TEMAS PARA CONVERSAR

1. **LA NARRADORA Y LA MUJER.** ¿Cree Ud. que la narradora tiene una imagen positiva de las mujeres? ¿Es una mujer "liberada"? ¿Dónde habrá aprendido a pensar así? ¿Piensa Ud. que su actitud como mujer permite o inhibe la buena comunicación en una relación de pareja? Discuta sus opiniones con sus compañeros.

2. **EL ENIGMÁTICO MARTÍN.** ¿Quién es Martín? ¿Es el novio de la narradora? ¿Es algún conocido que no se ha enterado del interés de ella? ¿Es tal vez alguien con quién se ha imaginado tener una relación de amor? Explique su interpretación a la clase.

3. **¿CONTESTARÁ O NO CONTESTARÁ?** ¿Cree Ud. que Martín responderá positivamente a esta carta? ¿Por qué? ¿Qué tipo de persona debe de ser Martín? ¿Qué evidencia hay de esto? Discuta su interpretación con sus compañeros.

4.   ¿QUÉ HACER?   Si Ud. fuera la mujer de este cuento, una mujer que sufre por un amor no correspondido, ¿dejaría la carta que escribe? Explique sus razones.

5.   IMAGÍNESE: LA IRA DE UNA MUJER.   La mujer que escribe esta carta debe de sentir en el fondo una ira que no expresa en su carta. Con otra persona prepare una lista de cosas que esta mujer le diría al hombre si ella no fuera tan sumisa. Después compartan estas frases con la clase.

6.   MINIDRAMA: CARA A CARA AL FIN.   Imagínese que la muchacha deja la carta para Martín. Preparen con otra persona una escena para representar ante la clase en la que Martín se encuentra con la narradora después de leer su carta. Elija bien el tono de Martín —¿indiferencia? ¿ira? ¿arrepentimiento?— y la reacción de la chica.

7.   MINIDRAMA: UN ENCUENTRO INESPERADO.   Imagínese que la narradora se tropieza con Martín a la vuelta de la esquina. En parejas creen un diálogo entre los dos personajes sorprendidos.

8.   LAS ESCRITORAS DE CARTAS.   Compare la personalidad de la narradora de "El recado" como escritora epistolar con la de las figuras femeninas del pasado examinadas en "Nunca llegan cartas...". ¿Ofrece esta carta una visión coherente y clara de la personalidad de la escritora y de su problema?

9.   ¿UNA BUENA CARTA?   El artículo "Nunca llegan cartas..." describe las características de una buena carta. Según estos criterios ¿es ésta una buena carta? ¿Coincide Ud. con los criterios del artículo?

10.   LA FALTA DE COMUNICACIÓN.   En grupos pequeños decidan todas las razones posibles de la falta de comunicación entre la narradora y Martín.

TEMAS PARA ESCRIBIR

1. IMAGÍNESE: CONSEJOS DE LA VECINA.
La vecina de este cuento conoce bien a Martín. Como mujer mayor que entiende el mundo, se siente obligada a aconsejar a esta pobre chica inexperta sentada en la puerta del vecino. En un monólogo dramático dirigido a la chica, haga el papel de la vecina. Descríbale el carácter de Martín y aconséjele sobre lo que debe hacer: si debe seguir en su empeño o si debe abandonar la esperanza de convencer al chico. Después puede representar su monólogo para la clase si desea.

2. IMAGÍNESE: LA VOZ DE MARTÍN.
Imagínese que Ud. es Martín y que ha recibido esta carta. Escríbale una carta a la chica defendiendo sus acciones y explicando su situación.

3. IMAGÍNESE: "EL RECADO", UNA TELENOVELA.
Imagínese que el cuento "El recado" es un episodio en una telenovela. Escriba un resumen del argumento global de la serie. Incluya datos acerca de la edad de los personajes, su clase social, la naturaleza de la relación que tienen, los antagonistas y la intriga que crean alrededor de esta relación.

FACETA 3

La vida independiente

La libertad —o la independencia—, y el amor —o la seguridad afectiva que implica cierta dependencia— son factores igualmente necesarios para el equilibrio emocional del ser humano. En la familia tradicional hispana se pretende conseguir este equilibrio separando los papeles del hombre y los de la mujer. En los hombres cae la responsabilidad económica mientras la mujer vela por el bienestar emocional de la familia. Últimamente, sin embargo, gran número de mujeres han salido del hogar para trabajar y por ello se nota un creciente aprecio a la independencia y cierto desprecio al matrimonio. Cada vez más gente vive sola. Pero ¿es la soledad una consecuencia negativa o positiva de estas nuevas circunstancias? ¿Cómo se pueden compaginar los dos imperativos emocionales (la libertad y el amor) en la nueva estructura social? Estas son algunas de las preguntas que se entretienen en los artículos de esta sección —el primero proveniente de Colombia y el segundo de España.

ANTES DE LEER

1. **LA SOLTERÍA.** ¿Qué características se asocian con la soltería? En pequeños grupos, preparen una lista y luego comparen su lista con las de los otros grupos en su clase.

2. **LA SOLTERÍA COMO OPCIÓN PERSONAL.** ¿Consideraría Ud. la soltería como opción? ¿Por qué? ¿Qué le motivaría a Ud. quedarse soltero/a? Discuta sus respuestas con la clase.

3. **LA SOLTERÍA Y LA FAMILIA.** ¿Cómo reaccionaría su familia si decidiera no casarse? ¿Y sus amigos? ¿A qué se deben estas reacciones?

4. **LA SOLTERÍA Y LA CARRERA PROFESIONAL.** ¿Cree Ud. que la soltería sería una ventaja o desventaja en su vida profesional? Discuta esta cuestión con sus compañeros.

5. **EL MATRIMONIO.** Si piensa casarse ¿qué expectativas tiene Ud. del matrimonio? Haga una lista de sus propias expectativas y después compare sus respuestas con las de sus compañeros.

6. **¿VALE MÁS SER SOLTERO O CASADO?** ¿Ser soltero o casado? Cada uno tiene sus ventajas y desventajas. En el tablero indique cuál de los dos estados civiles asocia con los temas indicados. Después discuta con sus compañeros las ventajas y desventajas relativas a los dos:

Categoría	Vida de casado	Vida de soltero
tener independencia y autonomía		
gozar de buena compañía		
disfrutar de las vacaciones		
dormir a gusto		
tener suficiente dinero		
tener y hacer muchos amigos		
llevar una vida rutinaria		
tener bastante espacio		

VOCABULARIO ÚTIL

PALABRAS RELACIONADAS CON EL DINERO

carecer de   faltarle a alguien una cosa

  *Aunque viven solos, los solteros **no carecen** de compañía.*

cotizar   valorar altamente *(sustantivo relacionado:* **la cotización)**

OTRAS PALABRAS

un cuarentón   un hombre de más o menos cuarenta años. *(la forma femenina:* **una cuarentona)**

disfrutar (de)   gozar (de)

plantear   planear, analizar *(sustantivo relacionado:* **el planteamiento)**

"Hola, soledad"

El 10 por ciento de la población mundial vive sola. SEMANA cuenta lo bueno y lo malo de ser sólo media naranja.

En los últimos 20 años, el número de personas que viven solas se ha duplicado. Se estima que hoy representan el 10 por ciento de la población. Y el 60 por ciento, son mujeres. Los "solos" son el grupo sociológico que más fuerza está tomando al acercarse el siglo XXI. En Estados Unidos y en Europa han aumentado cada vez más y, hoy por hoy, constituyen un factor determinante en las decisiones de planeación para el futuro. En Latinoamérica y en Colombia, el fenómeno es considerado más anecdótico que sociológico. Pero aun así, el número de personas que viven solas aumenta en forma constante. En términos generales, la gente se casa más tarde y se separa más pronto. Ya sea por vocación, elección u obligación, lo cierto es que cada vez hay más clientes para los apartaestudios[1] y menos para los multifamiliares.

Como todo en la vida, existen diferentes jerarquías entre las personas que viven solas. No es lo mismo un aburrido "solitario" que un cotizado "solo". Esta percepción no necesariamente la tienen ellos de sí mismos, es la impresión que

MARÍA CLARA QUINTERO

GERENTE DE RELACIONES PÚBLICAS
Soltera

Hay que saber vivir solo para disfrutarlo. Aprovechar la soledad para hacer lo que a uno le gusta y no puede hacer cuando está involucrado[1] con alguien. A nivel social y profesional siempre estoy acompañada, incluso muchas noches que tengo compromisos prefiero quedarme en mi casa. Pero a veces el teléfono no suena en todo el fin de semana.

Sé manejar la soledad y me gusta. Pero extraño poder ir a ver al Junior cuando juega en Bogotá, con alguien con quien tenga una relación distinta de la familiar o la amistad. Me encanta cocinar y lo hago para mí sola, pero me gustaría más tener para quien hacerlo. Me hace falta esa especie de complicidad que existe en la vida de pareja. Pero, sin duda, los momentos más críticos son mi cumpleaños y el año nuevo. Aunque siempre los celebro rodeada de mi familia y mis amigos, me da guayabo[2] no tener alguien con quien compartirlos. En todos los años que tengo, solo he pasado dos cumpleaños con alguien que quiero.

(1) relacionado (2) tristeza

1. apartamento de un cuarto

tiene de ellos la sociedad. En esto influyen ciertos factores. Por supuesto, el atractivo físico, una personalidad ganadora, un trabajo prestigioso, fama, dinero son requisitos indispensables para permanecer en la cima de la escala de cotizaciones. Pero aun aceptando estas consideraciones, existen generalizaciones sobre los "solos" que la sociedad ha venido aceptando gradualmente y que se han convertido en la base para diferenciar a unos de otros.

Lo cierto es que la vida de los solos es diferente. Llegar a la casa a cualquier hora de la madrugada sin tener que dar explicaciones, dedicarle toda una tarde de domingo a ver un partido de fútbol o pagar una suma astronómica por un "bronce" antiguo sin percibir un asomo de culpa, es algo que el resto de la humanidad desconoce por completo. *"Contrario a todo lo que digan, es particularmente fácil disfrutar ser solo —dice un soltero empedernido[2]—, particu-*

ANTONIO NAVARRO WOLF

JEFE DEL M-19 Y CONSTITUYENTE
Separado
"Soy un solitario con ganas de dejar de serlo. Hace tres años me separé y ya estoy cansado de la soledad. La única ventaja que tiene, es que me queda más tiempo disponible para trabajar porque no tengo cómo más distraerme. Pero definitivamente yo no nací para vivir solo. Estoy en busca de alguien que quiera compartir la vida conmigo. Es una búsqueda difícil cuando se tienen 40 años encima, pero la intención de enamorarme y organizar mi vida es muy seria. Voy a insistir hasta que consiga una pareja perfecta que acabe con lo que más me asusta de la soledad: el frío que se siente en las noches, cuando se duerme en una cama grande y vacía".

ASENETH VELÁSQUEZ

DIRECTORA DE UNA GALERÍA DE ARTE
Separada
"La gran ventaja que tiene vivir solo es que el concepto de la liberación se cumple, lo cual es imposible de realizar en la vida de pareja. Lo que más me gusta es la libertad de escogencia, eso es agradable, y abarca todo, desde lo sexual hasta lo decorativo. Lo que más extraño es tener alguien con quien discutir inteligentemente sobre política, sobre un libro o después de una buena película, mientras uno se lava los dientes. Eso es agradable y realmente lo añoro.

El momento más crítico es muy concreto: cuando tengo que ocuparme de arreglar el carro o el timbre. Los otros aspectos de la cotidianidad doméstica no me afanan. Mi hijo Juan, mi trabajo y mis amigos ocupan mi vida. Lo más crítico es la soledad emocional. Pero encontrar alguien que coincida con uno, a quien uno admire y respete intelectualmente, es muy difícil. Y cuando no se puede, es mejor vivir solo".

2. permanente

larmente porque por lo general la otra gente siente celos de su libertad, lo cual es bueno para la autoestima, mientras usted rara vez siente envidia de los demás".

Sin embargo, la concepción que la sociedad tienen de los "solos", cambia un poco las cosas. Un abogado soltero de 35 años, lo define como una dicotomía. *"De un lado está la percepción superficial de la sociedad y de otro, la propia percepción que uno tiene de sí mismo. Cada vez que asisto a un matrimonio, me asignan a la mesa de las casaderas. Y eso me resulta insultante. Cuando la gente hace su* lista de invitados, siempre piensa en uno como 'material disponible', al que se siente con la obligación de ubicar", señala. Por su parte, una mujer ejecutiva, que apenas pasa de los 30 años, asegura: *"Vivir sin pareja significa estar siempre a la defensiva. Si un hombre es soltero, se asume que lo es por elección, pero si es mujer, se le ve con cierta solidaridad antes de pensar que es posible que se sienta feliz y satisfecha con la vida que lleva".*

TULIO ÁNGEL

GERENTE DE INTERVISIÓN
Separado

"Disfruto la soledad. Vivir solo tiene de bueno que uno goza de todo el tiempo que necesita para uno mismo. Vivir con alguien siempre crea dependencias y uno termina haciendo cosas que no quiere hacer. Sin embargo, lo que más extraño es no poder conversar en aquellos momentos en que quiero hacerlo. Pero bueno, para eso son los espejos.

Claro que mi soledad es más teórica que otra cosa, porque nunca estoy en la casa. El momento crítico es sólo mientras me duermo. Pero para eso está la televisión. Yo vivo con Gloria Valencia de Castaño y con Pacheco. En el fin de semana no tengo problema: lo planifico con tiempo para estar acompañado. Lo que sucede es que los casados tienen señora permanente y muchacha de por días y los solos invertimos el asunto: muchacha permanente y señora de por días".

CELMIRA LUZARDO

ACTRIZ DE CINE Y TELEVISIÓN
Viuda

"Yo vivo una soledad relativa. Desde hace cinco años tengo una relación a distancia con un italiano, el padre de mi hija. Nos vemos cada cuatro meses. Así que, aunque paso largas temporadas[1] sola, no me siento sola. Esta situación se acomoda perfectamente a lo que a mí me gusta y necesito en este momento de mi vida. No estoy sola emocionalmente. Tengo a mi hija y a Marco. Pero tengo algo que quiero en este momento de mi vida y me cuesta mucho trabajo ceder: independencia y autonomía. Además, como pareja, no vivimos la rutinización y cuando nos encontramos es una delicia de estar juntos. Después de vernos, nos sentimos renovados pero cada uno quiere volver a su trabajo y a sus cosas. En materia de comunicación funciona divinamente. Durante dos meses nos dedicamos el uno al otro, y el resto del tiempo me dedico de lleno a mi hija y a mi trabajo. Es maravilloso".

(1) extensiones de tiempo

En realidad, en todos los estudios, ésta es una percepción equivocada. Las mujeres solas viven más tranquilas que los hombres solos. También está demostrado que las mujeres tienen mucho más valor que su contraparte para abandonar matrimonios malos. *"Los hombres son muy cómodos y sólo tienden a separarse si tienen el repuesto listo"*, señaló a SEMANA una sicóloga. Las mujeres por su parte, tienen como principal obstáculo los factores económicos. Fuera de esto, consideran el resto superable.

MAURICIO VARGAS

CONSEJERO PRESIDENCIAL
Soltero

"Lo que más extraño de vivir acompañado es no tener con quien conversar. Lo que menos me gusta es tener que dormir solo. Añoro que me lleven el desayuno a la cama. Pero el momento más crítico es sobrevivir solo a un domingo: a las cinco de la tarde, la depresión es total. Sin embargo, lo mejor de vivir solo es poder llenar la tina y gastarse toda el agua caliente.

Con la soledad sucede lo mismo que con el alcohol, sin darse cuenta uno se va acostumbrando. Por eso, ya me está empezando a preocupar. Me estoy volviendo un obsesionado del orden, compro antigüedades donde las Casas y le hablo a las matas[1], signos catastróficos de soltería. Yo me casaría, lo que sucede es que ahora no me queda tiempo".

(1) las plantas

Lo que sucede es que en el pasado el mundo parecía haber sido concebido exclusivamente para parejas. En una sociedad saturada de imágenes de hogar, familias e hijos, la persona que vivía sola era vista como "de malas". Hoy todos estos conceptos están cambiando. La mayoría de las personas que viven solas, disfrutan de su independencia y la valoran. Aunque piensan que el amor y la vida en pareja son aspectos esenciales de la vida, no se sienten desesperados por casarse. Lo que pasa es que han llegado a la con clusión de que *"más vale solas que mal acompañadas"*.

Lo cierto de la evidencia es que la soledad aumenta. Siquiatras y sociólogos aseguran que será el mal del siglo XXI. "En una sociedad fría e individualista, el sentimiento de soledad es cada vez más intenso" —dice el sicoanalista Guillermo Sánchez Medina—. "La gente no se habla. La tecnología ha aislado al individuo. Paradójicamente, a medida que la gente recibe mayor información a través de los medios de comunicación, ha ido perdiendo la relación personal". La queja general es que cada día hay menos oportunidades de encontrar pareja. ¿Dónde buscar la media naranja cuando la meta es el amor perdurable? La opinión general es que se debe eliminar el azar. Un café, un club nocturno o una discoteca, no ofrecen tal garantía. Mientras en Europa y en los Estados Unidos, la gente puede intentar la búsqueda en un supermercado o en el metro, en Colombia, una sociedad más cerrada, la gente espera encontrar a alguien de un status social e intelectual comparable, por lo que las posibilidades son más limitadas. Así que el mejor medio para encontrar pareja siguen siendo los amigos, uno de los recursos más utilizados para combatir la soledad junto con el trabajo y la vida social y familiar.

Pero aunque suene extraño, la soledad no es exclusiva de solteros, viudos y separados. La gran mayoría de los pacientes del diván son personas casadas. Una relación matrimonial poco gratificante en términos afectivos produce mayor soledad que vivir solo. Y al decir de los especialistas, es más difícil superar una soledad acompañada. Pero no toda la culpa se le puede achacar a la persona que debe dar el soporte emocional. *En algunos casos, el problema no radica[3] en el comportamiento de la pareja sino en las expectativas sobre ella. Puede que la persona se concentre únicamente en salir de la relación, pero no es seguro que en el futuro no vuelva a incurrir en otra relación que le produzca el mismo problema*, explica un terapista de parejas.

Como todo en la vida, la soledad es relativa. Una cosa es sentirse solo y otra estar solo. Para empezar, en algún momento de la vida todas las personas se sienten solas. Puede significar el paso de la dependencia a la independencia. Pero también puede ser una escala técnica aprovechable

¿Dónde buscar la media naranja cuando la meta es el amor perdurable? La opinión general es que se debe eliminar el azar.

para redefinir metas y lograr seguridad. En este sentido, la soledad se asume como algo transitorio, de lo cual puede sacarse provecho. *La soledad es sana cuando la persona la disfruta para realizar alguna actividad creativa. Y es mal sana cuando produce ansiedad, desesperacion y compulsión por estar acompañado*, manifiesta el sicoanalista Sánchez Medina.

Como quien dice, sentirse solo de vez en cuando es parte del ser humano. Ser solitario son ya palabras mayores. En opinión de algunos siquiatras y sicólogos, existen ciertos tipos de personalidad que predisponen a la soledad. A las personas tímidas o las que tienen una baja autoestima, les cuesta entablar relaciones con otras personas. También, si se ha carecido de afecto en la niñez cuesta trabajo dar y recibir afecto en la edad adulta. Si se han sufrido frecuentes decepciones amorosas, si los amigos son pocos, se puede llegar a sufrir de soledad crónica.

Curiosamente las implicaciones de la soledad se extienden a los aspectos de salud. Algunos investigadores señalan que incluso puede ser más nociva que el tabaco. "Si un fumador aumenta a 1,5 los riesgos de enfermedad, la persona socialmente aislada lo multiplica por dos", señalaba un artículo reciente de la revista Science. A cierta edad,

---

3. reside

la soledad puede ser aun más nefasta. Las tasas de muerte entre las personas solas —solteras, separadas, viudas— son mayores que entre los casados.

Esta observación se encuentra en varios estudios realizados en los Estados Unidos, Finlandia y Suecia en el curso de los últimos 20 años.

Lo que no se puede hacer, dicen los especialistas, es tratar de llenar el vacío que deja la soledad saturándose de televisión, compañías insulsas[4], comida, trago o ansiedad. En este recurso caen muchas personas que generalmente tiene un común denominador: son pasivas. Dejan que la soledad les pase por encima. Pero cuando una persona decide combatir la soledad, sólo por ese hecho, se siente menos desamparada. Son mecanismos de la sicología humana.

Según opinión de los sicólogos, en esto de la soledad hay una gran paradoja. Aprender a vivir en compañía es una ciencia que requiere una evolución y haber atravesado una serie de procesos. La gran mayoría de las personas que están solas han transitado ese camino. Según esta interpretación, muchas de esas personas constituyen las parejas ideales o los compañeros perfectos que no fueron en su juventud. Está demostrado que nada madura más que la soledad. Y nada más importante que la madurez para una relación estable. Como quien dice, a pesar de que suene contradictorio, en su gran mayoría el mundo de los solos está conformado por perfectas medias naranjas.

(*Semana*, Colombia)

---

4. insípidas

"Al fin solas"

Salieron de la casa paterna para casarse o vivir con el hombre amado.
Han convivido con amigas, con amigos y con nuevos amantes.
Finalmente, ellas, o sus circunstancias, han optado por la soledad.

Ana se casó a los 20 años y se separó a los 21. Durante un tiempo compartió una casa grande con seis amigas, pero terminaron peleándose. Tiene novio. Vivió con él durante cuatro años, pero ambos optaron por continuar amándose desde sus propios castillos. Ahora, Ana vive sola en un pequeño piso que ha conseguido comprar en el casco[1] viejo de Madrid. Alegre y dicharachera, defiende con estusiasmo su nueva forma de vida. "Me apetecía tener mi espacio, mi tranquilidad. Mantengo relaciones muy intensas con las personas que me rodean, respeto mucho a los demás y requiero mucha libertad. La mejor manera de potenciar todo esto es vivir sola, porque ves a la gente cuando realmente quieres". Su nueva realidad ha disipado hasta su fantasma secreto, que era el miedo a no sentirse querida. "Al principio pensé que este sentimiento se me potenciaría con la soledad. Me he dado cuenta de que es justo lo contrario". Y en el terreno práctico asegura que no ha tenido que adoptar precuaciones especiales por no estar *arropada* por un hombre.

La revista francesa *Le Nouvel Observateur* las llamaba hace poco "aventureras del celibato". No renuncian a probar de nuevo una forma diferente de vida, pero el rasero[2] con el que miden compensaciones quizá es más alto de lo normal. Hasta una aventurera algo fatigada, como Loreto Sampedro, lo pone difícil. Loreto, de 35 años, administrativa en la Universidad Nacional de Educación a Distancia, defendia su soledad como proyecto de vida. Ahora siente que sus naves hacen agua por algún lado, pero sólo está dispuesta a aperder su soledad para formar una pareja y, aún así, le propondría vivir en casas separadas.

Nerea, de 35 años, es una socióloga que ha triunfado en el mundo de la publicidad. Nerea (este nombre es supuesto) también salió de casa por "las vías tradicionales". Se casó joven, se separó, tuvo una segunda relación de convivencia y ahora vive sola. "Los pros, claramente, son que eres dueña de tu vida y que, por tanto, para vivirla y desarrollarla como persona no tienes más que tus propios límites. Cualquier relación de convivencia, por buena que sea, es siempre una limitación".

Nerea también tiene casa propia. Vivir sola es, en términos puramente crematísticos[3], un auténtico lujo. Eso opina Loreto,

1. el distrito   2. la regla métrica

La mujer de hoy busca su independencia a través del trabajo.

que consiguió comprarse una casa hace cinco años y estuvo los tres primeros sin aliento por culpa de las letras[4]. O Rosa (nombre supuesto también), de 31 años, ahora funcionaria, que ha pasado por cerca de 19 empleos distintos, incluido el de parado. Compartir la casa ha sido a veces la única manera de llegar a fin de mes.

¿Cuántas son las que viven solas? ¿En el Instituto de Estadística no tienen este dato y en el de la Mujer no han estudiado el fenómeno. "No es un sector con problemas al que nosotras tengamos que ayudar", explica Esperanza Tineo, directora del servicio de documentación del Instituto. "Las mujeres que optan por vivir solas suelen ser autosuficientes, con un nivel alto de ingresos económicos y un nivel de instrucción importante".

El trabajo. "Eso es lo que nunca una mujer debe dejar", dice María Jesús Escribana, de 44 años, directora del Centro de Promoción de Diseño y Moda. Con la carrera de Políticas y Sociología y un *master* en Pedagogía, María Jesús fue ama de casa durante años. Un día se encontró sola, sin casa, sin trabajo y con tres hijos. Llegar a donde ha llegado le ha resultado duro. Ahora es libre y radical. "Yo no volvería a vivir con un hombre, de verdad. Mis hijos ya empiezan a pasar de mí, pero ahora tengo una energía que no he tenido antes. Sé que sola voy a salir siempre adelante, aunque sea fregando escaleras".

3. monetarios   4. las deudas

Ligar desaforadamente[5]. El ámbito familiar es el que peor sobrelleva la vida de estas mujeres a las que educaron para ser esposas y madres. Nieves Pamíes, realizadora de televisión, de 34 años, se ha sentido muy apoyada. A estas alturas cree que sus padres no encuentran desalentador[6] su estado de soltería, sino el hecho de no haberles hecho abuelos. Aun así, a su madre se le escapa algunas veces una leve queja. "Mi madre me dice: 'Me gustaría verte ya situada y organizada'. Y yo le digo: "Mamá, estoy situada y organizada, tengo un trabajo firme y tengo unos planteamientos serios y profundos'. Ella se refiere a otra cosa, claro. A mí también me gustaría encontrar a un hombre que me volviera loca y con el que tuviera un diálogo y una convivencia maravillosa. Supongo que eso es como que te toque la lotería".

¿Cómo se relacionan con los hombre estas mujeres habituadas a ver un solo cepillo de dientes en el cuarto de baño? "A los hombres yo creo que les dan miedo casi todas las señoras que se salen un poco del esquema tradicional, y todas se están saliendo bastante, lamentablemente para ellos", dice Nerea. "Los hombre están cambiando mucho menos que las mujeres en la sociedad española, y eso les está produciendo unas actitudes curiosas y molestas para las mujeres de rechazo o de miedo".

Las reglas se las fija una misma. De tal manera que en el sexo no necesariamente se opta por la promiscuidad. Pilar estuvo casada durante cinco años y, a raíz de[7] la separa-

ción, tuvo una "etapa loca" que ahora tiene olvidada. Sintió la necesidad de entablar[8] relación con todo tipo de hombres. Ahora sabe que fue una consecuencia de su sensación de fracaso. "Necesitas probarte a ti misma que puedes estar en el mercado amoroso, por llamarlo de alguna manera. Pasada esa etapa, las mujeres, al menos las que yo conozco, no establecemos esas relaciones. Llevas las cosas más relajadas. No creo que el estar sola tenga relación directa con el ligar desaforadamente".

"Yo nunca he practicado la promiscuidad sexual. Y ligo de uno en uno y por su orden. En este terreno, obviamente, tienes mucha libertad, pero creo que las mujeres españolas tenemos aún muchos prejuicios", dice Nerea.

Todo tiene un precio. No, no es el sojuzgamiento de la sociedad que las circunda. Muchas aseguran no notar presión social o que, en todo caso, es mínima. Carmen Basáñez, de 39 años, alta ejecutiva de una importante firma de ordenadores, lo confirma. "Es verdad que la pregunta, en cuanto llegas a un cierto nivel de cofianza, es siempre la de 'oye, pero ¿tú estás casada?, pues te voy a buscar un novio'. Pero eso les pasa también a los hombres solos. Aunque la gente de nuestro ambiente no es representación de esta sociedad. En cierto modo somos una clase privilegiada. Estamos en la vanguardia, porque la sociedad está concebida ya no sólo para vivir en familia, por lo menos en pareja. Eso siempre se percibe".

Por regla general, la mujer solitaria no tiene hijos. ¿Es también un precio? Para

---

5. sin control   6. desmoralizante   7. después de   8. establecer; iniciar

María es, en todo caso, un precio muy bajo, porque es ella la que ha decidido no tenerlos. Estas mujeres no encontraron el momento adecuado de procrear y tampoco les acucia la urgencia de hacerlo ahora. Carmen va a cumplir 40 años y todavía no ha sentido la necesidad de tener un hijo. Lo del "instinto maternal" le parece un montaje.

En cualquiera de los casos, los problemas o los fantasmas de las mujeres que viven solas no son diferentes de los del resto del mundo. Una psicoanalista se resiste a caer en generalidades: "No hay una tipificación de los problemas. No vienen en tropel[9] cargadas de problemas. Sí le puedo decir que las que vienen en masa son las amas de casa con hijos adolescentes. La soledad no es una cuestión objetiva". "Claro que me planteo el futuro; y quién soy y qué sentido tiene mi vida. Pero eso me lo presguntaría igual si estuviera casada, divorciada o rodeada de hijos", explica Nieves. El problema de María no es el futuro, sino la contradicción que vive en el presente. "Vivir sola es positivo, lo que no quiere decir que sea el ideal. Yo creo que lo bueno es vivir con gente, y no ya sólo con una pareja, porque para mí la tendencia positiva de las personas es la de compartir todo. Ahora me resulta difícil compartir o tolerar manías[10] de los demás, y eso es negativo. Yo soy partidaria de los comedores, de las lavanderías, de todo lo que sea colectivo. Vivir sola es una contradicción en este sentido, pero es una situación que genera cierto egoísmo".

Peor vivir sin libertad. "Terminas siendo un poco esclavo de tu propia independencia. A veces pienso que me gustaría ser más tolerante y aguantar mejor la convivencia", dice Nieves.

Cuando Natacha Seseña fue requerida para intervenir en este reportaje aceptó encantada la propuesta. "Me parece muy bien hablar de esto, porque creo que hay muchas mujeres jóvenes, entre los 30 y los 45 años, que tienen terror a la soledad porque la soledad tiene mala prensa. Pero hay que hacer ver que no es tan malo el asunto. Es peor vivir sin libertad con alguien que estar solo".

En Estados Unidos, uno de cada nueve adultos vive solo. El proceso social va en aumento.

¿Será la sociedad del futuro un mundo de solitarios? La tendencia ya está provocando en Nueva York una reacción a la contra. En la gran metrópoli se casaron el pasado año 164.398 parejas. En 1980 sólo hubo 121.506 uniones. Los que se acercan a los 40 son los que están engordando las cifras.

Las nuevas españolas que han optado por la soledad, como los cuarentones neoyorquinos, no tienen vocación de corazón solitario. Sólo que su espera no es desesperada. "¿Que por qué vivo sola? Supongo que porque no tengo un afecto fuerte como para hacer una vida en común. Si lo encontrara, por supuesto, cambiaría de vida.

—**Gabriela Cañas**
(*El Globo*, España)

---

9. en masa   10. neurosis

Comprobando la lectura

1. En los artículos de esta sección los solteros comentan sobre su estado civil. Determine si cada una de las frases siguientes —afirmaciones de los mismos solteros— refleja un comentario favorable o crítico acerca de la soltería y señale qué elementos de la frase crean esa impresión.

   a. Me hace falta esa especie de complicidad que existe en la vida de pareja.

   b. Soy un solitario con ganas de dejar de serlo.

   c. La gran ventaja que tiene vivir solo es que el concepto de la liberación se cumple.

   d. Contrario a todo lo que digan, es particularmente fácil disfrutar de ser solo.

   e. Lo cierto es que la vida de los solos es diferente.

   f. Llegar a la casa a cualquier hora de la madrugada sin tener que dar explicaciones, dedicarle toda la tarde del domingo a ver un partido de fútbol, pagar una suma astronómica por un "bronce" antiguo (...) sin culpa, es algo que el resto de la humanidad desconoce por completo.

   g. A veces el teléfono no suena en todo el fin de semana.

   h. Lo que más extraño es el poder conversar en aquellos momentos en que quiero hacerlo. Pero bueno, para eso son los espejos.

   i. Mi soledad es más teórica que otra cosa, porque nunca estoy en casa.

   j. ...compro antigüedades, le hablo a las matas...

   k. Mantengo relaciones muy intensas con las personas que me rodean, respeto mucho a los demás.

   i. Vivir sola es positivo, lo que no quiere decir que sea ideal (...) me resulta difícil compartir o tolerar manías de los demás.

2. Vuelva a considerar las citas del ejercicio anterior y determine si ellas sugieren que los solteros están bien integrados o más bien alienados del mundo en que viven.

3. Aunque los dos artículos parecen discutir el mismo fenómeno —la soltería— se puede leer entre líneas unas diferencias enormes en la actitud que cada uno tiene hacia este fenómeno; es decir, cada uno expresa sus opiniones en un tono particular y este tono comunica al lector una serie de valores. Con un compañero, para cada categoría del tablero, (1) comparen la actitud de cada artículo en unas pocas palabras, y (2) busquen una frase del artículo que revele esta actitud.

Categoría	"Hola soledad"	"Al fin solas"
tono general	Descripción:	Descripción:
	Frase:	Frase:
actitud hacia la soltería	Descripción:	Descripción:
	Frase:	Frase:
actitud hacia el matrimonio	Descripción:	Descripción:
	Frase:	Frase:
percepciones socioculturales	Descripción:	Descripción:
	Frase:	Frase:
actitud hacia la mujer	Descripción:	Descripción:
	Frase:	Frase:
actitud hacia el dinero	Descripción:	Descripción:
	Frase:	Frase:
actitud hacia el trabajo	Descripción:	Descripción:
	Frase:	Frase:

4. Resuma las diferencias entre la percepción que tiene la sociedad de los solteros y la que ellos tienen de sí mismos.

5. ¿Qué fomenta el sentido de la soledad?

6. Explique cómo es posible que la soledad pueda existir dentro del matrimonio.

7. ¿Cuál es la diferencia entre **solo** y **solitario?**

TEMAS PARA CONVERSAR

1. LA IMAGEN DE LA MUJER.
¿Por qué domina el tema de la condición de la mujer en estos artículos? ¿Cree Ud. que tenga alguna relación con la cultura occidental? ¿Y con la cultura hispana?

2. LAS SOLITARIAS.
¿Definiría el autor de "Hola soledad" a las mujeres entrevistadas en "Al fin solas" como **solitarias?** Explique su respuesta. ¿Le aplicaría Ud. esta designación a estas mujeres?

3. LAS AMAS DE CASA Y EL PSICOANÁLISIS.
En "Al fin solas" no se explica por qué son las amas de casa quienes acuden en masa al psicoanalista. ¿Podría Ud. especular?

4. ¿SOLTERONAS PERO NO SOLTERONES?
¿Por qué se considera que la mujer soltera que tiene más de 40 años es una solterona pero que un hombre de la misma condición sería un marido excepcional? Analice y discuta esta cuestión con sus compañeros.

5. ¿DE ACUERDO O EN DESACUERDO?
¿Qué opina Ud. de las siguientes afirmaciones sobre la vida de los solteros? Discuta su opinión con sus compañeros.

a. Cualquier relación de convivencia, por buena que sea, es siempre una limitación.

b. Sé que sola voy a salir siempre adelante.

c. A los hombres (...) les dan miedo casi todas las señoras que se salen un poco del esquema tradicional.

d. La sociedad está concebida si ya no sólo para vivir en familia, por lo menos en pareja.

e. Lo del **instinto maternal** es un montaje.

f. Una cosa es sentirse solo y otra estar solo.

g. Existen ciertos tipos de personalidad que predisponen a la soledad.

h. Las tasas de muerte entre las personas solas —solteras, separadas, viudas— son mayores que entre los casados.

i. Muchos solitarios tratan de llenar el vacío que deja la soledad saturándose de televisión, compañías insulsas, comida, trago o ansiedad.

j. Las mujeres viven más tranquilamente que los hombres solos.

6. LA MEDIA NARANJA.

Con sus compañeros explique y analice la expresión "media naranja". ¿Conoce Ud. una expresión parecida en inglés? ¿Qué implicaciones encierra?

7. IMAGÍNESE: UNA VISITA AL CONSEJERO MATRIMONIAL.

Loreta (de "Al fin solas") y Antonio (en "Hola, soledad") se conocen y se enamoran. Pero Loreta quiere vivir sola y Antonio lo quiere compartir todo, incluso la casa. La cosa ya está seria: si no se ponen de acuerdo pronto van a romper la relación. Para evitar esto visitan a un consejero matrimonial. En grupos de tres preparen la dramatización de esta visita.

8. MINIDRAMA.

Preparen un diálogo entre la narradora / protagonista de "El recado" y una de las mujeres de "Al fin solas" en que cada una intenta convencer a la otra de su punto de vista sobre las relaciones amorosas.

9. MINIDRAMA.

Preparen un diálogo entre la narradora / protagonista de "El recado" y uno de los hombres de "Hola soledad".

10. EL MATRIMONIO ES UNA LOTERÍA.

Nieves Pamíes ("Al fin solas") afirma que el matrimonio es una lotería. ¿Qué opina Ud. de esta declaración?

11. LA SOLEDAD: RECETA PARA VIVIR EN PAREJA.

El autor de "Hola soledad" afirma que la soledad prepara mejor a la gente para el matrimonio. ¿Cree Ud. que gracias a la soledad las mujeres en "Al fin solas" están mejor preparadas para el matrimonio y que serían buenas esposas?

12. IMAGÍNESE: UNA SESIÓN CON EL PSICOANALISTA.

En parejas preparen un diálogo entre un psicoanalista y uno de los siguientes:

Martín	Ana Muiña
La escritora del recado a Martín	Antonio García Wolf
María Gascón	Mauricio Vargas

13. RECONSIDERANDO LAS COSAS: ¿VALE MÁS SOLTERO O CASADO?

Después de haber leído estos dos artículos vuelva a mirar el tablero de la sección **Antes de leer.** ¿Está Ud. de acuerdo ahora con sus respuestas? ¿Hay alguna que quisiera cambiar? ¿Por qué?

14. IMAGÍNESE: EL PROGRAMA DE PHIL DONAHUE.

El famoso Phil Donahue ha invitado a tres de las personas de estos artículos a hablar en su programa sobre el tema: ¿es normal la soltería? En grupos de cuatro decidan las preguntas del Sr. Donahue y los comentarios de los tres solteros que su grupo elija. Después representen ante la clase el programa.

TEMAS PARA ESCRIBIR

1. UN ANUNCIO PERSONAL.

Escriba un anuncio personal a nombre de una de las personas de este artículo y léalo después a la clase.

2. FINALMENTE LLEGAN CARTAS.

Elija a una de las personas entrevistadas en estos artículos. Esta persona se ha enamorado y escribe una carta de amor. En esta carta —de tono apasionado, desesperado o racional— la persona le describe a su amante su idea del amor y de la relación que quiere tener. Escriba Ud. la carta como si fuera la figura que ha escogido.

3. UN ARTÍCULO DE PRENSA.

Ud. es periodista y quiere escribir un artículo de prensa sobre el tema de cómo los hombres reaccionan ante las mujeres que insisten en vivir solas. Su artículo debe: (a) llevar un título original y (b) dar un breve análisis del fenómeno y contener fragmentos de entrevistas con tres hombres. (Ud. puede entrevistar de verdad a tres hombres de su comunidad para incluir en su artículo.)

4. CAPTANDO EL TONO.

Escriba 5 frases originales sobre la soledad que pudieran integrarse a uno de los dos artículos. Después lea cada frase en voz alta a la clase. Los otros intentarán adivinar a cuál de los dos artículos va destinada la frase y explicarán su elección.

FACETA 4

Un cruce de vidas

Todos buscamos a alguien con quien comunicarnos y compartir los sentimientos, las experiencias, y quizás la vida. Pero no es siempre fácil encontrar a esa persona. La obra que se presenta a continuación, *Cruce de vías,* es de Carlos Solórzano, autor nacido en Guatemala en 1922, quien ha escrito la mayor parte de su obra dramática en México, país donde reside desde 1939. Trata de dos personas que casi llegan a conocerse y a compartir algo importante, a tocarse profundamente. Pero algo pasa que les impide la comunicación total y que convierte ese encuentro en un simple cruce de vías / cruce de vidas.

Todo empieza con un anuncio personal en un revista:

¿Busca Ud. una relación seria?

Mujer atractiva, joven, alta, esbelta, de pelo negro y de grandes ojos claros busca un hombre joven y serio para entablar una relación de verdad. Si Ud. está cansado de vivir solo, como yo, y quiere compartir los sentimientos y la alegría de la vida, entonces nos necesitamos. Si Ud. me escribe yo le mando mi fotografía enseguida. Yo lo espero a Ud. Escríbame al Apartado 352, México, D.F.

ANTES DE LEER

1. **SU PROPIO AVISO PERSONAL.** Escriba su propio anuncio personal en el que Ud. se describe y anuncia que busca un compañero amoroso o
una compañera amorosa.

2. **AUTOANÁLISIS.** Después de escribir su anuncio examínelo y discuta con sus compañeros de clase los siguientes temas:

   a. ¿En qué cualidades o atributos ha puesto Ud. énfasis? ¿Por qué?
   b. ¿Ha exagerado algún detalle? ¿Ha mentido? ¿Ha preferido no mencionar ciertas cosas? ¿Por qué?
   c. ¿Qué cosas causarían que una persona exagerara, mintiera o no
       mencionara ciertos detalles personales en un anuncio personal?

3. **LO QUE SE BUSCA EN UN ANUNCIO PERSONAL.** ¿Cuál es el
propósito de los anuncios personales? ¿Qué buscan la mayoría de las personas que ponen un anuncio de ese tipo? En su opinión ¿por qué usan ese
modo de comunicación?

4. **CONTESTAR A UN ANUNCIO PERSONAL.** ¿Qué esperan las
personas que contestan a un anuncio personal? ¿Consiguen siempre lo que
buscan? ¿Por qué o por qué no?

5. **IMAGÍNESE.** Imagínese que Ud. ha contestado al anuncio personal
que se ve arriba en este texto (o a un anuncio semejante en que un hombre
busca una mujer). Ud. decide reunirse con esta persona y, al conocerla,
resulta que esta persona es todo lo contrario de lo que había escrito en el
anuncio. Narre a la clase cuál sería su reacción en tal situación. ¿Qué haría
en esta situación?

6. **LOS ANUNCIOS Y LOS ESTEREOTIPOS.** Los medios de comunicación —los periódicos, las revistas, los anuncios publicitarios, la televisión,
las películas, la literatura popular, etc.— tienen la tendencia de proyectar imágenes del "hombre perfecto" o de la "mujer perfecta". Aquí Ud. encontrará
una lista de atributos físicos, morales o espirituales. Indique cuáles forman
parte del "hombre perfecto" o de la "mujer perfecta" que se encuentra en estos
medios de comunicación.

Atributo	Características buscadas	Características rechazadas
la cara y la cabeza	bonita, flaca, pálida, de ojos azules, joven, etc.	fea, con granos, con rasgos grandes (nariz, boca, etc.), calva, vieja, etc.
el cuerpo		
la vida emotiva		
el intelecto		
la actitud hacia sí mismo		
la actitud frente al mundo		
el espíritu		
las finanzas		
otros atributos que Ud. piensa que son importantes en los estereotipos		

Vocabulario útil

Palabras y expresiones relacionadas con el teatro

las acotaciones   las indicaciones escénicas

caer el telón   la acotación que indica que la obra ha terminado

correrse el telón   la acotación que indica que la obra ha empezado

el escenario   la parte del teatro donde se representa la obra

el fondo   la parte del escenario más lejos del espectador

Palabras relacionadas con el tren y los viajes

bajar del tren   descender del tren

detenerse   pararse

el guardavía   el que anuncia la llegada del tren

el semáforo   la luz roja o verde que indica la llegada o la salida del tren

el silbato   el sonido que hace el tren al llegar y al salir de la estación

subir al tren   montar el tren

Otras palabras y expresiones

caminar   funcionar (refiriéndose a un reloj)

   *El tren de la estación no indica la hora correcta porque no **camina**.*

un disparate   una tontería

éste / ésta   otra manera de indicar él / ella; se puede referir a personas o a cosas.

   *El hombre va al final del tren y baja de **éste** cuando llega a la estación.*

el estribillo   una línea repetida, casi como un verso

   *El guardavía siempre repite **el estribillo** "Los trenes del norte corren hacia el sur".*

parecerse a   tener un aspecto semejante a, parecer igual que

   *Según el guardavía, no hay ninguna diferencia entre las mujeres. Todas **se parecen**.*

pasar de largo   pasar alguien o algo sin parar ni fijarse en esta persona o cosa

   *La mujer es vieja y sola. Siente que la vida la **ha pasado de largo**.*

CARLOS SOLÓRZANO
Cruce de vías

PERSONAJES:
EL GUARDAVÍA
EL TREN
EL HOMBRE
LA MUJER

Escenario vacío, negro. En un extremo un aparato "semáforo" que se anima alternativamente con luz verde o roja. En el centro, colgado del techo, un gran reloj cuyas agujas marcan las 5 en punto.

Los personajes se moverán mecánicamente como figuras del "cine mudo".

El hombre, cámara rápida[1], la mujer, cámara lenta[2]. El guardavía, movimientos de robot. El tren, con deslizamiento[3].

(Al correrse el telón está el guardavía en el extremo opuesto del semáforo, con una linterna encendida en la mano, de pie, muy tieso[4] e indiferente.)

GUARDAVÍA: *(Viendo al vacío, con voz impersonal.)* Los trenes del norte corren hacia el sur. Los trenes del norte corren hacia el sur, los trenes del norte corren hacia el sur. *(Repite el estribillo varias veces, mientras pasa por el fondo "el tren". Éste estará formado por tres hombres vestidos de gris. Al pasar, hacen mecánicamente una pantomima con un brazo extendido y la mano sobre el hombro del que le precede, mientras con el otro brazo hacen todos, acompasadamente[5], un movimiento rotativo, siguiendo el ritmo de las palabras del guardavía, como cuando los niños juegan al "trencito".)* Los trenes del Norte corren hacia el Sur, etc, etc...

(Fuerte silbato de tren. El hombre que va al final del tren se desprende de éste haciendo un movimiento como si saltara para descender. El tren desaparece por la derecha.)

---

1. con movimiento rápido   2. con movimiento lento   3. entrando con movimiento lento
4. inmóvil   5. rítmicamente

HOMBRE:	*(Con una pequeña valija en la mano, observa el lugar; compara el reloj con el suyo. Es joven, cara serena, aproximadamente veinticinco años. Se dirige al guardavía.)* Buenas tardes. *(Recibe por respuesta el estribillo de éste.)* ¿Es aquí el lugar que indica este boleto? *(Se le pone ante los ojos. El guardavía asiente con la cabeza)* A esta hora se detiene aquí un tren, ¿verdad?
GUARDAVÍA:	*(Sin verlo)* Los trenes no se detienen aquí nunca.
HOMBRE:	¿Es usted el guardavía?
GUARDAVÍA:	Me dan muchos nombres.
HOMBRE:	Entonces, quizá ha visto Ud. por aquí a una mujer.
GUARDAVÍA	No he visto a nadie.
HOMBRE:	*(Acercándose)* ¿Sabe? La mujer que busco es...
GUARDAVÍA:	*(Interrumpe.)* Todas se parecen.
HOMBRE:	¡Oh, no! Ella es diferente. Es la mujer que espero desde hace muchos años. Traerá una flor blanca sobre el pecho. ¿O es amarilla? *(Busca nerviosamente en sus bolsas y saca de allí un papel que lee.)* No, es blanca. Así lo dice en su carta. *(El guardavía da unos pasos, incómodo.)* Perdone que le diga a usted todo esto, pero es que ya podrá comprender usted lo importante que es para mí hallar a esta mujer, pues...
GUARDAVÍA:	*(Interrumpe de nuevo.)* ¿Qué mujer?
HOMBRE:	La que busco.
GUARDAVÍA:	No sé que mujer busca usted.
HOMBRE:	La que he dicho,
GUARDAVÍA:	Ah...
HOMBRE:	Tal vez haya pasado y usted no la vio. *(El guardavía se encoge de hombros.)* Pero, en fin, veo que debo contarle todo para ver si usted puede recordar. Ella es alta, esbelta, de pelo negro y grandes ojos claros. Lleva una flor blanca sobre el pecho...*(Con ansiedad.)* ¿No ha pasado por aquí?
GUARDAVÍA:	No puedo saber si ha pasado alguien que no conozco.
HOMBRE:	Perdone. Sé que estoy nervioso pero tengo la impresión de que no hablamos el mismo idioma, es decir, que usted no contesta a mis preguntas...

GUARDAVÍA: No es mi oficio.

HOMBRE: Sin embargo, creo que un guardavía debe saber informar. (Transición.) Ella me escribió que estaría a las cinco, en el crucero de ...(Lee el boleto.) Nunca sabré pronunciar este nombre, pero sé que es aquí. Escogimos este punto, porque es la mitad del camino que separa nuestras casas. Aun en esta clase de citas, debe ser uno equitativo, es decir, aun en las citas de amor. (El guardavía lo ve sin comprender.) Sí, amor. (Con orgullo ingenuo.) Quizá le aburra a usted, pero debo contarle que un día vi un anuncio en una revista. Era de ella. ¡Qué bien escrito estaba aquel anuncio! Decía que necesitaba de un joven como yo, para entablar relaciones y no vivir sola (pausa.) Le escribí, me contestó, luego le envié mi fotografía y ella me envió la suya. ¡No puede usted imaginar qué belleza!

GUARDAVÍA: (Que no ha oído la mayor parte del relato.) ¿Vende algo?

HOMBRE: (Sorprendido) ¿Quién?

GUARDAVÍA: La del anuncio.

HOMBRE: ¡No, por Dios! Ella puso ese anuncio porque dice que es tímida, que esto le ayuda y...

GUARDAVÍA: Todo el mundo vende algo.

HOMBRE: (Con impaciencia.) Decididamente no me comprende usted.

GUARDAVÍA: Es posible...

HOMBRE: Bueno, quiero decir... comprenda mi exaltación al venir al encuentro de alguien a quien no conozco pero que...

GUARDAVÍA: ¿Cómo?

HOMBRE: Es decir. (Turbado.) La conozco totalmente, pero nunca la he visto.

GUARDAVÍA: Eso es muy frecuente.

HOMBRE: ¿Cree usted?

GUARDAVÍA: También es frecuente lo contrario.

HOMBRE: No comprendo.

GUARDAVÍA: No es necesario.

HOMBRE: ¡Pero usted sólo dice disparates! Debo advertirle que aunque tengo inclinación a los hechos románticos, soy un hombre a quien no agradan las bromas de mal gusto. (El guardavía se *vuelve a encoger de hombros.)* Además, me inquieta esta tardanza y este sitio tan negro con ese reloj que no camina, como un lugar sin tiempo.

(De pronto se oye un fuerte silbato de tren, el semáforo se anima con la luz verde. El guardavía vuelve a adoptar su postura rígida, viendo al vacío y repite su estribillo.)

GUARDAVÍA: *(Fuerte.)* Los trenes del sur corren hacia el norte, los trenes del sur corren hacia el norte, los trenes del sur corren hacia el norte, etc, etc. *(Por el fondo pasa el "tren" de derecha a izquierda.)*

HOMBRE: *(Gritando.)* ¡Ahí en ese tren!...Ahí debe venir.

(Se lanza al encuentro del tren, el cual pasa de largo, casi atropellándolo[6]. El hombre queda en mitad de la escena con los brazos caídos a los lados del cuerpo.)

HOMBRE: *(Desilusionado.)* No venía...

GUARDAVÍA: Es natural.

HOMBRE: ¿Qué quiere decir?

GUARDAVÍA: Nunca viene.

HOMBRE: ¿Quién?

GUARDAVÍA: El que esperamos.

HOMBRE: Pero si se trata de una mujer.

GUARDAVÍA: Es igual.

HOMBRE: ¿Cómo va a ser igual un hombre que una mujer?

GUARDAVÍA: No es igual, pero en cierto modo lo es.

HOMBRE: Cambia usted pronto de opinión.

GUARDAVÍA: No sé.

HOMBRE: *(Furioso.)* Entonces, ¿qué es lo que sabe usted?

GUARDAVÍA: *(Indiferente.)* A dónde van.

HOMBRE: ¿Los trenes?

GUARDAVÍA: Van todos al mismo punto.

HOMBRE: ¿Cómo?

GUARDAVÍA: Van y vienen pero terminan por encontrarse...

HOMBRE: Eso sería imposible.

---

6. corriendo por encima de él

GUARDAVÍA: Pero es cierto. Lo imposible siempre es cierto.

HOMBRE: *(Como si estas últimas palabras lo volvieran a la realidad, abandona su actitud de furia y se tranquiliza.)* Tiene usted razón en eso que dice. *(Titubeando.)* Por ejemplo, mi encuentro con esa mujer parece imposible y es lo único cierto de toda mi existencia. *(De pronto con súbito acento de angustia.)* Pero son las cinco y diez. *(Ve su reloj.)* Y ella no viene. *(Le toma el brazo al guardavía que continúa indiferente.)* ¡Ayúdeme usted, haga lo posible por recordar! Estoy seguro que si quiere podrá decirme si la vio o no...

GUARDAVÍA: No se puede saber con sólo ver a una persona, si fue ella quien puso un anuncio en el periódico.

HOMBRE: *(Conteniendo otra vez su mal humor.)* ¡Pero ya le describí a usted como es ella!...

GUARDAVÍA: *(Imperturbable.)* Lo siento. Me olvidé.

(Mientras tanto a espaldas del hombre ha entrado una mujer vestida de negro. Es alta, delgada. Lleva la cara cubierta con un espeso velo. Camina sigilosamente con movimiento de pantomima. Lleva sobre el pecho una flor blanca muy grande. El guardavía, al verla, alza la linterna y la examina; el hombre, cegado por la luz, se cubre los ojos. Al verse descubierta, la mujer arranca violentamente la flor blanca del pecho, la guarda dentro del bolso de mano y se vuelve de espaldas, para quedar inmóvil.)

HOMBRE: *(Cubriéndose todavía los ojos.)* ¡Ay! ¡ay! Me va a dejar ciego con esa linterna.

GUARDAVÍA: *(Volviendo a su rigidez habitual.)* Perdone...

HOMBRE: *(Al guardavía.)* Ha entrado alguien ¿verdad?

GUARDAVÍA: No tiene importancia.

HOMBRE: *(Recobrándose del deslumbramiento, advierte la presencia de la mujer y corre hacia ella. Se detiene bruscamente.)* Ah...*(Con timidez.)* Le ruego que...

MUJER: *(De espaldas.)* ¿Sí?

HOMBRE: *(Desconcertado.)* Pensé que usted... era alguien...

MUJER: Sí...

HOMBRE: *(Resuelto.)* Alguien a quien busco. *(Ella no se mueve. Pausa.)* ¿Me permitirá verla de frente?

MUJER: ¿De frente?

HOMBRE: *(Turbado.)* Sí... es absolutamente necesario que la vea...

MUJER: *(Sin volverse.)* Pero... ¿para qué? *(Se va volviendo lentamente.)*

HOMBRE: Pues... para... *(Al verla cubierta retrocede.)* No lleva usted nada sobre el pecho... y sin embargo...

MUJER: *(Con un temblor.)* ¿Y sin embargo?

HOMBRE: Tiene la misma estatura y el cuerpo de ella...

MUJER: *(Con un dejo[7] burlón.)* ¿De veras?

HOMBRE: *(Con desconfianza.)* ¿Podría decirme cómo llegó usted hasta aquí? No vi ningún tren...

MUJER: *(Interrumpiendo, balbuciendo.)* Llegué... antes de la hora... y esperé.

HOMBRE: ¿Antes de qué hora?

MUJER: Todos esperamos una hora. ¿No la espera usted?

HOMBRE: *(Con tristeza.)* Sí.

MUJER: Yo creo que sólo hay un momento para reconocerse, para tenderse la mano. No hay que dejarlo pasar.

HOMBRE: ¿Qué quiere decir con eso? ¿Quién es usted?

MUJER: Soy ahora la que siempre he querido ser.

HOMBRE: *(Con timidez.)* ¿Me dejará verle la cara?

MUJER: *(Con sobresalto[8].)* ¿Para qué?

HOMBRE: Necesito encontrar la cara, la única, la diferente.

MUJER: *(Alejándose.)* Lo siento. No puedo.

HOMBRE: *(Siguiéndola con movimiento torturado.)* Disculpe... soy torpe, lo sé. Por un momento pensé que usted podría ser ella. Pero es absurdo. Si así fuera, ella vendría a mi encuentro, puesto que nos hemos llamado desde lejos.

MUJER: *(Temblorosa.)* Tal vez ella tiene más miedo de hallar a quien busca que de dejarlo pasar de largo.

HOMBRE: No, eso sería también absurdo. *(Transición.)* En todo caso, le pido disculpas. *(Se aleja y se sienta sobre su pequeña valija de espaldas a la mujer.)* Esperaré aquí.

---

7. tono   8. con aprensión

(La mujer, mientras tanto, ha levantado el velo, con movimientos largos y lentos, mientras el hombre no la ve. Al dejar su cara al descubierto se ve que es vieja. Tiene la frente surcada por profundas arrugas[9]. Es como "la máscara de la vejez triste". Esta cara contrasta evidentemente con el cuerpo, aún esbelto, sin edad.)

MUJER: *(Al guardavía que la mira fijo.)* Usted me vio desde el principio ¿verdad? ¿Por qué no se lo dijo a él?

GUARDAVÍA: *(Indiferente.)* ¿A quién?

MUJER: *(Señala al hombre.)* A él, al único.

GUARDAVÍA: Me había olvidado de él.

MUJER: *(En un arrebato de angustia.)* ¿Le diré que soy yo esa mujer a quien espera? ¿Reconocerá en este rostro viejo el ardor insatisfecho que aún encierra mi cuerpo? ¿Cómo hacer para decirle que lo necesito con una urgencia mayor que cuando era joven, a la edad de ese retrato retocado que él contempla?

(Mientras tanto, el hombre contempla el retrato con mirada fija, alucinada. La mujer se cubre de nuevo con el velo y se acerca al hombre.)

MUJER: ¿Tarda mucho?

HOMBRE: *(De espaldas.)* Ya lo ve...

MUJER: ¡Le dolería mucho que no viniera!

HOMBRE: *(Se vuelve con energía.)* Ella tiene que venir.

MUJER: Sin embargo, piense que tal vez ella tiene más miedo de descubrirse, que tal vez espera que la descubra usted.

HOMBRE: No comprendo.

MUJER: *(Muy cerca del hombre.)* Tengo una amiga... que vivió siempre sola, pensando que lo mejor era, sin embargo, poder unirse a alguien. *(Pausa. El hombre la escucha interesado.)* Era fea, muy fea, tal vez por eso soñaba con un hombre en vez de buscarlo. Le gustaba retratarse y hacía retocar las fotografías, de tal modo que la imagen resultaba la de ella, pero al mismo tiempo era la de otra, la de muchas más. Solía escribir a los jóvenes enviándoles su retrato, los llamaba cerca de su casa, con palabras amorosas... Cuando llegaban, ella esperaba detrás de las ventanas, no se dejaba ver...

---

9. marcada por líneas faciales causadas por el tiempo

HOMBRE:	¿Por qué me cuenta eso?
MUJER:	*(Sin oír.)* Ella los veía, sabía que estaban ahí por ella. Cada día uno distinto. Acumuló muchos recuerdos, las caras, los cuerpos de todos aquellos hombres fuertes que la habían esperado.
HOMBRE:	¡Qué absurdo! Yo creo...
MUJER:	Usted es también fuerte y joven.
HOMBRE:	*(Confuso.)* Sí, pero...
MUJER:	Y ella es hoy un día más vieja que ayer.
HOMBRE:	*(Tras dejar una pausa.)* Verdaderamente no veo qué relación puede tener todo eso con...
MUJER:	*(Se acerca y pone su mano sobre la cabeza del hombre.)* Tal vez lo comprenda ahora. Cierre los ojos. *(Pasa su mano sobre los ojos del hombre con actitud amorosa.)* ¿No ha sentido usted nunca miedo?
HOMBRE:	¿Miedo? ¿De qué?
MUJER:	De vivir, de ser... como si toda la vida hubiera estado esperando algo que no llega nunca.
HOMBRE:	No... *(Abre los ojos.)*
MUJER:	Dígame la verdad. Cierre los ojos, esos ojos que nos están separando ahora. ¿Ha tenido miedo? *(El hombre cierra los ojos.)*
HOMBRE:	*(Vacila.)* Bueno, un poco...
MUJER:	*(Con voz ausente.)* Un sufrimiento... en la soledad...
HOMBRE:	Sí, a veces... *(Toma la mano de la mujer.)*
MUJER:	Sobre todo cuando comienza a conciliar el sueño[10]. La soledad de su cuerpo, un solo cuerpo, que envejece sin remedio.
HOMBRE:	Sí, pero...
MUJER:	La soledad del corazón que se esfuerza todas las noches en prolongar su grito contra el silencio.
HOMBRE:	He sentido algo así...pero... no tan claro...no tan hiriente...
MUJER:	Es que...tal vez esperaba usted mi voz, la de alguien inventado para usted a su medida...

---

10. dormirse

HOMBRE: Sí...creo que eso es.

MUJER: ¿Podría usted reconocer esa voz con los ojos abiertos?

HOMBRE: Estoy seguro de que sí...

MUJER: ¿Aunque fuera una voz inventada muchos años antes, en la oscura entraña[11] del tiempo?

HOMBRE: No importaría. Sabría reconocerla.

MUJER: ¿Eso es entonces lo que espera?

HOMBRE: Sí. Por ella estoy aquí, buscándola.

MUJER: Ella le está esperando también. *(La mujer va alzando el velo poco a poco hasta dejar el rostro marchito al descubierto.)* Ella será para usted como un eco, si usted no se deja vencer por el tiempo. El tiempo es el peor enemigo de ella. ¿Luchará usted? *(Están sentados muy cerca uno del otro.)*

HOMBRE: Sí

MUJER: Está bien... Ahora abra los ojos.

(El hombre abre los ojos lentamente y se sorprende al verse asido de las dos manos de la mujer. Se pone de pie con un movimiento brusco.)

HOMBRE: *(Aturdido[12].)* Perdone, estoy aturdido...

MUJER: *(Suplicante.)* ¡Oh no!... ¡No me diga eso!...

HOMBRE: Fue una estupidez mía...

MUJER: *(Implorante.)* Pero usted dijo...

HOMBRE: ¡Es ridículo! Por un momento pensé que usted era ella. Compréndame. Fue un rapto[13]...

MUJER: *(Angustiada.)* Sí, sí...

HOMBRE: No sé cómo pude...

MUJER: *(Serenándose.)* Lo comprendo. Un rapto y nada más...

HOMBRE: Es usted verdaderamente muy amable al perdonarme: *(Viendo su reloj, atónito.)* ¡Son las cinco y media!... *(Pausa.)*

MUJER: *(Con tristeza.)* Sí...ahora creo que no vendrá.

HOMBRE: ¿Cómo sería posible?

MUJER: Es mejor así.

---

11. profundidad   12. confundido   13. momento de éxtasis mental

HOMBRE: ¿Quién es usted para decirme eso?

MUJER: Nadie. *(Abre el bolso.)* ¿Quiere usted esta flor blanca?

HOMBRE: *(Arrebatándosela[14].)* ¿De dónde la obtuvo usted? ¿Por qué me la da?

MUJER: La recogí...al pasar...

HOMBRE: *(Con gran excitación.)* Pero entonces ella ha estado aquí, quizá se ha extraviado o ha equivocado el sitio. O, tal vez, mientras estaba yo aquí hablando con usted, ella ha pasado de largo

MUJER: *(Cubriéndose la cara.)* Ya le dije que sólo hay un momento para reconocerse, para cerrar los ojos...

HOMBRE: Pero, ahora... ¿Qué puedo hacer para...encontrarla?

MUJER: Esperar... Como todos... Esperar... *(Vuelve a tomar la flor.)*

HOMBRE: Pero, ¿y usted?

MUJER: Seguiré buscando, llamándolos, viéndolos pasar. Cuando sea viejo comprenderá. *(Se oye el silbato del tren. La mujer se aleja del hombre, con movimientos angustiados.)* Adiós...adiós...

HOMBRE: *(Para sí.)* ¿Quién puede ser esta mujer que me habla como si me conociera? *(Corre hacia ella, se reprime[15].)* Adiós...

(El semáforo se ilumina con la luz verde, el guardavía se vuelve rígido para repetir su estribillo.)

GUARDAVÍA: Los trenes del norte corren hacia el sur, los trenes del norte corren hacia el sur, los trenes del norte corren hacia el sur, etc, etc.

(Por el fondo pasa el tren. La mujer agita la flor tristemente y con movimientos largos se acerca el tren. Sube en él. El guardavía repite su estribillo mientras sale el tren que arrastra a la mujer quien sale con movimientos de pantomima contorsionados y angustiosos.)

HOMBRE: *(Con cierta tristeza, al guardavía que permanece impasible.)* Había algo en ella que...sin embargo, creo que es mejor que se haya ido esa mujer.

---

14. quitándosela a la fuerza   15. se controla

GUARDAVÍA: ¿Cuál, señor?

HOMBRE: Esa, la que había recogido una flor blanca...

GUARDAVÍA: No reparé en ella[16].

HOMBRE: *(Ve al guardavía con desconsuelo.)* Pero, realmente ¿no ha visto usted a la otra?

GUARDAVÍA: ¿A cuál otra?

HOMBRE: La que yo busco.

GUARDAVÍA: No sé quién pueda ser...

HOMBRE: Una que lleva una flor blanca, pero que no es la que usted vio hace un momento.

GUARDAVÍA: *(Con aspereza.)* ¡Yo vi a la que usted no busca y a la que busca no la vi!

HOMBRE: *(Irritado.)* ¿No puede usted ser útil para algo? ¿Para qué diablos sirve usted? *(Silbato fuerte del tren.)*

GUARDAVÍA: ¿Cómo?

HOMBRE: *(Gritando.)* ¿Que para qué diablos sirve usted?

(Luz verde en el semáforo. Por el fondo pasa el tren muy lentamente.)

GUARDAVÍA: *(Con voz lejana.)* Los trenes del norte corren hacia el sur, los trenes del norte corren hacia el sur, los trenes del norte corren hacia el sur, etc, etc.

(El hombre se cubre la cabeza con las manos, desesperado. El guardavía repite su estribillo mientras el tren pasa lento. Antes de que éste salga de la escena, va cayendo suavemente el telón.)

---

16. No me fijé en ella

COMPROBANDO LA LECTURA

1. Use las siguientes preguntas para dar un resumen oral o escrito de la obra:

   a. ¿Cómo es el hombre?

   b. ¿Por qué está en la estación?

   c. ¿Cómo es la estación?

   d. ¿Qué tipo de guardavía es el guardavía? ¿Hace bien su trabajo?

   e. ¿Cómo es la mujer del retrato?

   f. ¿Cómo llega la mujer y cómo está vestida?

   g. ¿Por qué no quiere descubrirse la cara?

   h. ¿Cómo es la mujer físicamente y emocionalmente?

   i. ¿Por qué narra la historia de su amiga?

   j. ¿Cuáles sentimientos ha sentido la mujer en su vida?

   k. ¿Hasta qué punto ha sentido el hombre los mismos sentimientos?

   l. En el momento antes de descubrirse la cara, ¿qué cree ella que va a pasar?

   m. ¿Cómo reacciona el hombre al ver la cara de la mujer? ¿Por qué?

   n. ¿Qué le va a pasar a la mujer?

   o. ¿Qué le pasa al hombre al final de la obra?

2. ¿Qué elementos usa el autor para producir la impresión de que esta obra no es realista sino abstracta, universal y metafísica? Considere lo siguiente: los nombres de los personajes, el lugar, el tiempo, el lenguaje, el título de la obra, los símbolos.

3. Busque palabras y expresiones en la obra que tengan que ver con el tiempo o que indiquen algo de la hora. Entre el hombre joven y la mujer vieja, ¿qué diferencias hay en su actitud hacia el tiempo? ¿Qué acciones, palabras, tonos de voz o tiempos verbales indican estas diferencias?

TEMAS PARA CONVERSAR

1. EL HOMBRE RECHAZA A LA MUJER. Discuta la reacción del hombre. ¿Hasta qué punto está justificado en rechazar a la mujer? ¿Qué pierde al rechazarla?

2. LA MUJER: ¿TÍMIDA O ATREVIDA? La mujer dice que ella (o su "amiga") se creía fea y por eso no les hablaba a los hombres. ¿Por qué, entonces, decide ella presentarse a un hombre después de tantos años?

3. VÍCTIMAS. ¿Hasta qué punto son el hombre y la mujer víctimas de los estereotipos ideales que crea la sociedad? ¿Hasta qué punto son víctimas de sí mismos?

4. EL GUARDAVÍA. ¿Quién o qué es el guardavía? ¿Por qué habla de una manera tan misteriosa? Explique su interpretación.

5. EL TREN. ¿Cuál es la función del "tren" en esta obra? ¿Por qué lo pone el autor como un personaje?

6. FRASES ENIGMÁTICAS. En pequeños grupos, expliquen el significado de las siguientes declaraciones enigmáticas del guardavía y hasta qué punto son válidas:

  a. "Todas se parecen".

  b. "Todo el mundo vende algo".

  c. "Eso es muy frecuente (...). También es frecuente lo contrario". (una respuesta al comentario del hombre: "La conozco totalmente pero nunca la he visto".)

  d. "Nunca viene (...). El que esperamos".

  e. "Van todos al mismo punto".

  f. "Van y vienen pero terminan por encontrarse".

  g. " Lo imposible siempre es cierto".

7. UNA VISIÓN DE LA EXISTENCIA HUMANA.

En grupos de tres o cuatro, busquen una o dos líneas de la obra que reflejan la visión que presenta la obra de la vida o de las relaciones humanas. ¿Es una visión optimista, pesimista, realista, cínica, o...? ¿Comparten o no comparten Uds. esta visión de las relaciones y de la existencia humana? ¿Esta obra le recuerda una experiencia personal a alguien de su grupo?

8. ¿UN TÍTULO SIMBÓLICO O ENIGMÁTICO?

Explique el significado del título de la obra.

TEMAS PARA ESCRIBIR

1. IMAGÍNESE: UN MONÓLOGO DRAMÁTICO.

En esta obra los personajes no siempre comunican lo que quieren decir. Prepare un monólogo para actuar ante la clase en torno a uno de los siguientes temas:

a. La mujer le dice al hombre directa y honestamente por qué le engañó y por qué lo necesita.

b. El hombre habla honestamente con la mujer después de verle la cara.

c. El guardavía comparte con el público por qué él contesta tan enigmáticamente.

2. CADA UNO UN DRAMATURGO.

En grupos de tres, terminen la obra de una manera diferente comenzando con el momento en que la mujer se quita el velo. Después representen la escena ante la clase.

3. REPASO: DESCRIPCIÓN Y NARRACIÓN EN EL PASADO.

Examine estos dos pasajes de *Cruce de vías.*

En el primer pasaje a continuación, el joven le narra al guardavía lo que pasó en el intercambio de cartas entre él y la mujer. Note que este personaje se expresa con el tiempo **pretérito simple** para narrar una serie de acciones (en este caso, acciones que pasaron una sola vez), donde no hay referencia ni a su continuidad a lo largo del tiempo ni a ninguna regularidad:

Ella me escribió que estaría aquí a las cinco, en el crucero de (...)
Escogimos este punto, porque es la mitad del camino que separa nuestras

casas (...) un día vi un anuncio en una revista (...) Le escribí, me contestó, luego le envié mi fotografía y ella me envió la suya (...) Ella puso ese anuncio porque dice que es tímida...

En cambio, cuando la mujer relata las costumbres de su "amiga" ella usa el **imperfecto,** lo cual da énfasis a la regularidad y repetición de estas acciones en el pasado:

Era fea, muy fea, tal vez por eso soñaba con un hombre en vez de buscarlo. Le gustaba retratarse y hacía retocar las fotografías de tal modo que la imagen resultaba la de ella, pero al mismo tiempo era la de la otra, la de muchas más. Solía escribir a los jóvenes enviándoles su retrato, los llamaba cerca de su casa con palabras amorosas... Cuando llegaban, ella esperaba detrás de las ventanas, no se dejaba ver...

Ahora elija uno de los siguientes temas para escribir y leer ante la clase:

a. **La vida cotidiana del joven.** De la información que nos ofrece la obra, sólo sabemos del pasado inmediato del joven, de sus acciones alrededor de este encuentro con la mujer. (Por eso, abunda en sus narraciones el tiempo pretérito simple.) Ahora, imagínese Ud. cómo era su vida antes de leer ese anuncio. ¿Qué hacía? ¿Cómo pasaba sus días? ¿Qué emociones sentía? ¿Cómo era su vida amorosa? Escriba un párrafo describiendo ese pasado, poniendo atención al uso del imperfecto para comunicar un sentido de regularidad, duración y/o repetición en el pasado.

b. **Un día especial en la vida de la mujer.** La obra nos ofrece bastante información sobre las actividades que hacía y las emociones que sentía la mujer, o su "amiga", durante un largo periodo de su vida. (Y, por eso, ella usa mucho el imperfecto.) Ahora, imagínese Ud. cómo ella se preparó para el encuentro decisivo con el hombre. ¿Cómo se vistió? ¿Qué emociones sintió? ¿Cómo llegó a la estación? ¿A qué hora llegó? ¿Qué hizo durante la espera? Escriba un párrafo narrando lo que pasó en esos momentos, poniendo atención al uso del pretérito para comunicar una serie de acciones discretas.

4. IMAGÍNESE: UNA ENTREVISTA CON EL AUTOR.

En su ciudad acaban de presentar una producción de *Cruce de vías.* Ud. es periodista para un diario cultural y mañana tiene la oportunidad de entrevistar a Carlos Solórzano, el autor de esta obra. Prepare 10 preguntas que a Ud. le gustaría hacerle al autor.

5. ENTREVISTA CON EL AUTOR.

En una entrevista con la actriz y directora Luz Castaños, Carlos Solórzano ofreció el siguiente comentario sobre su obra:

Cruce de vías es una de las varias obras breves que he escrito. Me interesa el teatro breve en especial, aunque he escrito teatro de larga dimensión, porque creo que el teatro breve ofrece al espectador un aliciente. El telón sólo sube una vez y baja una vez también. Entonces, esto sirve para crear un instante mágico que las repetidas caídas del telón en obras de mayor dimensión vienen a suspender y, en algunas ocasiones, a interrumpir el clima mágico que se crea sobre el escenario. La obra, como lo dice muy claramente, es un cruce de caminos, es una obra de encuentros y de reconocimientos frustrados. Es decir, en general yo creo que a lo largo de la vida hombres y mujeres tenemos una vía y en esta vía encontramos una serie de presencias que quizás hubieran podido nutrirnos en un sentido afectivo o intelectual, etc., y que no sabemos reconocer en un momento dado y dejamos pasar de largo. Este es el problema de la obra. En primera instancia, pues, es muy obvio: una mujer vieja que pone un anuncio para encontrarse con un hombre joven que, al reconocerla, la rechaza, lo cual, pues no es más que una reacción natural. Y en segunda instancia, podría ser visto... de otra manera también. Es decir, el joven anda buscando lo que nunca encontrará, y también hay en eso una implicación de índole edípica porque él está buscando a esa mujer, que en un momento dado le seduce. La adivina, por decirlo así, cuando lleva la flor en el pecho. No está del todo inconsciente de cómo es la mujer hasta que los ojos, la imagen visual cuando la mujer descubre la cara arrugada, vieja, en descomposición... en descomposición, digo, en el sentido de que es una cara que ya está flácida, que perdió los músculos tensos de la juventud. Entonces cae en la cuenta el joven de que se trata de una vieja, pero todo el tiempo ha estado jugando con ella, la ha presentido vieja. Yo en eso quise darle a la obra una suerte de juego edípico que se cumple o no según el espectador la advierta o no. Que en este sentido yo pienso que el teatro de este tipo, el "teatro abierto" para usar la expresión de Antonin Artaud, tiene esa virtud, que el espectador puede encontrar en él varias implicaciones: o bien la historia narrada en primera instancia o esta otra implicación que a su vez tiene naturalmente su contraparte. O sea, la atracción incestuosa de la vieja que encuentra en ese joven, pues, la reproducción de toda la juventud que ella pudo haber procreado y hacia la que pudo haberse sentido atraída... (...) Un crítico en un periódico mejicano llegó a encontrar hasta un sentido muy completamente católico que... yo no... no era mi intención darle, aunque quizás por vías subconscientes la tenga... al llamarle a la obra que se llama *Cruce de vías* una asimilación onomato-péyica con el "via crucis"... "via crucis" de Jesucristo, o sea,... una larga pasión, una serie de pasos que van dando hombre y mujer a lo largo de un camino de sufrimiento que es un camino de expiación, para llegar finalmente a un momento de purificación que es, visto en un sentido religioso, la soledad. Pues, creo que es lo que puedo decir de esta obra, que por otro lado, al escribirla, pensé que tenía la posibilidad de que el director pudiera jugar con las imágenes. El tren puede estar rítmicamen-te manejado o puede ser tumultuoso, caótico o puede ser muy organiza-do o llegar hasta la danza, como la ha planteado Luz Castaños... La mujer puede ser realmente una imagen totalmente descompuesta o a medias nada más y todavía conservar suficiente atractivo. El joven no necesita ser necesariamente un galán, es simplemente un hombre joven que busca y no encuentra y en esa polivalencia, pues, claro que es donde el espectador puede encontrar algún estímulo. Y yo creo que ya he hablado yo muy largamente para una obra que en sí es muy breve.

¿Ha contestado el autor las preguntas que Ud. quería hacerle en el punto 4?

¿Hay algunas cosas que ha mencionado el autor que le sorprenden a Ud.?

¿Hay algo aquí que Ud. no había considerado en su propia interpretación de la obra? Escríbale sus comentarios al dramaturgo, incluyendo una nueva interpretación del drama; por ejemplo, una interpretación atea, psicoanalista, feminista, etc.

6. CARTAS Y MÁS CARTAS. Escriba una de las siguientes cartas:

   a. La mujer le escribe al joven el día después del encuentro pidiéndole perdón.

   b. El joven le escribe a la mujer disculpándose por su falta de delicadeza.

   c. El joven escribe una carta a una de las personas de "Hola soledad" o "Al fin solas" y habla de cómo él mismo ha vivido la soledad y sus ventajas o desventajas.

   d. La mujer escribe una carta a una de las personas de "Hola soledad" o "Al fin solas" y habla de cómo ella misma ha vivido la soledad y sus ventajas o desventajas.

Últimas consideraciones

Julio Cortázar

Después de examinar las varias facetas de los temas **comunicación** y **alienación,** ¿concluye Ud. que la comunicación es posible como meta humana o es un ideal inalcanzable? ¿Qué factores facilitan u obstaculizan la realización de la comunicación? Para ayudarle a formular sus conclusiones, se ofrece aquí una selección del autor argentino Julio Cortázar (1914–1984) quien a menudo considera en sus obras la soledad del ser humano en la sociedad moderna. En "Correos y telecomunicaciones", historieta de línea surrealista, Cortázar nos presenta una situación graciosa y absurda para hacer un comentario sobre los falsos valores que nos impiden vivir en comunidad.

LITERATURA

JULIO CORTÁZAR
"Correos y telecomunicaciones"

Una vez que un pariente de lo más[1] lejano llegó a ministro, nos arreglamos para que nombrase a buena parte de la familia en la sucursal[2] de correos de la calle Serrano. Duró poco, eso sí. De los tres días que estuvimos, dos los pasamos atendiendo al público con una celeridad[3] extraordinaria que nos valió la sorprendida visita de un inspector del Correo Central y un suelto[4] laudatorio en La Razón[5]. Al tercer día estábamos seguros de nuestra popularidad, pues la gente ya venía de otros barrios a despachar[6] su correspondencia y a hacer giros[7] a Purmamarca y a otros lugares igualmente absurdos. Entonces mi tío el mayor dio piedra libre[8], y la familia empezó a atender con arreglo a sus principios y predilecciones. En la ventanilla de franqueo[9], mi hermana la segunda obsequiaba[10] un globo de colores a cada comprador de estampillas. La primera en recibir su globo fue una señora gorda que se quedó como clavada[11], con el globo en la mano y la estampilla de un peso ya humedecida que se le iba enroscando poco a poco en el dedo. Un joven melenudo[12] se negó de plano a recibir su globo, y mi hermana lo amonestó[13] severamente mientras en la cola de la ventanilla empezaban a suscitarse opi-

---

1. muy   2. oficina local   3. rapidez   4. artículo   5. nombre de un periódico   6. mandar   7. enviar dinero   8. libertad   9. sellos   10. regalaba   11. sorprendida   12. de pelo largo   13. criticó

niones encontradas. Al lado, varios provincianos empeñados en[14] girar insensatamente parte de sus salarios a los familiares lejanos, recibían con algún asombro vasitos de grapa[15] y de cuando en cuando una empanada[16] de carne, todo esto a cargo de mi padre que además les recitaba a gritos los mejores consejos del viejo Vizcacha. Entre tanto mis hermanos, a cargo de la ventanilla de encomiendas, las untaban con alquitrán[17] y las metían en un balde[18] lleno de plumas. Luego las presentaban al estupefacto expedidor y le hacían notar con cuánta alegría serían recibidos los paquetes así mejorados. "Sin piolín[19] a la vista", decían. "Sin el lacre tan vulgar, y con el nombre del destinatario que parece que va metido debajo del ala de un cisne, fíjese." No todos se mostraban encantados, hay que ser sincero.

Cuando los mirones[20] y la policía invadieron el local, mi madre cerró el acto de la manera más hermosa, haciendo volar sobre el público una multitud de flechitas de colores fabricadas con los formularios de los telegramas, giros y cartas certificadas. Cantamos el himno nacional y nos retiramos en buen orden; vi llorar a una nena que había quedado tercera en la cola de franqueo y sabía que ya era tarde para que le dieran un globo.

(Historias de cronopios y de famas)

---

14. decididos a   15. ginebra   16. un pastel   17. pegamento negro   18. cubo   19. cordón fino para envolver regalos   20. los curiosos

PARA CONVERSAR

¿Cuáles diría Cortázar que son las cualidades humanas que hay que desarrollar para conseguir la comunicación entre las personas? Y también ¿cuáles son los valores humanos que impiden la armonía entre los seres humanos? ¿Está Ud. de acuerdo con Cortázar? ¿Piensa Ud. que es posible integrar los dos valores para facilitar la convivencia humana? ¿Cómo calificaría Ud. el punto de vista de Cortázar: simplista, pesimista, frívolo?

PARA ESCRIBIR

Escríbale una carta a Julio Cortázar exponiéndole sus pensamientos acerca del cuento.

CAPÍTULO 4

MANIFESTACIONES DEL PODER

La cuestión del poder —sus formas, su uso y abuso, sus límites— es un asunto que tiene que confrontar toda sociedad. Las instituciones del poder son muchas y extensas, desde la familia hasta el gobierno, pasando por instituciones tales como la escuela, la iglesia e incluso el matrimonio.

La sociedad expresa, a través de marchas populares, su desprecio hacia ciertas políticas.

Este capítulo examina las maneras en que se vive y se piensa sobre el tema en el mundo hispánico, desde las formas abstractas hasta las más concretas. La relación entre dictadura y democracia es un punto central en este tema: mientras Latinoamérica aún lucha con gobiernos represivos, la pobreza y la tendencia resultante hacia revolución y terrorismo, España ha logrado pasar de un régimen autoritario a un gobierno democrático.

En este capítulo se contemplan algunas nociones teóricas de la democracia y el poder (en un ensayo de teoría política y en una selección literaria) y también cuestiones más concretas (por ejemplo, el terrorismo como medio de alcanzar el poder y el papel del ejército en una sociedad). Estos temas se enlazan a una consideración de la realidad económica, de la cual no se puede desentender el análisis político.

Vocabulario temático

1. Palabras relacionadas con las formas de gobierno.

la anarquía   teoría de la libertad individual que es incompatible con el concepto de un gobierno centralizado; dícese de un sistema caótico y desordenado

la dictadura   gobierno regido por una persona que posee poder absoluto *(sustantivo relacionado:* **el dictador***)*

un partido político   una organización política en que se reúnen personas de una misma ideología

el régimen / los regímenes   modo o sistema de gobierno

el sufragio   el derecho al voto

la tiranía   el gobierno o la conducta de un mandatario despótico y con poder absoluto

2. Palabras asociadas con regímenes militares.

el ejército   grupo de personas entrenado y organizado para la guerra

estallar   romper; explotar *(sustantivo relacionado:* **el estallido***)*

> *Cuando **estalla** una guerra, se oyen **estallidos** de bombas, cohetes y otros instrumentos de guerra.*

un golpe de estado   el derrocamiento a la fuerza de un gobierno establecido

una junta militar   equipo de militares que dirigen provisionalmente un gobierno después de un golpe de estado

el pronunciamiento   el discurso recitado cuando se efectúa un golpe militar

el toque de queda   campana o sonido de alarma después del cual los ciudadanos no deben salir a la calle

3. Palabras asociadas con la violencia política.

asesinar   matar *(sustantivo relacionado:* **el asesinato***)*

el atentado   intento de asesinato político

los desaparecidos   las personas que no se vuelven a ver –es decir, que desaparecen– después de ser detenidas o capturadas por un régimen represivo

el rehén   la persona tomada presa por secuestradores para negociar sus demandas

una represalia   un acto de venganza política

secuestrar   raptar o capturar a una persona

PARA SEGUIR AVANZANDO: EL USO DE LA SUBORDINACIÓN PARA CREAR UNA FRASE COMPLEJA

Cuanto más avanzado y sofisticado el estilo de expresarse, más variedad se da al tipo de frase que se emplea. La frase sencilla (sujeto, verbo, complemento) cede el paso a las frases compuestas y a las frases complejas. En éstas, la subordinación de elementos en cláusulas es el elemento esencial.

UNA BREVE EXPLICACIÓN PRELIMINAR DEL CONCEPTO DE LA SUBORDINACIÓN

Se presentan aquí dos frases sencillas:

La violencia política tiene muchas formas.

La violencia política se encuentra en el mundo hispano.

Aunque se puede utilizar estas dos frases en serie, la repetición de frases sencillas y con el mismo sujeto (la violencia política) resulta monótona y un poco simplista en cuanto a estilo. Para variar el estilo y hacerlo más sofisticado se introduce el recurso de la subordinación, en el cual una de estas frases se coloca en una posición secundaria introducida por un **pronombre relativo,** cuya forma más común es **que.** En el caso de las dos frases de arriba, la subordinación de un elemento a otro nos daría por resultado cualquiera de las dos frases siguientes, en las que la cláusula subordinada se encuentra en negrita:

La violencia política **que se encuentra en el mundo hispano** tiene muchas formas.

La violencia política, **que tiene muchas formas,** se encuentra en el mundo hispano.

Al concepto de la subordinación hay que añadir un concepto más. ¿Es el elemento subordinado **esencial** al tema o es este elemento **suplementario?**

En la primera frase, *(La violencia política que se encuentra en el mundo hispano tiene muchas formas.),* el autor de la frase no quiere hablar de la violencia política como pura abstracción, sino de las múltiples formas que toma la violencia política en el mundo hispano en particular; de modo que la cláusula subordinada expresa un elemento **esencial** del argumento. Este tipo de cláusula se llama **cláusula especificativa;** se introduce **sin puntuación:** ni con coma (,) ni con raya (–).

En la segunda frase, *(La violencia política, que tiene muchas formas, se encuentra en el mundo hispano.)*, el autor quiere hablar principalmente de la violencia política como fenómeno del mundo hispano. Aquí la idea de que esta violencia tiene muchas formas es información **suplementaria o adicional** y no es esencial al tema. Este tipo de cláusula, el cual enriquece y matiza el argumento añadiendo información interesante pero no esencial, se llama una **cláusula explicativa** y se introduce **con puntuación:** con coma (,) o raya (–).

Los pronombres relativos en español son los siguientes:

que

quien, quienes

el que, la que, los que, las que

el cual, la cual, los cuales, las cuales

lo que, lo cual

cuyo, cuya, cuyos, cuyas

Decidir cuál de estos elementos debe utilizar en su frase depende de los criterios siguientes:

medio: ¿Es el medio oral o escrito?

tono: ¿Es el tono coloquial, informal o formal? Normalmente las formas de *el cual* son las más formales.

naturaleza de la información: ¿Es la información de la cláusula esencial o adicional?

tipo de antecedente: ¿Se refiere la cláusula a una persona, una cosa o una idea?

ambigüedad: ¿Es necesario distinguir entre un antecedente masculino, femenino, singular o plural? En este caso los relativos que llevan un artículo (*el que* o *el cual* y sus derivados) pueden especificar el antecedente.

preposición: ¿Sigue la cláusula a su antecedente directamente o va precedida de una preposición?

Las tablas que siguen pueden servir de orientación para el uso del relativo adecuado para su conversación o informe escrito. En cada categoría se pone el pronombre relativo apropiado en un orden de más usado a menos usado.

I. PARA REFERIRSE A PERSONAS

EN CLÁUSULAS ESPECIFICATIVAS

Estilo	Sin preposición	Después de cualquier preposición
Estilo informal: en la conversación y en escritos informales	que	quien, quienes el que, etc. el cual, etc.
Estilo formal: en los discursos orales y en los	que	quien, quienes el cual, etc. el que, etc.

Ejemplos:

El psicólogo **que** concedió una entrevista a la revista *Análisis* habló de la compleja manera de pensar de los terroristas.

El padre **a quien** nuca se ve se le tiene más respeto que cariño.

Los militares **de los que** se queja el escritor han demostrado que no respetan los principios de la democracia.

Los ciudadanos **contra los cuales** atacan los subversivos son personas civiles que no entienden nada de política.

EN CLÁUSULAS EXPLICATIVAS

Estilo	Sin preposición	Después de cualquier preposición
Estilo informal: en la conversación y en escritos informales	que	quien, quienes el que, etc. el cual, etc.
Estilo formal: en los discursos orales y en los	quien, quienes el que, etc. el cual, etc.	quien, quienes el cual, etc. el que, etc.

Ejemplos:

El autor del artículo, **quien** ha vivido varios meses entre las bandas terroristas, habla con mucha autoridad de la compleja manera de pensar de éstos.

Las familias de las víctimas de estos trastornos políticos, **las cuales** se sienten justamente indignadas, deben recibir una compensación especial por parte del gobierno

El padre, **a quien** nunca vemos, nos parece un personaje frío y autoritario.

Las víctimas del terrorismo, **a los que** nunca se les podrá compensar por los daños sufridos, merecen una consideración especial por parte del gobierno.

II. PARA REFERIRSE A COSAS

EN CLÁUSULAS ESPECIFICATIVAS

Estilo	Sin preposición	Después de preposiciones
Estilo informal: en la conversación y en escritos informales	que	que el que, etc. el cual, etc.
Estilo formal: en los discursos orales y en los informes escritos	que	que el que, etc el cual, etc.

Ejemplos:

España es un país **que** ha logrado pasar de la dictadura a la democracia.

El osito es el juguete **con el que** duerme el niño en *Los ojos*.

El Perú es el país **del cual** habla el psicoanalista Daniel Malpartida.

El suceso **contra el cual** todos protestaron fue un acto terrorista.

En cláusulas explicativas

Estilo	Sin preposición	Después de preposiciones
Estilo informal: en la conversación y en escritos informales	que	el cual, etc. el que, etc.
Estilo formal: en los discursos orales y en los informes escritos	el cual, etc. el que, etc.	el cual, etc el que, etc.

Ejemplos:

El gobierno de Venezuela, **que** en estos momentos trata de restablecer el bienestar económico al país, actuó de forma decisiva para impedir el triunfo de los insurrectos.

La democracia, **la cual** se manifiesta de muchas maneras, es la forma de gobierno que mejor se adapta a las peculiaridades de las condiciones sociales de un país.

El ejército, **contra el cual** no se rebeló el pueblo, se disponía a usar métodos violentos para conseguir su fin.

Los juguetes, **con los que** no solía entretenerse el niño, siempre estaban desordenados por el suelo de su habitación.

III. PARA REFERIRSE A IDEAS Y A CONCEPTOS EXPRESADOS EN CLÁUSULAS PREVIAS

Los relativos que hemos examinado hasta ahora se refieren a **sustantivos,** sean personas o cosas. En cambio, hay momentos en que se quiere hacer referencia a toda una **cláusula.** En este caso uno se está refiriendo a **la totalidad de la idea expresada** en esa cláusula. En estos casos —sean las frases de estilo formal, informal, oral o escrito— sólo hay dos relativos posibles: **lo cual** y **lo que.** Noten también que estas cláusulas son normalmente **especificativas** y, por lo tanto, se introducen con coma o raya.

Tipo de cláusula	Relativo apropiado
En cláusulas sin preposición	lo cual lo que
Después de una preposición	lo cual lo que

Ejemplos:

> La violencia se encuentra también en el mundo hispano, **lo cual / lo que** no nos debe sorprender.

> La democracia tiene muchas formas, **por lo cual / por lo que** sería un error creer que el sistema norteamericano es el único y el mejor.

IV. PARA INDICAR POSESIÓN

Tanto en el caso de cosas como en el de personas y en todo estilo se indica la posesión con las palabras **cuyo, cuya, cuyos o cuyas,** las cuales siempre se refieren a la cosa poseída.

Ejemplos:

> Isabel Allende es la autora **cuyo tío,** el Presidente chileno Salvador Allende, fue asesinado durante un golpe militar.

> Los países democráticos, **cuyos ciudadanos** participan en el gobierno mediante el sufragio, siempre tienen que protegerse contra el peligro de la violencia.

EN TORNO AL TEMA: CONVERSACIÓN

1. LOS CONTEXTOS DEL PODER. En pequeños grupos, describan situaciones, lugares o contextos en que Uds. se sienten poderosos y traten de determinar qué produce en Uds. ese sentido de poder. En forma inversa, señalen situaciones, lugares y contextos en que Uds. se sienten desprovistos de poder y analicen los factores que les hacen sentirse así. Comparen sus descripciones con las de otros grupos y vean si en éstas hay un hilo conductor.

2. EL PODER: EFECTOS EMOCIONALES.

¿Qué efecto emocional y qué tipo de conducta produce en Ud. el sentirse poderoso? ¿Se siente Ud. compasivo hacia los demás o, al revés, quiere imponer su voluntad por encima de los deseos de los otros? En cambio, ¿cómo reacciona Ud. al verse desprovisto de poder? ¿Le dan ganas de sublevarse o de obedecer las reglas y órdenes que recibe de los poderosos? Use ejemplos de incidentes concretos en su exposición.

3. EL ACCESO AL PODER.

En pequeños grupos discutan si en los EE.UU. todo el mundo tiene acceso al poder. ¿Hay quienes tienen más acceso que otros al poder? ¿Quiénes y por qué?

4. EL PODER DE LAS ESTRUCTURAS SOCIALES.

En pequeños grupos, discutan cómo se manifiesta el poder en los siguientes contextos "no políticos":

el sistema médico

el trabajo

la escuela / la universidad

la familia

la iglesia, el templo (o cualquier centro religioso)

los amigos

los medios de comunicación

EN TORNO AL TEMA: REDACCIÓN

1. EL USO DEL PODER: UNA NARRACIÓN.

Describa y narre un incidente o una anécdota que ilustre el buen uso o el abuso del poder. (Intente usar frases complejas en su narración.)

2. ¿REBELIÓN O SUMISIÓN?

Narre una historia que trate de la rebelión o la sumisión a las leyes de una autoridad. Su narración puede basarse en un hecho real, o en un argumento literario, mítico, legendario o ficticio (por ejemplo, Antígona, Don Juan, etc.).

3. UN POCO DE INVESTIGACIÓN. Elija un país hispanohablante y, utilizando los recursos de su biblioteca, prepare un breve resumen escrito de su historia política, poniendo particular énfasis en los tipos de gobierno y acontecimientos que han determinado el rumbo político de ese país. Después la clase hará una lista colectiva de los tipos de gobierno que existen hoy en el mundo hispánico.

FACETA 1

Teoría de la democracia

La democracia, desde los tiempos del polis griego, ha sido una meta no siempre alcanzable en el mundo occidental. En España la democracia es un fenómeno nuevo: el país ha pasado de la monarquía tradicional hasta el franquismo, con unos breves periodos republicanos. Desde 1978, España goza de una democracia, al principio amenazada por fuerzas derechistas y reaccionarias, pero ahora bastante sólida y en consonancia con las demás de la Europa moderna. En Latinoamérica, el ideal de Simón Bolívar de establecer un continente unido ha cedido el paso a múltiples países donde la sombra del militarismo se cierne sobre el futuro de muchas naciones, y la democracia se ha visto interrumpida por numerosos golpes de estado y dictaduras militares. El artículo siguiente, de una publicación mexicana, se presenta como un ensayo de teoría política: ¿qué es la democracia?, ¿en qué consiste?; y quizás más estimulante para los lectores de este libro, ¿es la democracia de tipo norteamericano una forma factible y aún deseable para los países vecinos del sur?

ANTES DE LEER

1. LAS DIVERSAS CARAS DEL GOBIERNO. Cada forma de gobierno tiene sus ventajas y desventajas. En pequeños grupos llenen el tablero y después comparen sus respuestas con las de los otros grupos de la clase:

Forma de gobierno	Ventajas	Desventajas
democracia		
monarquía		
teocracia		
socialismo		
anarquía		

2. LA DEMOCRACIA: ¿SIEMPRE UN IDEAL? En su opinión, ¿es la democracia la mejor forma de gobierno? ¿Es ideal para cualquier país? Discuta.

3. LA DEMOCRACIA NORTEAMERICANA. Discuta los aspectos positivos y negativos de los siguientes elementos de la democracia estadounidense.

Elemento	Lo positivo	Lo negativo
el bipartidismo (2 partidos políticos)		
el colegio electoral		
el concepto de las tres ramas del gobierno		
el federalismo		
el principio de "una persona, un voto"		
la separación de estado e iglesia		
el sufragio universal		
el Tribunal Supremo		
el veto		
la libertad de palabra		
los grupos de acción política (lobbying)		
los límites al término presidencial		

4. UNA DEMOCRACIA MEJOR. ¿Cómo se podría mejorar el sistema democrático norteamericano?

Vocabulario útil

Sustantivos

la contienda   la pelea; la disputa; la riña

la convivencia   la vida en común

> *La democracia debe asegurar y promocionar **la convivencia** de una multitud de razas, religiones y orientaciones personales.*

la jerga   el lenguaje especial de ciertas profesiones o grupos

un matiz   un aspecto; cada una de las gradaciones que puede tomar un color (*verbo relacionado:* **matizar**)

el meollo   la sustancia o lo esencial de una cosa

> ***El meollo** de la democracia reside en el sufragio universal.*

el sorteo   la lotería

Verbos

abarcar   incluir; comprender; implicar; encerrar en sí

> *La definición de la democracia **abarca** no sólo la cuestión del sistema político sino también todo lo referente a la sociedad, sus tradiciones y sus costumbres.*

comprometer   (fig.) poner en peligro

> *La violencia **compromete** todo el sistema democrático.*

estribar   fundarse; basarse; residir

> *La diferencia entre la tiranía y la democracia **estriba** en un detalle: el sufragio.*

prescindir (de)   abstenerse (de); privarse (de) (*adjetivo relacionado:* **imprescindible** - absolutamente necesario)

> *Teóricamente, la democracia exige **prescindir** de la violencia.*

Otras palabras y expresiones

a partir de   desde

> ***A partir de** hoy el gobierno suspende todas las leyes del país.*

afín   *(adjetivo)* que guarda afinidad con algo

> *Democracia y desarrollo tienen una relación muy estrecha y, en efecto, son tareas **afines**.*

ser partidario (de algo o alguien)   apoyar; ser del partido de

"El fenómeno democrático"

Es casi imposible encontrar hoy en día a alguien que no diga ser partidario de la democracia. La palabra misma se ha vuelto símbolo de legitimidad universal, de reverencia casi general como anunció hace más de un siglo Alexis de Tocqueville[1]. Pero pronto se advierte que no significa necesariamente lo mismo que para todo aquél que se la apropia: en nombre de la democracia se han cometido muchos crímenes de la historia contemporánea. En Oriente y en Occidente, en el Norte y en el Sur.

Añado de inmediato que, en los cuatro puntos cardinales[2], hay concepciones diversas y de gran originalidad sobre la democracia que abarcan, como en México, no sólo a la política, sino a la sociedad y, más ampliamente, a la historia social con sus tradiciones y costumbres, a la vida económica y, sobre todo, a la educación y a la cultura. En este trabajo hago énfasis, fundamentalmente, en la democracia *política*.

Si comenzamos nuestro ensayo a partir de la definición literal *el gobierno del pueblo,* la democracia apareció en la historia cinco siglos antes de nuestra era. La democracia brota de las ciudades-estado griegas. En la *polis* de Pericles, la democracia se basaba en el principio de que "el pueblo manda", por lo que la igualdad de los ciudadanos ante la ley se extendía a su participación en los puestos públicos y, como decimos ahora, en el proceso de toma de decisiones, que se acordaban en asambleas populares. Sin embargo, la categoría de ciudadano estaba reservada a una minoría: ni esclavos ni mujeres, ni extranjeros con residencia en Atenas, formaban parte del *demos*.

Veinticinco siglos de historia humana han modificado el valor semántico y las

En una democracia todo ciudadano tiene derecho al voto; no importa su clase social o su raza.

---

1. diplomático francés, cuyo libro *La democracia en América,* escrito en 1835, fue el primero y el más acertado análisis de la democracia estadounidense   2. es decir, norte, sur, este y oeste

manifestaciones concretas de la democracia hasta admitir, casi, tantos significados como regímenes políticos, latitudes geográficas y experiencias nacionales hay en el mundo.

Los principios son, pues, más o menos universales. Como sistema de convivencia humana, la democracia exige del hombre razón para renunciar al uso de la fuerza en la contienda por el poder y pasión para participar en la defensa de un proyecto social. La democracia supone la protección jurídica del individuo frente al poder público pero, también, la responsabilidad consciente de respetar el derecho ajeno. La contienda democrática exige prescindir de la violencia, porque ésta compromete la validez de las razones que se sustentan. Pero debe garantizar, además, el derecho de los derrotados de hoy a convertirse en los triunfadores de mañana, siempre y cuando representen a la mayoría. En la democracia no se pierde el poder de una vez y para siempre, pero tampoco se gana para perpetuarse en su ejercicio.

La viabilidad de la democracia descansa, pues, en la capacidad de generar un consenso social que evite la tentación de sobreponer[3] la unidad a la diversidad, o a la inversa: la libertad no ha de degenerar en anarquía, ni la mayoría ha de encerrar a las minorías en las trampas de un consenso totalitario.

En suma, el sistema que Abraham Lincoln definiera como el gobierno del pueblo, por el pueblo y para el pueblo, se funda en el acuerdo que asegura la confrontación pacífica de las ideas y en la tolerancia que protege el frágil equilibrio entre consenso y disenso. Por eso la democracia es plural, como la sociedad, como la vida. Pero lo verdaderamente importante es que la igualdad y la libertad del hombre, y con ellas su dignidad, están aseguradas y garantizadas en un régimen democrático. Por eso vale la pena la democracia.

¿En dónde reside, entonces, la clave de bóveda[4] para construir esa torre de Babel? Libertad e igualdad, consenso y disenso, mayoría y minoría, conflicto y solución, se concilian en la democracia occidental y sus derivaciones, a través de una forma específica de participación política: el derecho y el deber del voto. Esta peculiaridad, junto con la existencia de partidos políticos, constituye el rasgo característico más importante que diferencia a la democracia directa griega de las democracias representativas contemporáneas: en la Atenas clásica, Clístenes erradicó los partidos políticos "en virtud del odio que ocasionaban" y el sorteo era preferido al sufragio en la mayoría de las magistraturas, porque se consideraba que el voto atentaba contra la igualdad originaria.

Pero en nuestro tiempo, tiempo de masas, el sufragio hace posible la cohesión de los sistemas políticos y otorga legitimidad a los proyectos y a los hombres elegidos por la mayoría para tomar las decisiones que a todos incumben. Por eso, democracia y sufragio marchan juntos. Como

---

3. imponer a la fuerza   4. la piedra principal que cierra un arco o una bóveda

afirma Ortega y Gasset[5], "la salud de las democracias cualquiera que sea su tipo y su grado, depende de un mísero detalle técnico: el procedimiento electoral. Todo lo demás es secundario. Si el régimen de comicios[6] es acertado, si se ajusta a la realidad, toda va bien; si no, aunque el resto marche óptimamente, todo va mal".

En unas cuántas líneas, que destilan sentido común, el gran escritor reveló los pequeños grandes secretos de la democracia. El sufragio es la base del sistema: su requisito insustituible. Sin embargo, el meollo del asunto no reside en el sufragio mismo, sino en la respuesta a tres preguntas básicas: ¿quién vota?, ¿para qué vota?, ¿qué valor tiene cada voto?

Las respuestas a estas preguntas, que cimientan los procedimientos electorales, dan cuenta del sistema de valores para distribuir y ejercer el poder en cada sociedad. Pero, ¿cuáles son las mejores respuestas, las más acertadas? Cómo entendió Ortega, este problema debe resolverse casuísticamente[7]: *el mejor régimen electoral es aquél que se ajusta mejor a la realidad.* Ello significa, por una parte, que la aspiración que supone la democracia es similar para pueblos distintos, pero su práctica tiene que ser diferente, porque sin duda su realidad lo es. La democracia no es meta, es método, modo de vida que cada pueblo enriquece con su genio, usos y costumbres: con su historia. De ahí la

pertinencia de la llamada de atención de Alexis de Tocqueville a sus compatriotas luego de su legítimo entusiasmo respecto a la democracia norteamericana: "no volvamos la mirada a América para copiar servilmente las instituciones que se ha dado a sí misma, sino para juzgar mejor sobre las que nos convienen, menos para tomar ejemplo de ella que enseñanzas, con el fin de adoptar los principios más que los detalles legales".

La democracia enfrenta un doble desafío: no puede ser producto de fórmulas precisas o de moldes prefabricados, ni permanecer estática en sus formas sin atender a las transformaciones de los pueblos que la viven. El sistema de gobierno ha de adaptarse siempre al espíritu de la nación y a las circunstancias cambiantes.

La democracia se concreta a través de la capacidad de los elegidos para transformar los votos en obra de gobierno que acata[8] a la voluntad mayoritaria, a la vez que propicia[9] la participación social de los ciudadanos que manifiestan su interés en los asuntos públicos. La democracia nos habla, en suma, de un gobierno corresponsable.

Aclaro de inmediato que la corresponsabilidad en el ejercicio del poder no es sinónimo de perfección. Los defectos y virtudes de la democracia son tantos como los defectos y virtudes del hombre mismo, que no es ni *homini lupus*[10] como quería Hobbes[11], ni bueno por naturaleza como

---

5. José Ortega y Gasset (1883-1955), filósofo español de gran importancia   6. el principio de asamblea y de voto público   7. con una lógica muy razonada   8. honra, obedece   9. fomenta   10. expresión en latín que significa que el hombre es un lobo para el hombre   11. filósofo inglés del siglo XVII

quería Rousseau[12], sino todo a un tiempo: razones, pasiones, intereses, errores y aciertos. Por eso, como señala Octavio Paz, la democracia está expuesta a los mismos riesgos que la monarquía hereditaria: "los errores de la voluntad popular son tantos como las leyes de la herencia y las malas elecciones son imprevisibles como el nacimiento de herederos tarados[13]". La diferencia estriba, otra vez, en el "mísero detalle técnico": hay más probabilidades de que se equivoque uno solo a que se equivoque la mayoría.

Otro matiz que no puede soslayarse[14] reside en reconocer las limitaciones reales a la participación ciudadana, mucho más poderosas que la simple apatía o el desinterés individual. Por una parte, resulta prácticamente imposible para cualquier persona estar enterada de todas y cada una de las cuestiones que agitan al mundo de hoy. Pero, además, parece una ley inexorable que, en virtud de su creciente complejidad, los problemas públicos más importantes se conviertan en coto[15] exclusivo de especialistas, o más aún, de alambicados[16] sistemas electrónicos. Y, en los dos casos, el lenguaje se oscurece, se vuelve jerga de expertos: incomunica, aisla.

Es preciso hacer de las elecciones el principio de ciclos renovados de participación y tolerancia y no periodos aislados en los que candidatos y ciudadanos adquieren conciencia de sus responsabilidades políticas, para perderla enseguida, hasta el siguiente proceso electoral.

Pero para entenderla de esta manera es necesario que la democracia se vuelva tangible: que descienda de las alturas de las discusiones teóricas a la realidad cotidiana; que se manifieste en la vida diaria de la gente de carne y hueso, capaz de compartir intereses y aspiraciones, convencida de los motivos y de la utilidad de su participación.

Por eso asocio el futuro de la democracia mexicana con el fortalecimiento municipal. Porque estoy convencido de que la democracia, como todas las manifestaciones de la vida pública, recibe un fuerte estímulo cuando se propicia en el ámbito municipal. Como estoy convencido, también, de que lo que pueda hacerse en el municipio en materia de democracia integral repercutirá luego en la República. Democracia y desarrollo municipal son tareas afines, porque ambas dependen de la voluntad de la gente; de los tiempos y de los métodos que en cada municipio adopten las comunidades que los integran para adueñarse de la conducción de su propio destino a partir de sus modos peculiares de convivencia.

El Estado y su indispensable unidad forman parte de nuestro tiempo, caracterizado por una red de relaciones internacionales cada día más compleja. Sin embargo, las posibilidades reales de participación ciudadana son menos amplias en los grandes conjuntos que en las comunidades pequeñas. Si bien es cierto que los medios de comunicación pueden ser un poderoso acicate[17] para la formación de la conciencia nacional e

---

12. filósofo francés del siglo XVIII   13. que tienen defectos   14. pasar por encima   15. terreno, campo
16. sutiles   17. estímulo, impulso

internacional, el interés individual en la cosa pública está más cerca de los problemas y de las aspiraciones del lugar donde vive cada quién, que de los asuntos relacionados con la totalidad de un país o del mundo entero, porque el ciudadano los conoce de primera mano. Pero la unidad nacional no está en contradicción con la democracia municipal. Por el contrario, en la medida en que cada comunidad se convierta en sujeto activo de su propio desarrollo, la unidad nacional será más fuerte, por la semejanza de propósitos compartidos por la suma de todas las pequeñas comunidades.

Y la democracia será también más nacional, en la medida en que arraigue como forma de vida en cada una de nuestras miles de pequeñas comunidades, las del campo y la periferia, y las que se entrelazan y mimetizan en las ciudades, contribuyendo a formar la verdadera voluntad general del país. La democracia puede y debe discutirse ampliamente en todas y a todas horas. Pero más importante que discutirla es hacerla. Excluyo de mi posición, naturalmente, a los procesos revolucionarios que buscan, o dicen buscar, la democracia y que pueden llegar a consolidar sistemas políticos democráticos.

—**Enrique González Pedrero**
(*Nexos,* México)

COMPROBANDO LA LECTURA

1. Identifique los elementos que el autor considera esenciales en una democracia.

2. ¿Qué significa "La democracia es plural"?

3. ¿Cómo difiere la democracia de la Grecia antigua de la democracia en el mundo actual?

4. ¿Qué significa "La democracia no es meta, es método"?

TEMAS PARA CONVERSAR

1. IMAGÍNESE: UNA NUEVA DEMOCRACIA. Uds. están participando en la fundación de un nuevo país en el que se va a establecer un sistema democrático. En pequeños grupos establezcan las 10 características más importantes de este gobierno.

2. ¿CÓMO SE DEFINE LA DEMOCRACIA?

Muchos piensan en la democracia en términos políticos: el sufragio universal, ciertas libertades básicas, etc. Pero la igualdad del valor del voto no conlleva necesariamente la igualdad en otros aspectos de la vida. En su opinión, ¿es realmente democrático un sistema en el que hay democracia política pero no hay igualdad en otros sectores, como por ejemplo en la educación, la economía, etc.? Discutan, teniendo en cuenta ejemplos concretos si es posible.

3. DEBATE: ¿EXTENDER EL VOTO A TODOS?

En los Estados Unidos el voto es universal para todos los ciudadanos. Pero no tienen el derecho a votar —aunque lleven muchos años en este país— muchos extranjeros residentes que no son, ni quieren ser, ciudadanos estadounidenses. Formen dos grupos para debatir estos dos puntos de vista:

a. No se debe extender el voto a nadie que no sea ciudadano.

b. Los extranjeros residentes deberían tener el derecho a votar en este país.

4. LA FUNCIÓN DE LOS MEDIOS DE COMUNICACIÓN.

¿Qué función deben desempeñar los medios de comunicación en una democracia? En pequeños grupos analicen las varias maneras en que los medios de comunicación afectan el proceso democrático hoy en día. ¿Ayudan a difundir varios puntos de vista sobre las acciones gubernamentales o tienden más a ofrecer una visión unívoca y oficialista a pesar de su supuesta objetividad? ¿Creen Uds. que los efectos de estos medios son beneficiosos o nocivos al buen funcionamiento de una democracia? Citen ejemplos concretos para apoyar su punto de vista.

5. LA DEMOCRACIA EN TIEMPOS DE GUERRA.

Durante una guerra, ¿es lícito en una democracia criticar el gobierno o es mejor unirse todos y apoyar los esfuerzos del gobierno para asegurar la victoria?

6. EL EQUILIBRIO ENTRE MAYORÍA Y MINORÍA.

¿Cuál es la relación ideal entre la mayoría y la minoría en una democracia? En una democracia, ¿hay que proteger a la minoría de la mayoría a veces? ¿Puede la mayoría ejercer cierta tiranía sobre la minoría? Si su respuesta es negativa explique por qué. Si su respuesta es positiva discuta las maneras en que se ha protegido o se debe proteger a ciertos grupos minoritarios de la tiranía de la mayoría de los ciudadanos. Sería conveniente citar casos concretos en su discusión.

7. ¿POR QUÉ VOTAR?

En su opinión, ¿es el voto un privilegio, un derecho o una obligación? Hay países en que el votar es una obligación del ciudadano igual que pagar los impuestos, por ejemplo. ¿Está Ud. de acuerdo con este tipo de norma? ¿Vota Ud.? ¿Por qué o por qué no? ¿Cree Ud. que su voto individual tiene valor o que no cambia nada?

8. EL VALOR DEL VOTO.

¿Deben todos los votos tener el mismo valor? ¿Debe valer más el voto de una persona con educación escolar o universitaria? Discutan.

9. EL TÉRMINO PRESIDENCIAL.

En los 1940 el presidente estadounidense Franklin Roosevelt fue elegido presidente por cuarta vez. Poco después el Congreso aprobó una ley que limitaba a dos períodos el servicio de un presidente. Desde entonces, Felipe González en España se ha mantenido en poder por más de diez años y algo parecido ha hecho Joaquín Balaguer en la República Dominicana. ¿Piensa Ud. que se les debería limitar el período en funciones a estos gobernantes? ¿Constituye la prolongación de su función presidencial una "perpetuación del ejercicio del poder"? ¿Considera Ud. esta práctica una amenaza a la democracia?

10. DEBATE: LA INTERVENCIÓN NORTEAMERICANA.

¿Debe los EE.UU. velar por la democracia de sus países vecinos de Latinoamérica? Tomando como punto de partida el caso concreto de Cuba, donde un gobierno comunista ha ejercido el poder por más de tres décadas, debatan estos dos puntos de vista:

a. Hay que combatir los sistemas antidemocráticos en nuestro hemisferio.

b. Hay que respetar la forma de gobierno individual de nuestros países vecinos.

TEMAS PARA ESCRIBIR

1. IMAGÍNESE: VIAJERO EXTRANJERO DIAGNOSTICA LA DEMOCRACIA NORTEAMERICANA.

El francés Alexis de Tocqueville escribió un análisis de la joven democracia norteamericana tras uno de sus viajes a los Estados Unidos en el siglo XIX. El país ha cambiado mucho desde su visita. Por eso Ud., el Tocqueville moderno de fines del siglo XX, ahora escribe un ensayo analizando el estado de la democracia estadounidense, así como su alcance internacional y sus proyecciones para el futuro.

2. IMAGÍNESE: TRABAJO DE INVESTIGACIÓN. Imagínese que

Ud. trabaja para el Ministerio del Exterior de este país y que el ministro le ha encargado a Ud. escribir un informe sobre el estado actual del gobierno de un país de habla hispana. Su informe tiene que incluir una descripción del tipo de gobierno que tiene, los problemas más importantes de este gobierno y —lo más importante— sus consejos sobre la actitud que nuestro gobierno debe tomar ante este gobierno y las medidas que se deben tomar para apoyarlo o debilitarlo.

FACETA 2

La política doméstica: Una interpretación teatral

El llamado "teatro subterráneo" surge en España como movimiento literario y teatral de las últimas décadas del régimen autoritario franquista. Muchos de los dramaturgos de esa época examinaban el uso y el abuso del poder político. Para evitar la censura del gobierno utilizaban formas y recursos no realistas —el teatro breve, la farsa, la alegoría— que no hacían referencia concreta a la realidad española pero que, gracias a la complicidad de un público crítico, lograba atacar y criticar la represión de un sistema político reaccionario.

José Ruibal, nacido en España en 1925, es uno de los principales dramaturgos de dicho movimiento. *Los ojos,* obra que data del año 1969, expone de una manera absurda y cruel los mecanismos de una familia patriarcal con el objeto de aludir al poder en general y referirse oblicuamente al régimen franquista en particular.

ANTES DE LEER

1. PERCEPCIONES DE LA FAMILIA. ¿Cuáles de estos elementos

asocia Ud. con la familia y cuáles son ajenos a su percepción de la familia? Explique sus razones.

juguetes	el orden
animales de peluche	un revólver de juguete
un aspirador	gritos
un puñal	la disciplina

2. LA FAMILIA COMO METÁFORA POLÍTICA.

En la obra de teatro que va a leer, José Ruibal usa la familia como una metáfora para un sistema de poder político. ¿Qué aspectos de la estructura familiar tienen implicaciones políticas? ¿Se podría considerar la familia tradicional un sistema de poder en miniatura? Explique.

3. LOS PAPELES DE LOS MIEMBROS DE LA FAMILIA.

Dentro del ejercicio del poder de una familia, ¿qué funciones asocia Ud. con el padre? ¿Con la madre? ¿Con los hijos?

4. LA PATRIA POTESTAD.

En pequeños grupos, hagan una lista de 8 maneras en que los padres intentan mantener el poder sobre la vida de sus hijos.

VOCABULARIO ÚTIL

LA CASA

el aspirador   una especie de escoba eléctrica que absorbe toda la suciedad

los estantes   los libreros

LAS RELACIONES HUMANAS

acosar   perseguir; aterrorizar

meterse con alguien   molestar o provocar a alguien

*El niño es muy tranquilo si no **se meten con él.***

¡Que sueñes con los angelitos!   ¡Que duermas bien!

OTROS VERBOS

apuñalar   atacar a alguien con cuchillo o puñal

enchufar   conectar un aparato con la fuente eléctrica

escudriñar   examinar minuciosamente

podrirse   hartarse; morirse de hastío (coloquialmente)

*Por ser la vida tan aburrida, la madre **se pudre** en la casa.*

JOSÉ RUIBAL
Los ojos

PERSONAJES: MADRE, NIÑO

Luz matinal[1]. Habitación de niño, pulcra[2] y arregladísima. Juguetes y libros de cuentos colocados muy ordenadamente en estantes y repisas[3]. Bicicletas y coches de distintos tamaños colocados en batería[4]. Patines[5]. Balones y pelotas de colores. Globos. Muñecos y animales de trapo, terciopelo[6] y plástico. Un buró de colores donde estudia y trabaja el NIÑO. *Un tocadiscos abierto. Un puñal clavado en un lugar visible. Un biombo[7] detrás del cual se supone que hay una cama para el* NIÑO. *Pero nada de esto es esencial. Basta saber que están ahí.* MADRE *entra con un aspirador y un disco. Corre la cortina y entra el sol. Enchufa el aspirador y coloca el disco. Mecánicamente sigue el ritmo de la conversación del disco, acompañando su voz con algunas expresiones de su cara, pero sin abrir la boca. Incansablemente arregla lo ya arreglado, limpia lo ya limpio.*

DISCO: "Despiértate, bichito[8] mío, despiértate... ¡Es horrible como has dejado el cuarto! Dentro de nada está aquí el coche del colegio y tendrás que salir pitando[9]. Anda, rico, levántate. Papá no quiere que salgas sin desayunar.
(Toma unos cuadernos del buró.)
¿Y eso? ¡No has hecho los deberes! Papá quiere que comas mucho para que seas un fuertote. Así nadie se meterá contigo. ¡A veces eres un bruto con tus compañeros! Eso me disgusta, ya lo sabes. Quiero que te respeten, pero que seas bueno y generoso. Levántate, cariño. ¡El desayuno se está enfriando! No te olvides de tomar el zumo de naranja. Necesitas vitaminas. ¡Cómo! ¿Otra vez has roto el osito[10]?
(Coge el oso, le da un beso y le cose la tripa[11].)
¡Pobre osito lindo! ¡Eres un animal! Despiértate, bichito mío, despiértate. Los juguetes no son para romper ¡tontísimo! No debes seguir haciendo disparates. No importa que te ocultes para

---

1. de la mañana   2. limpia   3. estantes de pared   4. en serie   5. zapatos con ruedizas
6. peluche   7. pared portátil   8. animal, dicho como expresión de cariño   9. salir corriendo, de prisa   10. muñeco de peluche en forma de oso   11. barriga

hacer el mal: mis ojos te ven en todas partes, son ojos de madre. Pero tienes suerte. Si tu padre supiera todos los disparates que haces en un solo día, ¡qué sé yo que te haría! Te he preparado un desayuno riquísimo. ¿Adivinas qué te he puesto en el pan tostado?
(Se queda escuchando una respuesta que no llega.)
Pero no hagas lo que todos los días: comer el pan y dejar lo otro. ¡Eso es comer como los perros! Ya estás en edad de comprender lo que debe o no debe hacerse. Prométeme que no lo vas a hacer más. Pero sin ocultaciones, porque al final mis ojos todo lo ven. Eres un niño monísimo. Papá y yo estamos muy orgullosos de ti. ¡Da asco cómo has puesto el cuarto! Cuando salimos te dejé arropado[12]. ¿Por qué te levantaste? Sabes que te lo tengo prohibido. Y sabes que siempre me entero. A mis ojos no se les escapa nada. Para mis ojos, las paredes son transparentes. Cualquier día, al regresar del teatro o del cine, te encontramos muerto. Y todo por tu estupidez. Por hacer diabluras. Por revolverlo[13] todo y poner el cuarto hecho un asco. ¡Pero despiértate, amor mío! Ya sabes lo que dice Papá: quien no sea ordenado de pequeño, de mayor será un desastre. Eso te espera, pese a mis consejos. El orden es un hábito, una costumbre que se mezcla con la sangre. ¡Pichoncito, arriba! ¡Vete a desayunar!"

MADRE: *(Escucha un ruido de coche en la calle.)* Sí, es el coche. *(Suena un claxon[14]).* Ya está ahí, dormiloncete. ¡Sal pitando! Otra vez sin desayunar. ¡Si tu padre se entera! Voy a prepararte un bocadillo para que lo comas durante el viaje. Sal corriendo, querido. *(Sale la* MADRE *y deja el aspirador en marcha. El* NIÑO *sale apresuradamente, coge sus cosas del buró, las mete de un manotazo en la cartera, vuelve a destripar[15] el oso y saca un revólver de juguete, hace unos disparos hacia la puerta y vuelve a meter el revólver en el oso. Apaga el aspirador y sale arreglándose la ropa.* MADRE *entra con un bocadillo.)*
¿Para qué disparas? Las armas son para jugar pacíficamente. No a lo bestia. ¡Ay, si lo sabe tu padre! Toma el bocadillo, querido.
(Comprende que ya no está.)

---

12. tapado; cubierto   13. desordenarlo   14. bocina de un coche   15. mutilar por el abdomen

¡Pero si ya se ha ido! Todos los días igual. ¡Qué pesadilla!
(Lloriqueando.) ¡Oh, qué desgraciada soy! *(Se sienta en el buró. Sin darse cuenta va comiendo el bocadillo. Cuando termina, se calma. Ve el oso destripado de nuevo.)*
¡Qué horror! Otra vez te ha roto ese bruto.
(Coge el oso con ternura.)
Te coseré muy fuerte. ¿Quieres su bocadillo? *(Lo busca.)* Está riquísimo.
(Se da cuenta de que se lo ha comido ella. Como atragantándose[16]) ¡Por eso estoy engordando como una idiota!
(Gime. Oscuro. MADRE, *vestida para salir de noche, arregla constantemente cosas.)* Ya sabes, sé bueno. Te he dejado ahí el vaso de agua con azúcar. Duérmete pronto y sueña cosas hermosas y buenas. Ya sabes que yo también veo tus sueños. A veces no me gusta lo que sueñas, son groserías. Papá y yo vamos al teatro. Hasta mañana, cariño. No te muevas, que estás muy bien arropadito. Hijo, no debes darle tanto la lata a tu padre cuando vuelve del trabajo. Él necesita descansar. Hoy estaba tan cansado que se quedó dormido mientras veía el programa deportivo. ¡Con lo que a él le gusta el programa deportivo! Pero se durmió. Seguramente también se dormirá en el teatro. Pero a mí hay que sacarme de casa, si no me pudriré aquí, entre estas paredes de cristal. Tu padre es buenísimo. Eres cruel con él, le acuchillas a preguntas[17]. Luego, claro, él se aburre y te dice a todo que sí, o a todo que no. Y yo soy quien paga las consecuencias. Tu padre dice que yo te maleduco. No sabe que estoy todo el santo día con mis ojos fijos en ti.
(Como si lo tuviera delante.)
Hijo, haz esto..., hijo, hazme esto otro..., no te metas el dedo en la nariz, marrano...; cariño, átate los zapatos...; ¡no juegues con las armas como un asesino!...; amor, no te olvides del bocadillo...; bestia, no rompas los libros...; has sido buenísimo, toma para lo que tú quieras comprarte...; cochino, límpiate los zapatos al entrar en casa...; cuidado con las chicas, son peligrosas... Bueno, que sueñes con los angelitos. Y no te levantes. A ver como cumples por una vez tu palabra. Dejo todo arreglado, ya veremos mañana. Mis ojos todo lo descubren. Si te levantas, esta

---

16. ahogándose   17. atacas con preguntas

vez se lo digo a papá, aunque se disguste. No voy a tragármelo[18] yo todo. Pero papá es un santo. Y necesita todo nuestro cariño. Cariño y tranquilidad, le dijo el médico. Si quieres ser un hijo modelo, ofrécele tu buen comportamiento. Te será fácil: basta que no le acoses cuando regresa del trabajo. Al llegar le das un besito, le dices que le quieres y te vienes al cuarto a estudiar. Así dormirá tranquilo mientras mira la televisión. Le distrae muchísimo el programa deportivo. De este modo, además de ser un buen hijo, serás un excelente estudiante. Estaremos muy orgullosos de ti. La gente cree que ya lo estamos, pero la gente no ve las cosas desagradables que ven mis ojos. No debes escaparte a la salida del colegio, sino venir para casa a estudiar. Aquí también puedes divertirte, no te falta de nada. Vamos a regalarte un proyector de cine. Así no tendrás necesidad de escaparte para ver una película. ¡No me gusta que vuelvas a ir con chicas al cine! Por ahora eres un mocoso[19]. Tu padre está muy preocupado. Teme que hieras a alguna con tu nuevo rifle. Sé bueno. Papá se lo merece todo. Ahora está cansado y, sin embargo, sale. Lo hace por mí. Claro, yo no me voy a pudrir en esta casa. Sigue mis indicaciones y ya verás qué fácil es ser bueno. Hasta mañana, niñito lindo.

(Apaga la luz y sale. Después de un rato de silencio, el HIJO *se levanta a oscuras, tropieza y tira algo que cae ruidosamente al suelo. Asustado, vuelve a la cama. El sol se filtra por las cortinas. Entra la* MADRE *con los discos. Duda cuál poner. Se decide por uno.)*

DISCO: "Cariño, la hora de levantarse.

(Al ver los objetos tirados por el suelo.)

¡Oh, no! ¡Esto es demasiado! ¡Mis ojos estallan! Creí que te habías corregido. ¡Estúpido de niño! ¡Ay, si tu padre se entera de esto! Seguro que te echa de casa.

(Comienza a arreglar con energía.)

Lo estoy viendo: te levantaste a fumar. Te he visto. Hace dos días encontré cigarrillos en tus bolsillos. No dije nada porque pensé que a lo mejor no eran tuyos. Ya sabes que mis ojos todo lo descubren. No hay rendija[20] de este cuarto que mis ojos no escudriñen.

---

18. aceptarlo en silencio   19. un niño pequeño   20. grieta; apertura

(Coge una foto de una revista.)
¡Qué asco, una mujer desnuda! Estás perdido. Eres un vicioso. Un degenerado. Te he visto con una chica por la calle. Ya sé quién es. ¡Bonita fresca la niña! Prométeme que serás bueno. Yo te quiero, ya lo sabes. Y tu padre también.
(Ve, por primera vez, el cuchillo clavado.)
¡Socorro, un cuchillo espantoso! ¡Esto es una arma de delincuentes! ¡Se lo diré a tu padre!
(Va a salir, pero da vuelta.)
Se disgustaría muchísimo. No está bien, por eso todavía no ha salido para el trabajo. Irá más tarde. No sé si me habrá oído chillar. No quisiera disgustarle. Está afeitándose. Levántate, querido, y desayunas con nosotros.
(Termina de arreglar.)
Tienes que prometerme no volver a hacer de tu cuarto una cuadra[21]. Ven, dame un beso y vamos a ver a tu papá."
(Sale el NIÑO *a medio vestir. Coge el cuchillo y va hacia su* MADRE. *Ella se queda paralizada. Quiere gritar, pero no encuentra su voz; el* HIJO, *brutalmente, le apuñala los ojos. La* MADRE *se derrumba.)*

MADRE: ¡Mis ojos! ¡Mis ojos! ¡Ay, mis ojos!
(Después de un silencio, en actitud para ella inexplicable.)
Pero...,¿qué le dije? Sí. Le dije..., le dije que tenía que ser bueno..., bueno..., bueno...

HIJO: Ten cuidado, mamá. Arrópate bien, mamá. Come tu bocadillo, mamá. Tus ojos ya no lo verán todo..., todo..., todo...

OSCURO

---

21. corral de animales

COMPROBANDO LA LECTURA

La madre en este drama cambia fácilmente de tono y de genio al dirigir la palabra a su hijo. En cada una de las dos columnas que siguen apunte todas las expresiones de cariño o agresión que se encuentran en el texto:

Expresiones de cariño	Expresiones de agresión
1.	
2.	
3.	

TEMAS PARA CONVERSAR

1. LA DISCIPLINA Y LA AUTORIDAD EN LA FAMILIA. Describa para sus compañeros la disciplina en su casa cuando Ud. era pequeño o pequeña: ¿Por qué, cómo y con qué frecuencia le castigaban? ¿Quién era el responsable de imponer disciplina en su casa: su madre, su padre o los dos? ¿Está Ud. de acuerdo con la disciplina que le impartieron? ¿Haría Ud. lo mismo con los hijos suyos? ¿Qué forma debe tomar la disciplina de los niños en su opinión?

2. LOS JUGUETES. En el cuento se mencionan gran cantidad de juguetes y artículos de entretenimiento del niño: disco, muñecos, patines, armas, etc. Discuta el simbolismo y la función de éstos. Por ejemplo: ¿cuál es la función del disco en esta obra? ¿Por qué lo usa la madre para comunicarse con el hijo?

3. EL PODER. De los tres personajes de la obra ¿quién es el más poderoso? ¿Quién es el menos poderoso? ¿Por qué? ¿Cuál es el papel de cada uno de los tres personajes en el ejercicio de poder en esta familia?

4. LA INTENCIÓN DEL AUTOR. En su opinión, en esta obra, ¿está analizando el autor los mecanismos del ejercicio de poder dentro de la familia, está usando la familia como punto de partida para analizar otra cosa, o los dos? Discutan en grupos pequeños los posibles propósitos de este autor al escribir esta obra. Si Uds. deciden que la familia representa otra cosa, determinen qué representa cada uno de los tres personajes.

5. ¿UNA OBRA FEMINISTA?   Analicen la relación entre el padre y la madre de esta obra. ¿Se podría considerar esta obra una obra feminista o no? Expliquen.

6. LA VOZ.   Analicen los varios tonos de voz —o falta de voz— que se utilizan en esta obra. ¿Qué comunica al espectador cada uno de estos registros?

7. EL TÍTULO.   ¿Qué importancia tiene el título de la obra? ¿Es éste un título apropiado? ¿Hay otro que Ud. elegiría como mejor opción?

8. LA VIOLENCIA.   Examine las diferentes maneras en que los personajes se agreden los unos a los otros. ¿Cuáles son las funciones de la violencia en esta familia? ¿Qué le parece la acción final del niño? ¿Es justificable? Pasando de lo concreto a un nivel más abstracto, discuta con sus compañeros por qué existe la violencia en la esfera personal y en la esfera política?

9. LA VIOLENCIA Y LA FAMILIA.   En general, ¿cree Ud. que la violencia —de acción o de palabra— es una parte integral de la familia norteamericana? Discuta, ofreciendo ejemplos concretos.

10. IMAGÍNESE: LA VIOLENCIA DOMÉSTICA.   La violencia doméstica contra las mujeres y los hijos es un fenómeno que va ganando prominencia en la prensa en estos días. Imagínense que Uds. han sido nombrados para investigar y aconsejar al gobierno en cuanto a este tema importante. En pequeños grupos, preparen una lista de sugerencias para erradicar la violencia doméstica.

11. LOS OJOS DEL GOBIERNO.   ¿Cree Ud. que a los ojos de su gobierno no se les escapa nada? Discutan las maneras en que los gobiernos de hoy pueden enterarse de las actividades de sus ciudadanos. ¿En qué situaciones es bueno tener esta información y en qué circunstancias es peligroso?

TEMAS PARA ESCRIBIR

1. MONÓLOGO DRAMÁTICO: HABLA EL NIÑO.
Todo el tiempo que la madre se está dirigiendo al hijo, éste no dice nada, aunque su acto final nos revela que sí ha estado reaccionando interiormente. Prepare un monólogo dramático en que el niño le revela al público lo que piensa de su situación familiar y represéntelo ante la clase.

2. MONÓLOGO DRAMÁTICO: HABLA LA MADRE.
Prepare un monólogo dramático para actuar ante la clase en que la madre revela al público sus sentimientos para con su marido y su hijo.

3. MONÓLOGO DRAMÁTICO: HABLA EL PADRE.
Prepare un monólogo interior para actuar ante la clase en el que el padre medita sobre lo que acaba de pasar en su familia, trata de explicar y justificar su conducta como cabeza de familia y revela lo que hará ahora después de lo sucedido.

4. ABUSO INFANTIL.
Escriba un ensayo que defina e ilustre el concepto de abuso infantil.

FACETA 3

El terrorismo

No ha sido infrecuente la incidencia del terrorismo en el mundo hispánico en las últimas décadas. En España, ETA, un grupo separatista vasco, desde los años 50 ha desafiado con medidas violentas la autoridad del estado español, primero bajo el régimen del Generalísimo Francisco Franco y luego bajo el gobierno constitucional democrático. Sudamérica se ha visto asolada por los Tupamaros en el Uruguay en los años 60 y 70 y, más recientemente, por Sendero Luminoso en el Perú. El artículo "Ser joven en el Perú" en el primer capítulo de este libro da una idea de en qué consiste el atractivo de este último grupo para muchos jóvenes. A continuación, "Radiografía del terrorismo" examina la actual situación chilena en la que la transición de un régimen represivo, el del gobierno militar bajo el General Augusto Pinochet, a uno participativo ha dejado lugar a actos terroristas como forma de disensión. El artículo también sugiere que el terrorismo puede emanar tanto de grupos subversivos como del mismo gobierno.

Antes de leer

1. Una definición del terrorismo. En pequeños grupos intenten definir el término **terrorismo** de la manera más precisa posible.

2. El terrorismo en el mundo. En pequeños grupos, discutan qué partes del mundo Uds. asocian con el terrorismo. Para cada parte del mundo que Uds. mencionen determinen las posibles causas de ese terrorismo. ¿Responde el terrorismo a razones económicas, políticas, nacionalistas, etc.?

3. Una radiografía del terrorismo. Divídanse en pequeños grupos. Cada grupo debe elegir uno de los siguientes aspectos generales del terrorismo para discutir:

a. métodos y acciones terroristas

b. las metas de los terroristas

c. reacciones ante el terrorismo

Después cada grupo informará a la clase de los resultados de su discusión.

4. Una acción terrorista. Describa una acción terrorista ocurrida en estos últimos años. ¿Cuál fue el resultado de esta acción?

5. ETA y Sendero Luminoso ¿Qué sabe Ud. de los grupos terroristas ETA y Sendero Luminoso? Si no sabe mucho, puede consultar libros y revistas de su biblioteca y presentar un informe a la clase.

6. La atracción del terrorismo. ¿Cuáles son las cosas que le pueden llevar a alguien al terrorismo? ¿Cómo será la psicología del terrorista?

VOCABULARIO ÚTIL

PALABRAS RELACIONADAS CON VIOLENCIA Y POLÍTICA

acribillar   ejecutar con arma de fuego

asolar   devastar; destruir

atropellar   maltratar física y violentamente

el gatillo   parte de un arma de fuego usada para disparar *(verbo relacionado:* **gatillar***)*

el preso   el prisionero

el reclutamiento   atraer para el enlistamiento

el rescate   el dinero que se pide a cambio de liberar a un persona cautiva

LA VIOLENCIA POLÍTICA

"Radiografía del terrorismo"

Sus causas, los grupos que actúan y sus razones. Habla un experto de Inteligencia de Investigaciones y un psicólogo peruano especialista en el tema.

¿Traspasamos el umbral[1] del temido terrorismo o estamos en él? El tema es motivo de discusión en la opinión pública que ha planteado casi en un 75 por ciento como su primera preocupación la seguridad ciudadana. Categorías tales como "guerra subversiva", "terrorismo selectivo", "terrorismo urbano", "exclusión de los sectores marxistas" o "retorno de los nuevos terroristas" han vuelto a formar parte de un debate que podría tornarse peligroso. El arco político que va desde la Derecha a la Izquierda, incluyendo a los sectores más críticos, ha expresado públicamente su repudio al terrorismo, pero tam-

bién que es necesario prevenirse de esa lacra y erradicar lo que podrían ser sus causas. Imágenes o situaciones dramáticas como las que se viven a diario en el Perú, Colombia o Bolivia, nadie las quiere, aseguran, reproducir en el país.

EL MAPA DEL TERRORISMO
Indudablemente una de las organizaciones terroristas más temidas en el continente es la de Sendero Luminoso, que desde hace diez años asola al Perú. De acuerdo a la descripción que hace en su libro, *El mapa mental y la grieta. Psicoanálisis, terrorismo y*

---

1. la entrada

Algunos jóvenes se integran a grupos terroristas para canalizar sus frustraciones.

cultura, el psicólogo peruano Daniel Malpartida dice que Sendero es un grupo de fanáticos que terminó por convertir al ser humano en "una cosa de la cual se puede fácilmente prescindir[2]". El profesional sostiene que estos grupos se mantienen siempre en un círculo hermético. "Funciona como un grupo que tiene una tarea delineada y considera que sus acciones son únicas. La determinación de reunirse en un circuito cerrado propugna y exacerba la solidaridad entre ellos, como también la hostilidad más allá de las fronteras del grupo. Hacia adentro existe complicidad y hacia afuera un odio que dispara contra la sociedad civil. Para los terroristas, todos somos sus enemi-

gos, no hay términos medios. Se está con ellos o contra ellos. Los enemigos son vistos como una especie de *containers*, donde se depositan los odios y esto es el ingrediente psicológico que los aglutina" —afirma el profesional.

Esta definición puede aplicarse perfectamente a organismos como la DINA y sus agentes. "Ellos desarrollaron en Chile el terrorismo de Estado, aniquilando a quienes se les opusieron. Los que no concordaban con lo que la DINA representaba eran enemigos que debían ser exterminados. Los demás éramos "cosas" sobre las que se podían cometer todo tipo de atropellos". La DINA planificó y ejecutó también acciones

2. omitir

terroristas en el extranjero. De acuerdo a la verdad establecida en el Informe Rettig aparece como responsable de los atentados en contra del general Carlos Prats y su esposa, hecho ocurrido en Buenos Aires, y de Orlando Letelier y Ronnie Moffit en Washington.

"En Chile ha existido históricamente terrorismo de derecha y eso no se puede desconocer.

Bastaría recordar sólo el período de la UP donde grupos de derecha realizaron acciones como la muerte del general Schneider, o la del edecán Arturo Araya Peters" -afirma Nelson Gutiérrez, dirigente del MIR-Político. "Esto no quiere decir

—agrega— que en el último tiempo no se hayan desarrollado ciertas acciones que caracterizamos como 'terrorismo urbano' que podrían estar vinculadas a grupos que dicen responder a afiliación de izquierda."

Estos grupos, según un experto de Inteligencia de Investigaciones, son minoritarios, pero "funcionales a la estrategia del sector más duro de la oposición cívico-militar que tiene el gobierno democrático". El experto señala que hay un cambio de fase en la situación política del país. "Se inicia la segunda etapa de la transición y la lucha política por hacerla efectiva. Esta fase debe culminar con la concreción de la reconciliación". Sostiene que es un momento deli-

---

DANIEL MALPARTIDA
psicólogo
"UN SISTEMA JUDICIAL INEFICIENTE ES LA CAUSA PRINCIPAL DEL TERRORISMO"

—¿Qué condiciones permiten en nuestros países el desarrollo del terrorismo?

—Dentro de la sociedad peruana está en primer lugar la miseria y en segundo lugar, el maltrato del que fue víctima el pueblo andino durante estos últimos quinientos años. El otro factor importante es la violencia acumulada vía crisis social y política. Nadie vislumbró de que todo ese proceso podría desarrollarse un engendro[1] como es Sendero Luminoso, que en 10 años aterrorizó un país. En la década de los sesenta hubo en América Latina organizaciones de izquierda que tomaron la vía armada como método de lucha, inspirados en la Revolución Cubana. Pero frente a las acciones de Sendero, aparecen, hoy día en el Perú, como románticas.

—¿Cuáles son las características propias de Sendero?

—No discursea ni dialoga, solo actúa. Nadie conoce su proyecto político, uno puede intuirlo a través de sus actuaciones, pero se desconoce su sustentación ideológica y política. Son polpotianos y sustentan la hipótesis de que llegarán al poder. Tienen cuatro o cinco documentos y hasta ahora los políticos que han querido comunicarse, sentarse a discutir no lo han logrado. Desde el punto de vista psicológico esto es muy peligroso.

—¿Por qué?

—Porque la violencia queda encerrada dentro del grupo y se trasforma en hiperviolencia. Una de las formas de dar escape a la violencia es a través del diálogo y la palabra. Desde el punto de vista psicoanalítico se mueven en un contexto muy agresivo. La acción sustituye la palabra y toma características hiperviolentas.

(1) un monstruo

cado pues es cuando "reaparecen fuerzas que tratan de hacerla retroceder y que vienen desde los sectores ultras tanto de derecha como de izquierda, quienes emplean recursos violentistas para lograr sus objetivos".

El experto puntualiza que estos grupos son minoritarios, "una proporción de 120 contra 12 millones de chilenos" y, sobre esa base señala que es incorrecto afirmar rígidamente que en nuestro país se viva un "terrorismo selectivo como segunda etapa de una guerra subversiva", hipótesis sustentada por el general Luis Henríquez Riffo, jefe del Estado Mayor de la Defensa Nacional y por el Comité Asesor General de Carabineros.

"Los núcleos que están operando no tienen representación de peso en la sociedad, por eso no se puede hablar de guerra. No han logrado atraer a la población que está por el cambio democrático. Eso, sin embargo, los hace ser más fanáticos y apresurarse en actuar para mostrar eficiencia, lo que es peligroso" —subraya. Sin embargo, todos coinciden en que entre los grupos que hoy desarrollan lo que ellos denominan una estrategia terrorista, estarían el Movimiento Lautaro, en un sector que se habría descolgado del FPMR-A y el MIR Militar. Investigaciones y un sector de Carabineros[3] tampoco descarta que ex

---

—¿Ese tipo de organización puede reproducirse o es muy propio de la sociedad peruana?

—Como organización terrorista, sin el color cultural que tiene Sendero, por supuesto que puede reproducirse. El grupo agresivo, fanático, cuyo negocio es fabricar terror. El terrorista siempre atacará lo que te produzca más dolor a ti. Un guerrillero te puede matar de un balazo, los terroristas te queman, te hacen pedazos, te cortan las manos. Eso aterra al ser humano, porque la representación síquica de nuestro cuerpo es entera. Un cuerpo destrozado produce horror.

—¿Cómo han reaccionado los dirigentes políticos frente al crecimiento de Sendero?

—Con una suerte de pasividad. Hay una actitud de no prevenir, de ser precavidos. Sendero, apareció en el 80 y cinco años después, los políticos, los intelectuales e incluso las fuerzas armadas, se debatían en la discusión que éste era un movimiento que intenta-

ba representar la cultura andina. Esto fue un vano ejercicio defensivo que permitió crecer a Sendero. Ellos partieron con una cuestión mesiánica pero poco a poco pasaron a otra etapa y terminaron incluso eliminando a quienes decían representar si éstos no los seguían.

—Aparte de la pasividad, ¿cuáles son otras causas que influyeron en su crecimiento en estos diez años?

—Un sistema judicial inoperante, lo que siempre genera una espiral de violencia que nunca se sabe donde termina. Esto es parecido a lo que ustedes han vivido. Si no hay juicios contra aquéllos que aparecen como responsables del terror, puede ocurrir una vuelta de mano: la justicia por sí mismos. El sistema judicial en cualquier lugar del mundo te canaliza la violencia. En Chile, en Argentina, hay una ge-neración traumatizada con violencia acumulada, ya que estuvo postergada, reprimida, no pudo hablar.

---

3. policía paramilitar

agentes de los servicios de seguridad puedan estar organizándose de manera similar.

"Es muy fácil que estos grupos, que supuestamente sustentarían una afinidad de izquierda, sean penetrados, porque no tienen una conciencia de clase, sino una conciencia reaccionaria y atrasada. Tienen una incapacidad absoluta para analizar lo que está pasando en el país" —argumenta a su vez el dirigente mirista Nelson Gutiérrez.

LAS RAZONES DEL LAUTARO

De acuerdo a una fatídica estadística, sólo en el curso del último año, el movimiento Lautaro reivindicó la muerte de 16 cara-bineros y cuatro gendarmes. Pero sin duda, sus acciones más audaces y sangrientas fueron el rescate de uno de sus dirigentes presos, el joven Ariel Antonioletti (15 de noviembre) quien murió al día siguiente en un enfrentamiento con efectivos de Investigaciones que lo cercaron y dispararon contra la casa donde se mantenía oculto; tres meses después, el atentado le costó la vida al prefecto jefe de Investigaciones de Concepción Héctor Sarmiento. Éste fue acribillado a quemarropa con nueve tiros cuando salía de su casa ubicada en pleno centro de esa ciudad. En el atentado participó un comando integrado al menos por cuatro sujetos que actuaron a cara descubierta haciendo gala de una impresionante

---

—De acuerdo a su análisis, en la sociedad chilena ¿podrá entonces reproducirse el fenómeno terrorista?

—A mí me ha tocado atender tanto en Perú como aquí, a personas muy golpeadas por todos los sufrimientos pasados. El trauma también genera violencia acumulada. En la cabeza de esta gente hay muertos, torturados, desaparecidos, años en los que no pudieron hablar. Hubo que reprimir deseos, anhelos, dolores. Y eso genera violencia interior. Con la aparición del informe de la Comisión Verdad y Reconciliación, lo que les ocurrió hace 15, 16 años, vuelve al momento presente. Es el pasado que se instala en el presente y la paz no llega porque uno u otro lado beligerante se pongan de acuerdo.

—Pero eso significaría que ellos aplicarían la Ley del Talión...

—No necesariamente, porque aquí existe un Estado que fue votado por una mayoría que se identifica con él. Entonces es el Estado el indicado para hacer prevalecer la justicia como un bien común y para implementar una serie de medidas de reparación que pasen a través del sistema judicial. Este es el único que puede canalizar nuestra violencia, de lo contrario, ésta se dispara hacia los grupos ultras que se sienten llamados a hacer justicia por sus mano. Si no hay cosa juzgada, la violencia se va a los extremos. Ahí comienza la espiral.

—¿Entonces la impunidad puede ser causal del terrorismo?

—Por supuesto, al igual que la persecución. Uno puede tolerar que lo censuren, lo controlen, lo amenacen, pero eso no significa que uno no va cargando violencia y llega un momento en que los grupos que son voceros de todo este cuadro social encarnan tus deseos de violencia acumulada y la actúan. En nuestros países se han pisoteado las reglas básicas de la convivencia nacional. Por eso es fundamental que las instituciones recobren su identidad. El Estado debe ser soberano, de lo contrario pierde su legitimidad. Ustedes viven un momento complicado porque está pre-

sangre fría, de acuerdo a las versiones de los testigos. Utilizaron balas 9 milímetros y huyeron en un taxi Opala.

La acción fue reivindicada por el Lautaro y sus razones habrían sido: 1) Venganza por la muerte de Antonioletti; 2) Dar muerte a un "torturador del sur", (aunque organismos de derechos humanos señalan que el policía nunca estuvo vinculado a situaciones represivas) y 3) Porque tanto la policía civil como la uniformada simboliza la represión en la ciudad y de esta forma se les demuestra que el control no lo tienen ellos. "La persona en sí no importa, es lo que simboliza", sería el argumento.

Esta organización —que nació a fines de 1983 de una escisión del MAPU— ha crecido preferentemente en sectores jóvenes poblacionales, estudiantiles o vinculados a personas que fueron víctimas de la represión. Sin embargo, se desconoce su propuesta política y un velo de misterio rodea la identidad de quienes conformarían su cúpula máxima aunque, según fuentes de investigaciones, dos de ellos ya están presos y un tercero estaría ubicado. A través de escasos documentos o declaraciones de alguno de sus voceros, los lautaristas han manifestado que, para ellos, nada ha cambiado en el país después del 11 de marzo del 90 y por lo tanto la guerra continúa. "El concepto terrorismo no tiene metas precisas. El terrorismo está siempre circunscrito a pequeños grupos que creen que a través de ciertas acciones violentas pueden provocar cambios en la sociedad" —argumenta Nelson Gutiérrez. Reitera que, desde marzo 1990, el grueso de la izquierda participa en el proceso democrático utilizando métodos políticos. El Lautaro no es un grupo políti-

sente, como una sombra, que recuerda el terror y proyecta con su discurso en forma velada[1] que estas cosas se pueden repetir, lo que afecta a una sociedad donde aún persiste el miedo.

—El modus operandi de Sendero, ¿podría estar siendo adoptado por algún grupo en Chile?

—En primer lugar, hay que decir que Sendero es muy eficaz. El 95 por ciento de sus atentados son mortales. A mí me hace acordar mucho a Sendero un grupo que aquí se llama Lautaro. Se acercan a la persona y a muy corta distancia le disparan y matan. Esa es una técnica senderista y una de las cosas que genera terror: la eficacia. Son también muy fanáticos, lo que es otro sesgo[2] común. Parece que tampoco el Lautaro tiene un proyecto político claro, lo que genera incertidumbre social.

—¿Cuáles según su análisis, serían las propuestas efectivas para impedir el desarrollo del terrorismo?

—Un sistema judicial eficaz, ya que es el único organismo al que le entregamos nuestra violencia. El otro punto es la organización de la sociedad y que ésta sea solidaria, utilice un lenguaje humanitario, no confrontacional ni agresivo en momentos en que aún están presentes recientes terrores. No hay que olvidar que aquí se aplicó hace muy poco el terrorismo de Estado. Finalmente la existencia de un Estado mantiene su identificación con los ciudadanos. Si aparece débil, te quedas en el aire. O el Estado canaliza la violencia reprimida o ésta sale y es actuada por diversos grupos, pero se expresa de alguna manera.

(1) oculta; encubierta   (2) rasgo

co, sino que expresa el descontento de determinados sectores sociales que han quedado muy marginados por su situación de extrema pobreza social, económica y política.

Respecto al reclutamiento que han logrado entre algunos hijos o parientes de víctimas de la represión, los psicólogos estiman que "ellos tienen en sus cabezas el recuerdo de dolor de sus seres queridos, lo que les ha acumulado violencia reprimida que de alguna manera quieren canalizar. Es ese sentimiento el que ha logrado captar el Lautaro en beneficio de su propio proyecto, lo que es lamentable"

Los psicólogos definen a la sociedad chilena como "traumatizada por el miedo", lo que se expresa en pasividad, agresividad, desinterés, inseguridad. Por ello todos apuntan a que las medidas que el gobierno, elegido mayoritariamente y con un creciente aumento de legitimidad, debe tomar deben ser rápidas. Políticos, expertos en inteligencia y psicólogos coinciden en que la violencia política no se puede erradicar si no se atacan sus causas: la extrema pobreza, la impunidad, la marginalidad de sectores jóvenes. Sólo de esta manera, sostienen, se levantarán vallas para que el terrorismo no logre contaminar a una sociedad que después de sucesivos hechos traumáticos desea vivir en paz.

—**María Eugenia Camus**
(*Análisis,* Chile)

Comprobando la lectura

Determine si las siguientes afirmaciones son ciertas o falsas y corrija las que tengan errores.

1. En Chile hay tantas acciones terroristas como en el Perú, Colombia y Bolivia.
2. Los terroristas forman un grupito cerrado que se muestra tan unido dentro de sí como hostil hacia todo lo externo a él.
3. Para los terroristas es tan válido el apoyo pasivo como el activo.
4. Sendero Luminoso se muestra respetuoso de la vida humana.
5. En Chile el terrorismo es practicado únicamente por grupos derechistas.
6. El terrorismo se ha intensificado en Chile desde la segunda etapa de la transición política.
7. En Chile, los terroristas —tanto de derecha como de izquierda— tienen como objetivo impedir el espíritu de reconciliación que actualmente marca al país.
8. Los grupos terroristas actúan con mucha agresividad porque saben que gozan del apoyo del pueblo.
9. Ariel Antonioletti fue una de las víctimas del movimiento Lautaro.
10. Los lautaristas asesinaron al prefecto de policía H. Sarmiento tanto por lo que simboliza como por sus acciones concretas.
11. No se conoce ni la ideología política del grupo lautarista ni quiénes son sus integrantes.
12. El gobierno legítimamente elegido en Chile pretende aniquilar el terrorismo al atacar sus causas de base.

Temas para conversar

1. ¿HAY TERRORISMO JUSTIFICABLE? ¿Es el terrorismo condenable en términos absolutos o hay circunstancias en que el terrorismo es justificable?

2. "TERRORISMO DE ESTADO". Se ha hablado del "terrorismo de Estado". En su opinión, ¿puede un gobierno legítimo ser responsable de acciones terroristas, o es el Estado siempre la víctima del terrorismo? Mencione ejemplos concretos en su discusión, si puede.

3. ¿TERRORISMO NORTEAMERICANO?   ¿Hay o puede haber terrorismo en los Estados Unidos? Explique las razones de su respuesta afirmativa o negativa.

4. ¿TERRORISTA YO?   ¿Sería Ud. capaz de cometer un acto terrorista? Explique su respuesta.

5. IMAGÍNESE: ¿CÓMO ERRADICAR EL TERRORISMO?   Se ha reunido un Congreso Internacional alrededor del tema del terrorismo y se ha invitado a representantes de todo tipo para discutir la mejor manera de poner fin al terrorismo internacional. Entre los invitados se encuentran:

un general del ejército	un jefe de policía
un líder religioso	un miembro de Sendero Luminoso
un pacifista	el presidente de un país democrático
un pobre	una víctima de un ataque terrorista

Cada miembro de la clase debe asumir el papel de una de estas figuras —o de otra figura de su elección— y discutir el tema. Cada uno debe representar el hipotético punto de vista de la figura que asume.

6. LA META Y LOS MEDIOS.   ¿Cree Ud. que el terrorismo es un método eficaz para llevar a cabo cambios fundamentales en el sistema de gobierno? En pequeños grupos, llenen el siguiente tablero para determinar la relativa eficacia de los siguientes métodos para realizar esta meta política:

Método	Ventajas	Desventajas
formar un partido político de oposición		
la guerrilla		
el pacifismo		
la resistencia pasiva		
la revolución violenta		
el terrorismo		
el voto		

Después de llenar el tablero todos los grupos deben compartir los resultados de su discusión con la clase.

6. IMAGÍNESE: PREPARACIÓN DE UNA ENTREVISTA DE RADIO CON UN LÍDER TERRORISTA.

En pequeños grupos hagan una lista de 5 preguntas que les gustaría hacer a un terrorista de Sendero Luminoso. Después de hacer las preguntas preparen posibles respuestas para dos de ellas. Lean sus preguntas —las que tienen y las que no tienen respuesta— a la clase. Como proyecto para la próxima clase dos personas pueden recoger las listas y preparar, con estos materiales, una entrevista con un terrorista para representar en clase.

7. EL HEROÍSMO POLÍTICO.

¿Es el arriesgar la vida por una causa política un acto de heroísmo? ¿Son héroes los terroristas que arriesgan la vida al llevar a cabo sus actos?

8. IMAGÍNESE: UN DIÁLOGO DE AMIGOS EN OPOSICIÓN.

En parejas, preparen para actuar ante la clase un diálogo entre un joven terrorista y su mejor amigo que cree en métodos menos violentos. En el diálogo cada uno intenta convencer al otro de su punto de vista sobre la manera óptima de mejorar la realidad económica de los pobres en su país.

9. LA PSICOLOGÍA Y EL TERRORISMO.

¿Qué opina Ud. de la entrevista con el psicólogo Daniel Malpartida? ¿Es posible entender los actos políticos por su dimensión psicológica? ¿Es un método valioso? ¿Es simplista? ¿Es antipolítico? ¿Rechaza o acepta Ud. el análisis de Malpartida de la psicología del terrorista?

10. EL CONTRATERRORISMO.

Parece que, según el artículo, en Chile se están formando grupos terroristas antiterroristas. ¿Piensa Ud. que el contraterrorismo y la violencia son buenos métodos para combatir el terrorismo? ¿Aprueba Ud. esto? ¿Acarrea el contraterrorismo algunos riesgos? ¿Qué otros métodos se podrían emplear para arrestar el terrorismo?

11. EL PODER DE LAS PALABRAS.

¿Es la palabra **terrorismo** una palabra simplemente descriptiva o lleva consigo una serie de juicios valorativos? ¿Qué efecto tendría el llamar a un miembro de Sendero Luminoso un revolucionario en vez de un terrorista? Paralelamente, ¿qué diferencia tendría el llamar terroristas a los revolucionarios norteamericanos de 1776? ¿Hay otras maneras en que los políticos y los gobiernos usan las palabras para influir en nuestra percepción de la realidad?

TEMAS PARA ESCRIBIR

1. UN ACTO TERRORISTA: UNA DESCRIPCIÓN. Escriba una descripción detallada de un acto terrorista real o inventado. Incluya datos concretos sobre la acción, sus causas y sus repercusiones.

2. PERÚ Y CHILE: DOS CASOS DE TERRORISMO. Utilizando este artículo y "Ser joven en el Perú" del primer capítulo, escriba un breve ensayo comparando el terrorismo como realidad política en Chile y en el Perú.

3. TOMANDO UN PUNTO DE VISTA. Ocurrió en un país imaginario de Sudamérica el secuestro y asesinato de un alto oficial del gobierno por un grupo terrorista. Escriba un artículo de fondo sobre el asunto tomando el tono de uno de estos periódicos:

La nación, un periódico de ultraderecha

Liberación, un periódico estudiantil radical

Su artículo debe usar el asunto como punto de partida para expresar la posición política fundamental de su periódico.

FACETA 4

El golpismo

Las imágenes de pronunciamientos militares en Latinoamérica son prácticamente cosa común en los medios de comunicación norteamericanos. Como para cualquier otra cosa común, lo que se presenta es un tratamiento superficial de situaciones dinámicas y complejas. El próximo artículo indaga un tanto los factores no sólo políticos sino sociales y económicos que precipitaron un intento de golpe militar en Venezuela. La fecha es 1992, pero el incidente podría haber ocurrido en cualquier momento y en otro lugar. De manera indirecta el artículo también nos hace considerar una cuestión más amplia: la delicada relación entre el gobierno y el ejército en sus respectivos ejercicios de poder.

ANTES DE LEER

1. EL PAPEL DEL EJÉRCITO.   ¿Cuál, en su opinión, es el papel adecuado del ejército en una democracia? ¿Debe el ejército intervenir en la política, o debe siempre estar al margen de ella?

2. EL GOLPE MILITAR.   En pequeños grupos, discutan los siguientes temas relacionados con el concepto del golpe militar:

en qué consiste un golpe militar

los efectos que tendría tal golpe en un país democrático

si sería posible un golpe de estado en este país

Después cada grupo compartirá sus ideas con la clase.

3. LOS GOLPES DE ESTADO EN EL PANORAMA MUNDIAL.
¿Qué países conoce Ud. que han tenido un golpe militar? Explique las razones que han conducido al golpe y los efectos resultantes. Si no conoce ningún país, investigue este tema en la biblioteca y luego dé un informe oral a la clase.

VOCABULARIO ÚTIL

PALABRAS RELACIONADAS CON LA VIOLENCIA MILITAR

alzarse   levantarse; sublevarse; rebelarse *(sustantivo relacionado:* **el alzamiento**)

allanar   entrar en la casa de alguien sin permiso y forzando la entrada

el blindado   el tanque armado

el cabecilla   el jefe de los rebeldes

el complot   la intriga, la conspiración

el cuartel   edificio para el alojamiento de la tropa

derrocar   derribar, hacer caer

Los rebeldes se alzaron con la intención de **derrocar** al presidente de la República.

rendirse   ceder; la acción de ceder la victoria de la batalla o de la guerra al enemigo y entregarse a ese mismo enemigo

la revuelta   un alboroto; un motín; una sublevación

el saqueo   la acción de entrar los soldados en un lugar para robar *(verbo relacionado: saquear)*

sitiar   poner cerco a una ciudad, plaza o fortaleza

PALABRAS RELACIONADAS CON LA ECONOMÍA

las acciones   las partes en que se considera dividido el capital de una compañía, las cuales se compran o se venden en la Bolsa

> *En los EE.UU. **las acciones** se compran y se venden mayormente en Wall Street.*

la carencia   la falta o privación de una cosa

la divisa   la moneda extranjera; la unidad monetaria de un país

> *La **divisa** de España es la peseta, la de México es el peso. El valor de estas **divisas**, como el de las acciones, está sujeto a los altibajos de la Bolsa.*

OTRAS PALABRAS Y EXPRESIONES

insólito   no común; desacostumbrado (con la implicación de "algo sorprendente por ser raro")

inusitado   insólito; raro

ir al grano   atender a la sustancia de algo, omitiendo cosas superfluas o tangentes

luego de   después de

para colmo   como última cosa (la expresión lleva la implicación de "¡y como si esto no fuera suficiente...!")

> *Lo insólito es que los cabecillas del golpe no fueron castigados sino que ascendieron a rangos más altos. **Y para colmo** algunos de ellos incluso asumieron comando en batallones importantes.*

"El fantasma en Venezuela"

Nacionalistas y violentos, los coroneles se alzan contra el gobierno de
Carlos Andrés Pérez.

Casi en coincidencia con el trigésimo cuarto[1] aniversario de la democracia, Venezuela vio conmovidos sus cimientos constitucionales por un cruento y anunciado golpe militar, que estalló en la medianoche del lunes 3 de febrero y mantuvo al país en zozobra[2] hasta pasado el mediodía del martes 4.

Cifras extraoficiales dicen que hubo más de 100 muertos (entre ellos 7 miembros de la guardia de honor del presidente Carlos Andrés Pérez) y casi 200 heridos. Pero lo más grave es que, además de denunciar una evidente fractura en los cuadros militares —constitucionalistas a ultranza[3] en los últimos 30 años—, la asonada[4] desnuda un drama determinante: el desprestigio público de los poderes bajo el aura de una evidente e incesante corrupción sin castigo.

Esa es la verdadera crisis de Venezuela y allí puede estar la chispa del golpe, alimentada también por la reavivada crisis con Colombia en la disputa limítrofe por el Golfo de Venezuela, ya que en las últimas semanas el propio presidente Pérez reconoció públicamente derechos colombianos, incentivando el malestar de los militares ultranacionalistas, preocupados también —ojo[5]— ante las privatizaciones y el plan económico de ajuste que Pérez aplica bajo las recetas tradicionales del Fondo Monetario Internacional. Todo eso pudo abonar[6] el clásico mesianismo[7] que anima a muchos hombres de armas y los hace considerarse como "salvadores de la patria". Craso error y claro pecado.

Esos "salvadores" integran, en este caso, un grupo autodenominado "Los Bolivarianos" y/o "Macate" (mayores capitanes y tenientes) comandado por cuatro tenientes coroneles, entre los que se destaca como cabecilla máximo Hugo Rafael Chávez Frías, 38 años, apodado[8] por compañeros y subalternos "El Centauro de los Llanos". Un oficial de 1,80 m de estatura, tez aceitunada y mirada severa, nacido en Los Andes (Estado Trujillo), primero en su promoción en 1974, ex instructor de la Academia Militar —donde sólo se admite a los mejor calificados— y conspirador clave desde hace, por lo menos, cinco años, bajo la prédica incesante de que sólo la salida militar podría detener el deterioro constante del país. Chávez, dicen quienes lo conocen,

---

1. el número 34 en una serie   2. inquieto   3. a muerte; al máximo   4. un grupo constituido por personas que quieren conseguir un fin especialmente político   5. ¡atención!   6. estimular   7. el sentimiento de que uno tiene la misión de salvar, como el Mesías   8. dado el nombre o el apodo de

tiene "pasta" de líder y su palabra sembró adherentes[9].

También sembró historias. Este mismo oficial y, por lo menos, dos de sus más próximos seguidores en esta revuelta —los tenientes coroneles Jesús Miguel Ortiz Contreras y Francisco Javier Arias Cárdenas, quien además es abogado— fueron investigados bajo sospecha de participar, el 29 de octubre de 1988, durante el gobierno de Jaime Lusinchi, en un suceso conocido como "La noche de los tanques". Fue cuando 24 blindados salieron de Fuerte Tiuna (el cuartel más importante de Caracas) y sitiaron la residencia presidencial La Viñeta con la pretensión de capturar al presidente encargado, Simón Alberto Consalvi, mientras Lusinchi estaba en Uruguay con el Grupo de los Ocho. Aunque el hecho no tuvo resonancia pública, porque el gobierno no quiso dársela, la investigación incluyó a once mayores pero únicamente se detuvo, enjuició y pasó a retiro a José Domingo Soler Zambrano. Chávez y los demás sólo fueron enviados a destinos lejanos.

Sin embargo, su trabajo soterrado[10] siguió. En 1989, luego de los recordados saqueos del 27 de febrero y días sucesivos —que provocaron más de mil muertos— circularon en cuarteles y guarniciones panfletos firmados por "Los Bolivarianos", condenando a los "políticos corruptos", al entonces ministro de la Defensa, Filmo López Uzcátegui, y a militares de alta gra-

duación a los que calificaban de "vagabundos". Esos y otros ruidos de sables[11] alertaron al entonces comandante del Ejército, general Carlos Julio Peñaloza Zambrano, sobre un plan subversivo que debía estallar el 7 de diciembre de ese año. Objetivos: secuestrar y asesinar al ministro del Interior, Alejandro Izaguirre, y a altos militares, para sembrar el caos y derrocar, ipsofacto, a Carlos Andrés Pérez.

UN GOBIERNO INESTABLE

• El ajuste económico impulsado por el presidente Andrés Pérez encendió la oposición de los venezolanos. Desde el 2 de febrero de 1989, cuando asumió la presidencia, Pérez enfrentó 5.000 protestas y manifestaciones.

• De ellas, 2.000 terminaron violentamente.

• En 1989, el Caracazo —casi una insurrección popular— costó 3.000 vidas.

• Hoy, el 81% de los ciudadanos afirma ser opositor a Pérez y contrario a su política económica.

Peñaloza habló con el presidente y recomendó detener a los cabecillas. ¿Quiénes eran?: los mayores Chávez Frías, Ortiz Contreras y Arias Cárdenas. Pero nada pasó

---

9. ganó partidarios   10. escondido; secreto; subversivo   11. espadas

porque —cuenta ahora Peñaloza, el Gobierno no encontró (o no quiso encontrar) *suficientes indicios legales del complot"*. Hoy muchos lamentan tanta subestimación y ligereza.

Pero lo insólito, además, es que en julio de 1991 esos tres mismos oficiales y el cuarto, implicado en el golpe de esta semana, Manuel Urdaneta Rivas, ascendieron a tenientes coroneles. Y para colmo Chávez y Ortiz asumieron comando en batallones de paracaidistas con sede[12] en Maracay: una ciudad que concentra el poderío militar de Venezuela y es sede de la Escuela de Aviación Militar y los mayores cuarteles de Ejército y Aeronáutica.

De allí partieron las tropas este 3 de febrero: dos batallones de paracaidistas para un total de 1.600 efectivos que actuaron con una violencia inusitada. Gritaban, fanatizados: "¡Si quieres a Venezuela, ríndete!"... Pero en no pocos casos mataron a los que se rendían. El golpe fue a bala limpia[13] desde el principio. En Caracas se produjeron los más feroces combates en el Palacio de Miraflores, sede del gobierno, en la base aérea Francisco de Miranda, donde está la Comandancia de la aviación y funciona también el aeropuerto civil La Carlota (en pleno centro geográfico de la ciudad) y en la muy próxima residencia presidencial La Casona, donde se inició la acción sin que éste fuera un objetivo militar clave. Eso aviva la tesis oficial de que la primera prioridad de los alzados era cometer magnicidio[14].

Además se levantaron Maracaibo, la segunda ciudad del país, donde el gobernador estuvo once horas secuestrado y Valencia, vecina a Maracay, última plaza en rendirse donde los sediciosos llegaron a controlar totalmente la situación y hasta se sumaron estudiantes de la Universidad de Carabobo a los que los soldados les dieron armas.

Sin embargo, fue el único atisbo[15] de apoyo civil. De resto, el golpe no tuvo ningún sostén político y la población —totalmente pasiva— no salió de sus casas. ¿Símbolo de rechazo? Quizá. Pero, también, hay que pensar por qué causa la gente tampoco salió para defender y apoyar al gobierno. Ni el 4 de febrero ni días sucesivos.

La respuesta se encuentra en el caldo de cultivo del golpe: la corrupción general de la clase política y su incapacidad para conducir el país por una senda de progreso.

Con menos de 20 millones de habitantes, más de 10 mil millones de dólares anuales de ingreso petrolero, privilegiada en otras riquezas naturales (hierro, bauxita, diamantes, oro) y un cuadro[16] geopolítico envidiable, Venezuela choca contra la anarquía y carencia de los servicios públicos, la inseguridad personal (jamás tan crítica como ahora), la falta de educación (el analfabetismo funcional supera el 10 por ciento) y los problemas de salud en un marco determinado por un dato espeluznante[17]: casi el 70 por ciento de la población vive en estado de

---

12. centro jurídico   13. muy violenta y sangrienta   14. asesinato en masa   15. indicio   16. conjunto
17. que hace erizarse el cabello

pobreza. Claro que la mayoría sabe que una dictadura no resuelve esos dramas. Al contrario: suele incrementarlos.

Por suerte fracasaron, en parte por la decidida acción del presidente Pérez, quien tras escapar de Miraflores llegó a un canal de televisión privado (Venevisión) y les ganó de mano a los golpistas en la comunicación pública; y en parte por la firmeza de la clase política que enfrentó el alzamiento y lo dejó sin base.

Sin embargo, todo hace ver que esta revuelta militar apenas puede ser la punta de un iceberg. Lo sugirió el propio Chávez cuando, tras ser detenido, dijo por televisión que *"por ahora"* no había logrado su objetivo. Por eso mucho tendrán que hacer el Gobierno y los partidos para evitar que se extienda la subversión en las fuerzas armadas y —primordial— no permitir que Chávez y sus trasnochados (que de seguro tendrán condena a prisión) no aparezcan como gladiadores contra la corrupción, y menos aún como árbitros de la puja[18] política.

Por lo pronto, el presidente anunció que no cambiará su política económica de "ajuste duro" ni dará marcha atrás en las privatizaciones. Durante las horas del golpe, y en los días siguientes hasta el viernes, los mercados habían reaccionado con desconfianza, liquidando acciones y tomando divisas, lo que creó el temor a que al fracasado golpe militar lo siga un más exitoso golpe financiero.

Si bien los Bancos y la Bolsa cerraron durante los combates, el dólar reabrió el jue- ves a 63,3 bolívares, la cotización más alta desde el caracazo de 1989. Las acciones cayeron unánimemente, con apenas un 20% de los papeles manteniendo su valor y ninguno ganando posiciones.

EL PROBLEMA SOCIAL

• En 1981, 37% de los venezolanos eran pobres. En 1989, los pobres ya eran el 65% de la población.

• El 57% de las familias de Venezuela puede pagarse apenas una comida al día.

• El desempleo es trágico: el 20% de los menores de 24 años que buscan su primer empleo no lo consigue.

• La caída del nivel de vida promedio es vertical. Los salarios de 1991 no llegan a la mitad, en el valor real, a los de 1981.

Pérez —y su gabinete— se alarmó ante este panorama y ante señales ambiguas desde los EE.UU. El *Wall Street Journal*, calculó que el golpe era la expresión de un descontento social que haría difícil sostener los objetivos macroeconómicos de Venezuela para este año. *"Hay que crear un ambiente de optimismo —respondió Pérez—, de confianza en el país"*. Asimismo, los voceros del Gobierno adop-

---

18. ímpetu

taron la línea de afirmar que el golpe *"fue contra el Gobierno, y no contra la Democracia"*.

Por otro lado, el Gobierno continuó actuando con firmeza contra los golpistas y sus posibles aliados. En Maracaibo, hubo decenas de arrestos entre saqueadores, y en Caracas fue allanada la revista *Zeta*, de ultraderecha, y detenido Noé Acosta, un militar retirado y conocido militante izquierdista. En Carabobo, al norte de la Capital, la policía allanó la Universidad local y secuestró un verdadero arsenal.

Mientras militares leales y policías buscaban desarticular la oposición más violenta, y el Ministro de guerra anunciaba que los detenidos irían a Consejo de Guerra y recibirían penas de hasta 28 años de prisión, el diario *El Nacional* publicaba una encuesta de opinión donde el 58,3% de los entrevistados consideraba que el golpe haría que el Gobierno cambie su política económica y que los políticos *"rectifiquen actitudes"*. Un militar opositor —pero no golpista— fue más al grano: *"los militares se levantaron cuando ya se habían levantado los maestros, los jueces, los estudiantes, los obreros y los médicos"*.

Es que la cuestión social está en el fondo de todos los acontecimientos de esta semana. Venezuela es un "showcase" para las políticas de ajuste en el continente y su crecimiento —5,3% del PBI en 1990, 9,5% en 1991— no se transfiere a mejores condiciones de vida para la población. *"Todos los días tenemos menos para comer* —dijo un anónimo trabajador al diario *El Globo*— *y peores escuelas y hospitales. Queremos un cambio, no queremos a Pérez y su política de hambre, ya no nos venden más espejos"*.

—Marcia Rodríguez
(*Noticias*, Venezuela)

COMPROBANDO LA LECTURA

1. Mencione los factores que estimularon el golpe militar en Venezuela.
2. Explique cómo surgió Hugo Chávez como líder del golpe.
3. Resuma lo que ocurrió en "la noche de los tanques".
4. Exponga cómo el mismo gobierno —consciente o inconscientemente— contribuyó a que se realizara el golpe.
5. Describa las tácticas de los militares rebeldes al llevar a cabo el golpe.
6. ¿Qué papel hizo el pueblo durante el golpe y qué factores sociales influyeron en su conducta?
7. ¿Por qué fracasó el golpe?
8. ¿Qué peligros corre Venezuela tras el fracaso golpista?
9. ¿Qué medidas tomó el gobierno para frenar a los golpistas y a sus aliados?

TEMAS PARA CONVERSAR

1. ¿ENEMIGOS? ¡A LA DEFENSA!   ¿De qué o contra qué debe defenderse un país? ¿Cómo debe defenderse de sus enemigos? En pequeños grupos llenen el tablero que figura a continuación. Después cada grupo debe compartir sus ideas con la clas

Amenazas posibles	¿Defenderse o no?	Estrategias de defensa
crimen y delincuencia		
desastres naturales		
disturbios populares		
golpismo		
invasión extranjera		
oposición ideológica		
terrorismo		
elija otra amenaza...		

2. LAS FUERZAS ARMADAS Y LA PAZ.

¿Qué función debe tener un ejército en tiempos de paz? ¿Se compensa el gasto de mantener un ejército en tales momentos? ¿Cuál sería el efecto de reducir o eliminar el ejército en los tiempos pacíficos? En vista de que ya se ha acabado la Guerra Fría: ¿qué proporción del presupuesto de una nación moderna debe dedicarse a gastos militares?

3. GOLPISMO CONTRA TERRORISMO.

El estancamiento económico, la desproporcionada distribución de la riqueza y la corrupción son los factores que condujeron a un intento de golpe militar en Venezuela. En cambio, en Chile los mismos factores desembocan en el terrorismo. ¿Son el golpismo y el terrorismo fenómenos diferentes o son cruz y cara de una misma moneda? ¿Desempeñan el mismo papel? ¿Tiene Ud. más simpatía por uno de estos dos fenómenos?

4. LA INTERVENCIÓN NORTEAMERICANA.

¿Debe los Estados Unidos intervenir en una situación como la descrita en el último artículo para proteger un sistema democrático? ¿Cuáles serían los efectos de nuestra intervención? ¿Y los de nuestra no intervención? ¿Cuáles son los límites legítimos de tal intervención en el hemisferio?

5. ATAQUES CONTRA UN GOBIERNO.

¿Qué opina Ud. de la afirmación de que el intento golpista en Venezuela "fue contra el gobierno y no contra la democracia"? ¿Es posible atacar un gobierno legítimo sin atacar o afectar el sistema político? ¿Se justifica que el ejército se subleve contra un gobierno democráticamente elegido, actuando de parte de la mayoría, si dicho gobierno no cumple lo que prometió? Refiérase a casos concretos si Ud. los conoce.

6. EL EJÉRCITO Y LA OPOSICIÓN INTERNA.

¿Se puede justificar el uso del ejército por un gobierno democrático para aplacar la inquietud civil? ¿Puede Ud. dar ejemplos de algunos casos concretos en que este tipo de intervención ha ocurrido? ¿Cuáles fueron los efectos o los resultados de tal intervención? ¿Es igual o diferente el uso de la policía en tales casos?

7. ¿CASTIGAR A LOS GOLPISTAS? ¿Considera Ud. el intento golpista en Venezuela un acto de sedición o de patriotismo? ¿Debe imponerse un castigo a los que participaron en él? En tal caso, ¿en qué debería consistir?

8. ¿ALISTARSE EN EL EJÉRCITO? En pequeños grupos preparen una lista de las razones por las que uno se alistaría al ejército y una segunda lista de las razones por las que ésta no sería una alternativa atractiva. Examinen, por ejemplo, factores como los siguientes:

el salario

el prestigio social

la estabilidad profesional

el uniforme

otros factores

9. DEBATE: EL SERVICIO MILITAR. Escoja uno de los dos puntos para debatir como tema con sus compañeros:

El servicio militar debe ser obligatorio para todos los jóvenes.

El servicio militar debe ser un sistema voluntario.

10. EL EJÉRCITO: ¿UNA INSTITUCIÓN MASCULINA? En Latinoamérica el ejército es una institución eminentemente masculina. ¿Qué opina Ud. de las afirmaciones siguientes?:

El ejército debe componerse únicamente de hombres.

El ejército debe integrar mujeres y homosexuales.

Todo el mundo debe cumplir alguna forma de servicio nacional, aunque no consista necesariamente en el servicio militar.

Se debe eliminar el ejército en su presente forma.

Hay que disuadir a todos de servir en las fuerzas armadas porque esta institución perpetúa los valores agresivos y machistas.

11. ¿UN EJÉRCITO PROFESIONAL? Discuta las ventajas y desventajas de tener un ejército profesional y las de tener un ejército de reclutas, o sea, de no profesionales?

TEMAS PARA ESCRIBIR

1. UNA CARTA PIDIENDO AYUDA. Tomando la voz del presidente de Venezuela, escríbale una carta al presidente de los EE.UU. pidiendo ayuda y consejos para afrontar la situación que atraviesa su país en estos momentos críticos.

2. UN EDITORIAL ANTIGOLPISTA. En forma de editorial periodístico, escriba un ensayo exponiendo cómo se debe lidiar con los militares golpistas venezolanos después de su intento.

3. EL GOLPE Y LA PAZ. Tomando el punto de vista del escritor del artículo "La paz: Un problema educativo" del primer capítulo de este libro, analice el fenómeno del golpe militar y su relación con la meta de crear una sociedad educada por y para la paz.

ÚLTIMAS CONSIDERACIONES

Eduardo Galeano

El autor uruguayo Eduardo Galeano (nacido en 1940), cuya obra más conocida, *Las venas abiertas de América Latina* (1971), examina la historia de la explotación económica en el continente vecino del sur, ha conocido los efectos de vivir en un país políticamente represivo. Pasó años exiliado en Argentina y España hasta poder regresar a su país natal en 1985. Las siguientes selecciones de su libro *El libro de los abrazos* (1989), una colección de recuerdos, anécdotas e imágenes, examinan tres aspectos de lo que él llama "La cultura del terror".

Eduardo Galeano

La cultura del terror/1

La extorsión,
el insulto,
la amenaza,
el coscorrón[1],
la bofetada
la paliza[2]
el azote,
el cuarto oscuro,
la ducha helada,
el ayuno[3] obligatorio,
la comida obligatoria,
la prohibición de salir,
la prohibición de decir lo que se piensa,
la prohibición de hacer lo que se siente
y la humillación pública
son algunos de los métodos de penitencia y
tortura tradicionales en la vida de familia.
Para castigo de la desobediencia y escarmiento[4] de la libertad, la tradición familiar
perpetúa una cultura del terror que humilla a
la mujer, enseña a los hijos a mentir y contagia la peste del miedo.

—*Los derechos humanos tendrían que
empezar por casa* —me comenta, en Chile,
Andrés Domínguez.

La cultura del terror/4

Fue en un colegio de curas, en Sevilla. Un
niño de nueve años, o diez, estaba confesando sus pecados por vez primera. El niño
confesó que había robado caramelos, o que
había mentido a la mamá, o que había
copiado al vecino de pupitre, o quizá confesó que se había masturbado pensando en la
prima. Entonces, desde la oscuridad del
confesionario emergió la mano del cura, que
blandía una cruz de bronce. El cura obligó
al niño a besar a Jesús crucificado, y mientras le golpeaba la boca con la cruz, le
decía:

—*Tú lo mataste, tú lo mataste...*

Julio Vélez era aquel niño andaluz arrodillado. Han pasado muchos años. Él nunca
pudo arrancarse eso de la memoria.

La cultura del terror/5

A Ramona Caraballo la regalaron no
bien supo caminar.

Allá por 1950, siendo una niña todavía,
ella estaba de esclavita en una casa de
Montevideo. Hacía todo, a cambio de nada.

Un día llegó la abuela, a visitarla.
Ramona no la conocía, o no la recordaba.
La abuela llegó desde el campo, muy apurada porque tenía que volverse en seguida al
pueblo. Entró, pegó tremenda paliza a su
nieta y se fue.

Ramona quedó llorando y sangrando.

La abuela le había dicho, mientras alzaba el rebenque[5]:

—*No te pego por lo que hiciste. Te pego
por lo que vas a hacer.*

---

1. un golpe en la cabeza, que no saca sangre pero duele   2. un golpe dado con la mano o un palo   3. el no
comer   4. lección aprendida a través del castigo   5. un látigo o azote de cuero o cáñamo

PARA CONVERSAR

1. LAS VÍCTIMAS DEL TERROR. Discutan hasta qué punto los niños y las mujeres son o no son víctimas de la cultura de terror.

2. ANÁLISIS DEL TÍTULO. ¿Cuál es su reacción personal al título que da Galeano a estas anécdotas? ¿Es el título apropiado? ¿Es exagerado o tremendista?

PARA ESCRIBIR

Escriba su propia anécdota del tipo de las que se encuentran en estas selecciones, la cual se podría incluir en un libro titulado *La cultura del terror.* Después unos miembros de la clase pueden recoger estas anécdotas y publicarlas en un pequeño libro para la clase.

CAPÍTULO 5

EL BIENESTAR DE UN MUNDO EN TRANSICIÓN: ECOLOGÍA, MEDICINA, TECNOLOGÍA

El siglo XX ha probado que el ser humano puede trascender los límites naturales. Por un lado, la humanidad ya ha logrado dominar la naturaleza, y por otro, ha creado un nuevo universo artificial —el de los ordenadores. Además de esto, se han encontrado maneras de extender la vida: la medicina moderna ha conseguido mantener a raya gran número de enfermedades mortales. Pero, ¿son estos "milagros" verdaderos avances? Si la ciencia y la tecnología han creado nuevas posibilidades y oportunidades, también encierran nuevos peligros y amenazas: al dominio sobre la naturaleza ha seguido el deterioro del planeta, y con el milagro médico han surgido cuestiones éticas sobre el valor de los esfuerzos heroicos de prolongar la vida. Por último, la tecnología que nos libera de trabajos enojosos y alcanza lo que no es capaz de abarcar la inteligencia humana, amenaza con reemplazar al hombre y da lugar a un sinfín de obras de ciencia–ficción apocalípticas.

¿Llegará el día en que las máquinas remplacen al ser humano?

Este capítulo, que se cierra con una visión perturbadora tras examinar los tres temas ya mencionados —ecología, medicina y tecnología— tiene el propósito de explorar este momento de transición. Desde ahí se enfoca la cuestión del bienestar del planeta y de nuestro futuro.

Vocabulario temático

Nota: Muchas de las palabras relacionadas con estos temas son cognados del inglés que no necesitan traducción. Sin embargo, sería útil tomar nota de su versión castellana.

1. Vocabulario relacionado con el tema de la ecología.

el ambiente / el medio / el medio ambiente   el entorno natural (adjetivo relacionado: ambiental)

la capa de ozono

el clima

la contaminación / la polución

los desechos tóxicos   los residuos tóxicos de las fábricas, las sustancias químicas, etc.

la deforestación

el efecto invernadero   el calentamiento del planeta como consecuencia de los desechos tóxicos

las especies de animales

los recursos naturales   los elementos propios del planeta, como los minerales, los bosques, el agua, el suelo y sus productos

el suelo   la tierra

talar (los árboles, los bosques, etc.)   cortar (los árboles, los bosques, etc.)

2. Palabras relacionadas con el tema de la medicina.

la convalecencia

dañino   que hace daño o mal

el diagnóstico

empeorar   ponerse peor

fortalecer(se)   poner(se) más fuerte

el infarto   un ataque cardíaco

la intervención quirúrgica   una cirugía; una operación médica

nocivo   tóxico

el padecimiento   la enfermedad *(verbo relacionado:* **padecer** –sufrir)

los primeros auxilios   la ayuda médica básica

la radiografía   los rayos X

reponerse   recuperarse

la sanidad   la salud

sanitario   relacionado a la salud

los seguros médicos

la silla de ruedas   silla que sirve de transporte a los que no pueden caminar

la tasa de mortalidad   proporción o porcentaje de muerte en una población

el trasplante (de riñón / pulmón / hígado / corazón / órgano vital)

3. PALABRAS RELACIONADAS CON EL TEMA DE LA TECNOLOGÍA.

el adelanto   el avance

los datos

la informática   el universo de las computadoras: su ciencia, su tecnología, el sistema informático que suministra

el ordenador   la computadora

el raciocinio   la capacidad de razonar

PARA SEGUIR AVANZANDO: VOCABULARIO PARA AYUDAR EN LA EXPOSICIÓN DE UN ARGUMENTO

I. EXPRESIONES PARA LAS DIFERENTES ETAPAS DE UN ARGUMENTO

En un argumento, a menudo se necesitan expresiones que enlazan las diversas ideas que se elaboran. Las siguientes son expresiones que sirven de introducción, transición o conclusión en el desarrollo de un argumento.

A. PARA ABRIR UN ARGUMENTO

Después de plantearse el tema general, se puede abordar la primera etapa del argumento con las expresiones siguientes:

Como punto de partida

>**Como punto de partida,** consideremos la cuestión de la calidad de vida de las favelas.

En primer lugar

Lo primero que hay que considerar

Para empezar

Partiendo de

> **Partiendo de** los resultados del estudio, se nota la necesidad de una acción inmediata.

Primero

B. Para ejemplificar y dar más evidencia

Las siguientes expresiones sirven para adelantar el argumento ofreciendo o añadiendo evidencia o ejemplos:

Además / Es más / Lo que es más / Más aún

> La medicina puede extender la vida de muchos; **además / es más / lo que es más / más aún,** la puede prolongar sin reducir la calidad de vida.

Con respecto a

> **Con respecto a los jóvenes**, en ellos residen las esperanzas para el futuro del planeta.

Conviene (señalar / indicar / recordar) / No está de más (señalar / indicar / recordar)

> **Conviene señalar / No está de más señalar** que si no se frena la contaminación se deteriorará el bienestar del planeta.

En gran parte / Por lo general

Para ilustrar / Por ejemplo

Según (las estadísticas / la información / los datos / los estudios / los especialistas)

También viene al caso / También hay que considerar

> Al hablar del daño ambiental producido por los desechos tóxicos **también viene al caso** considerar los efectos a la salud humana.

C. Expresiones que reflejan relaciones de causa o efecto

Las siguientes expresiones adelantan un argumento al poner de relieve los factores causativos del tema y/o sus resultados:

como / puesto que / ya que

> **Como / Puesto que / Ya que** mucha gente ignora la magnitud del peligro ecológico, los ecologistas comprenden la necesidad de concientizar al público.

como consecuencia (de) / como resultado (de)

por / a causa de / debido a

> En algunos países desarrollados ha bajado la tasa de mortalidad **por / a causa de / debido a** los adelantos médicos.

por + el infinitivo

> **Por llevar una vida agitada,** muchos padecen de enfermedades crónicas a una edad temprana.

D. PARA LLEGAR A UNA CONCLUSIÓN, RESUMIR O CONCLUIR UN ARGUMENTO

Para sintetizar o concluir lo que se ha expuesto en un discurso oral o escrito son útiles las expresiones siguientes:

a fin de cuentas / al fin y al cabo

> **A fin de cuentas / Al fin y al cabo** el bienestar del planeta nos afecta a todos.

en fin / en resumen / en resumidas cuentas / en total

> El efecto invernadero puede producir grandes trastornos agriculturales, climáticos y sanitarios: **en fin / en resumen / en resumidas cuentas / en total,** una serie de desastres imprevisibles.

entonces

finalmente

para concluir

por consiguiente / por ende / por lo tanto / por eso

> La informática está presente en todos los aspectos de la vida moderna, **por consiguiente / por ende / por lo tanto / por eso** se puede decir que se ha pasado de la Edad Industrial a la Edad de la Informática.

II. PARA CONSTRUIR AFIRMACIONES MESURADAS

Cuando queremos transmitir nuestro punto de vista u ofrecer evidencia objetiva reconociendo que su valor no es absoluto y que por lo tanto no conviene generalizar, las siguientes expresiones sirven para matizar la afirmación:

a menudo

bajo ciertas circunstancias

contadas veces

de vez en cuando

en determinados casos

en la mayor parte de los casos

normalmente

sólo cuando

III. PARA ESPECULAR Y CREAR FRASES HIPOTÉTICAS: FRASES CON LA PALABRA *SI*

Aunque hay diversas maneras de especular y formar hipótesis en español, la manera más corriente es a través de la conjunción **si**.

A. PARA INVITAR A UNA ESPECULACIÓN CON UNA PREGUNTA

Si + el presente, seguido de una pregunta en el futuro, para invitar a especular sobre un caso hipotético probable en el presente o el futuro.

> Si mueren todos los árboles, ¿podrán sobrevivir los seres humanos?

> Si las computadoras proliferan, ¿habrá suficiente trabajo para todos?

Si + el imperfecto del subjuntivo, seguido de una pregunta en el condicional, para invitar a especular sobre un caso hipotético poco probable en el presente o el futuro.

> Si murieran todos los árboles, ¿podrían sobrevivir los seres humanos?

> Si las computadoras proliferaran, ¿habría suficiente trabajo para todos?

Si + el pasado pluscuamperfecto del subjuntivo, seguido de una pregunta en el condicional o en el condicional compuesto, para invitar a especular sobre un caso hipotético pasado.

> Si no hubiéramos inventado la bomba nuclear, ¿tendríamos hoy tantos problemas ecológicos?

> Si los españoles no hubieran llegado al suelo latinoamericano, ¿habría evolucionado de otra manera la vida de los indígenas?

B. PARA ESPECULAR EN FRASES DECLARATIVAS

Si + el imperfecto del subjuntivo, seguido del condicional para especular sobre un caso hipotético poco probable en el presente o el futuro.

> Si murieran todos los árboles, los seres humanos morirían también.

> Si las computadoras proliferaran, todos estaríamos en paro.

Si + el pasado pluscuamperfecto del subjuntivo, seguido del condicional o del condicional compuesto para especular sobre un caso hipotético pasado.

Si no hubiéramos inventado la bomba nuclear, existiría menos radiación.

Si los españoles no hubieran llegado al suelo latinoamericano, los indígenas habrían desarrollado sus propios métodos agrícolas.

En torno al tema: Conversación

1. Diálogo: ¡Cómo han cambiado los tiempos!
La guerra entre lo antiguo y lo moderno es un tema constante en la historia: los mayores consideran que su mundo era mejor mientras que los jóvenes creen en el valor de lo moderno. Trabajando en parejas, preparen un diálogo entre un joven de hoy y su abuelo o abuela en que cada uno insiste en la superioridad del mundo de su generación. Cada pareja debe enfocar su diálogo en torno a uno de los siguientes aspectos:

la calidad de vida en general

el mundo natural frente a la industrialización

el tratamiento médico

los adelantos tecnológicos

Después de preparar en clase o en casa el diálogo, preséntenlo ante la clase. Los miembros de la clase deben decidir quién es más convincente y por qué.

2. Imagínese: Los fondos son limitados.
El gobierno de su país insiste en que no hay dinero para corregir todos los problemas ambientales que existen y que sería mejor dedicarse a sólo **uno** de ellos. Imagínense que Uds. son los ecologistas oficiales del gobierno y que éste les encarga considerar cuál de los siguientes problemas merece atención inmediata. En grupos pequeños elijan el problema más urgente y expliquen a la clase el por qué de su elección:

el efecto invernadero

la contaminación del agua

la contaminación del aire

la deforestación

los desechos tóxicos

la destrucción de la capa de ozono

la extinción de especies de animales

la lluvia ácida

otro tema que no se encuentre en esta lista

3. EL ORDENADOR EN NUESTRA VIDA.
En pequeños grupos hagan una lista de 8 maneras en que el mundo sería diferente si no existieran los ordenadores. Después de preparar la lista examínenla para determinar si, en su opinión, la invención del ordenador ha cambiado el mundo en que Uds. viven de una manera profunda o si los cambios que ha efectuado son superficiales y de poca importancia.

4. IMAGÍNESE: EL BIENESTAR DEL MUNDO.
Imagínese que cada uno de Uds. es médico o investigador científico y que Uds. se han organizado para presentar al presidente de su país una serie de recomendaciones para mejorar el nivel general de salud de sus ciudadanos. En pequeños grupos hagan una lista de 5 recomendaciones (por ejemplo: hay que aumentar los impuestos de los cigarrillos para que fume menos gente).

5. IMAGÍNESE: ¿QUÉ HACER CON LOS VIEJOS INVENTOS?
El mundo tecnológico cambia tan rápidamente que muchos de nuestros inventos de hoy se volverán anticuados mañana. Imagínense que Uds. son los jefes de una empresa y que su almacén está lleno de objetos que ya nadie quiere comprar por anticuados. En pequeños grupos encuentren nuevos usos para los siguientes aparatos:

el teléfono	la nevera
el disco compacto	el automóvil
el horno microondas	la bombilla eléctrica
el ordenador personal	otro aparato de su elección

EN TORNO AL TEMA: REDACCIÓN

1. NUESTRO FUTURO.
Escriba un pronóstico de la vida de nuestro planeta en el año 2.050 describiendo los cambios en torno a los temas de ecología, medicina y/o tecnología. Para hacer más interesante su descripción elija un tono particular: optimista, pesimista, triunfalista, trágico, cómico, irónico, moralista, etc.

2. MI UTOPÍA. En 3 párrafos describa su propia versión de un mundo utópico, un mundo que ha logrado resolver los problemas ecológicos, sanitarios y tecnológicos que hoy nos afectan.

FACETA 1

Ecología y desarrollo

El artículo siguiente es tanto un desafío como un voto de confianza en la capacidad de la generación joven de hoy día para enfrentar los graves problemas ambientales del momento. Procedente del Ecuador, este artículo repasa la forma específica que toma la contaminación en los países en desarrollo, contemplando su situación en un contexto global. En forma sumaria insiste en la urgencia de salvar el planeta, tarea que no se puede postergar hasta otra generación.

ANTES DE LEER

1. LA ECOLOGÍA A TRAVÉS DEL MUNDO. Cada región del mundo tiene sus propios problemas ecológicos. En grupos pequeños llenen el tablero y después comparen sus respuestas con las de los otros grupos:

Lugar geográfico	Problema ecológico
México, D.F.	
Brasil	
Nueva York	
Los Ángeles	
África	
India	
Rusia	
China	
otro lugar	

2. LA ECOLOGÍA Y SUS CONSECUENCIAS. ¿Han tenido algún efecto directo en su vida personal o en la comunidad en que Ud. vive algunos de los problemas mencionados en la actividad 1?

3. POBREZA: ¿UN PROBLEMA PERSONAL? ¿Existe una relación entre la pobreza y la contaminación del medio ambiente? ¿Se puede considerar la pobreza un problema ecológico? ¿Se puede considerar una causa de algunos problemas ecológicos?

VOCABULARIO ÚTIL

PALABRAS RELACIONADAS CON EL SUBDESARROLLO

la desnutrición   la falta de nutrición adecuada

el hacinamiento   el vivir en barrios superpoblados

la insalubridad   la ausencia de condiciones sanitarias

la supervivencia   el sobrevivir en condiciones adversas

PALABRAS QUE DESIGNAN A BARRIOS POBRES

el arrabal

las favelas

los suburbios

las villas miseria

OTRAS PALABRAS Y EXPRESIONES

bregar   luchar; trabajar afanosamente

concientizar   despertar la conciencia o el conocimiento de algo

el pan de cada día   las realidades cotidianas

> *La desnutrición, las enfermedades y la miseria son **el pan de cada día** de muchos latinoamericanos.*

"Ecología: Un tema joven por excelencia"

Mucho se ha hablado de los distintos problemas ambientales que tiene el mundo, si bien la mayoría de las veces con más vehemencia que conocimiento. Existe una tendencia a separar el problema ambiental de aquellos otros que sufre la sociedad, aislando y tratando de solucionarlo fuera de un contexto general. Sin embargo, hoy en día ya no se puede ignorar la relación que existe entre los problemas ambientales y los problemas sociales.

La contaminación ambiental es uno de aquellos, a nivel mundial. América Latina y el Ecuador no son la excepción. Las fuentes más importantes de contaminación en Sudamérica son básicamente tres: la acción de los países desarrollados e industrializados (la destrucción de la capa de ozono y el "efecto invernadero" han trascendido las fronteras de los países responsables); las propias actividades industriales de los países sudamericanos; y, en cierta forma, las actividades bélicas[1]. Sin embargo, Josué de Castro decía hace ya algunos años que el subdesarrollo es igualmente causa de contaminación, pues también se pueden encontrar serios conflictos ambientales como hacinamiento y contaminación en las callampas, en las villas miseria, las favelas o los cantegriles[2] de América Latina. Hambre, desnutrición, enfermedades endémicas, miseria, insalubridad, promiscuidad, desintegración moral, son el pan de cada día de casi un 53% de latinoamericanos. La polución por miseria es sin duda más dramáticamente generalizada que la contaminación de origen industrial.

La deforestación de los bosques es el tema ecológico que más reacciones ha suscitado en la gente.

La explotación y degradación de los recursos naturales, es otro problema grave que afecta al país. Fundamentalmente la deforestación del bosque tropical ha levantado toda una reacción nacional e internacional en su contra. Los bosques y selvas que ocupan cerca del 20% de la extensión

---

1. relacionadas con la guerra   2. lugares donde residen los pobres

de la tierra son, junto con los océanos, reguladores del clima y mantienen miles de especies animales y vegetales en su interior. Son importantes en el suministro de agua, pues interceptan la humedad de las nubes y protegen las cuencas hidrográficas[3], evitando la sedimentación y la erosión y protegiendo así los suelos. Su destrucción ha llevado al borde de la extinción a centenares de especies animales y vegetales, muchas de las cuales ni siquiera han sido estudiadas, y lo que es igualmente grave, ha contribuido a la eliminación de culturas indígenas fuertemente dependientes de la selva.

Otros problemas no menos graves para el ambiente, como la destrucción y erosión de los suelos, la urbanización descontrolada, la desertificación[4], el uso indiscriminado de pesticidas y la cacería[5] para comercio y tráfico, entre otras, son también parte de un problema mucho más global y complejo. Conocer los problemas ambientales, identificarlos y buscar soluciones coherentes son las tareas que les corresponden a los jóvenes de hoy, dada la grave responsabilidad que tienen de dejar para las futuras generaciones, un ambiente vivible. La conservación deja de ser entonces una cuestión "snob", un asunto alejado de la realidad, o un pensamiento altruista, para convertirse en un problema de supervivencia.

Mientras no se establezca un Nuevo Orden Económico Internacional que contribuya a que los países del Tercer Mundo salgan del subdesarrollo, mientras no se adopte una ética del medio ambiente y mientras no creamos que conservación y desarrollo económico son compatibles, las relaciones del hombre con la biósfera seguirán deteriorándose.

Los jóvenes estamos en una verdadera carrera contra el tiempo, pues a nuestra generación le corresponde la obligación de disminuir la brecha entre el hombre y la naturaleza, luchando por la conservación de los recursos vivos en pro de un desarrollo sostenido, bregando por el mantenimiento de los procesos ecológicos esenciales, vitales para el desarrollo del hombre, buscando la preservación de la diversidad genética, sobre todo en los cultivos de importancia económica, investigando nuevos métodos para lograr una utilización racional y sostenida de especies y ecosistemas y fundamentalmente, concientizando a quienes deben tomar decisiones y a los políticos, en la problemática ambiental.

En el país se ha dado actualmente un brote positivo de grupos y fundaciones (gubernamentales o no), de defensa del ambiente, muchos de los cuales se encuentran realizando una importante labor en procura de soluciones a estos múltiples problemas. Han sido los jóvenes, la mayor parte de las veces, los motores y motivadores de muchos de esos proyectos y deben ser ellos, quienes con criterios técnicos y científicos encuentren las soluciones que el país, la sociedad y el mundo necesitan, con una concepción integral sobre los seres

---

3. las reservas de agua   4. el transformar en desierto   5. la caza

vivos, el hombre y el medio ambiente físico y cultural.

No es una tarea sencilla, pues son muchos y poderosos los intereses económicos que se encuentran detrás de los conflictos ambientales, así como también es grande la ignorancia que un vasto sector de la sociedad tiene sobre aquellos. Hoy más que nunca están vigentes las palabras de aquel pensador: "La Tierra no la heredamos de nuestros padres; la tomamos prestada a nuestros hijos" y a ellos tenemos que entregarla con toda la vida, que luego de tres mil millones de años de cambios y transformaciones, constituye el tesoro más grande del planeta.

—Tarsicio Granizotamayo
(*Cuadernos de Nueva,* Ecuador)

COMPROBANDO LA LECTURA

1. ¿Qué países son los más responsables por los problemas ambientales, tales como la contaminación del aire, la destrucción de la capa de ozono y el efecto invernadero?

2. ¿Qué forma toma la polución en Latinoamérica, según el artículo? ¿Considera Ud. que **polución** es un término adecuado para referirse al problema planteado en el artículo?

3. ¿Cuál ha sido la reacción general con respecto al tratamiento de los bosques tropicales? ¿Cómo se explica este tipo de reacción? ¿Cuál ha sido su efecto **cultural?**

4. Contraste los problemas ambientales globales que son propios sólo de Latinoamérica, y quizá de otros países en desarrollo.

5. ¿Por qué piensa el autor que es la obligación de los jóvenes compaginar el mantenimiento de los procesos ecológicos con el desarrollo económico?

6. ¿Por qué es que el ecologismo connota **esnobismo** para algunos?

7. ¿Cómo se está manifestando la conciencia ecológica en el Ecuador?

Temas para conversar

1. El subdesarrollo: ¿Causa o efecto?

¿Está Ud. de acuerdo con la opinión de Josué de Castro de que "el subdesarrollo es (...) causa de contaminación, pues también se pueden encontrar (allí) serios conflictos ambientales..."? ¿Son los problemas que él enumera causa o efecto de la contaminación? ¿O son efecto de otros factores?

2. Los tipos de contaminación.

¿Cuál es más grave en su opinión: la "polución por miseria" o la de "origen industrial"?

3. La tecnología y la ecología.

En pequeños grupos hagan una lista de los avances tecnológicos que han contribuido directamente a los problemas ecológicos. Cada grupo debe leer su lista a la clase para después discutir todos juntos si los problemas ambientales son una consecuencia inevitable del alto nivel de vida material que nos proporcionan la industrialización y el adelanto técnico.

4. Imagínese: Programa educativo.

Imagínense que Uds. son los directores de un sistema educativo y que el gobierno les ha mandado a integrar el tema de la ecología en los primeros años de clase de las escuelas primarias. En pequeños grupos decidan cómo van a llevar a cabo esta directiva y las actividades específicas que van a incluir en el programa para crear una conciencia ecológica en los estudiantes más jóvenes de sus escuelas.

5. Debate.

Divídanse en dos grupos para preparar un debate entre un grupo de ecologistas, por un lado, y los directores de una empresa de madera, por otro. Los empresarios han solicitado al gobierno permiso para talar un bosque con fines comerciales y como manera de asegurar más empleo en su distrito. Pero resulta que este bosque alberga una especie de ave en vías de extinción.

Temas para escribir

1. Propaganda juvenil.

Prepare un cartel para mostrar a un grupo de niños escolares un problema ecológico y su solución posible. Use dibujos y palabras.

2. LOS ADULTOS SON LOS RESPONSABLES. Escriba, como joven, un artículo titulado "Ecología: un tema adulto por excelencia".

3. LA TIERRA: LA HERENCIA DE TODOS. Escriba un comentario sobre la cita siguiente: "La tierra no la heredamos de nuestros padres; la tomamos prestada a nuestros hijos".

FACETA 2

Dos perspectivas de la preocupación ecológica

Uno de los temas ecológicos vigentes es el del efecto invernadero, un proceso que amenaza, según unos, el equilibrio atmosférico. Dicho efecto climático es resultado de la industrialización y por eso podría ser arrestado si se tomaran las medidas necesarias. Sin embargo, los científicos no están de acuerdo en cuanto a la validez de la teoría de este efecto climático y muchos tildan de alarmantes las afirmaciones de los que proyectan un cambio climático radical.

Los dos artículos que siguen, ambos procedentes de México, toman puntos de vista opuestos en cuanto a su acercamiento al tema. El primero describe los cambios como si fueran verdades patentes, mientras el segundo pone en tela de juicio la autoridad de tales pronunciamientos en boca de grupos no oficiales.

ANTES DE LEER

1. DESDE QUE EL MUNDO ES MUNDO. ¿Está Ud. de acuerdo con la teoría evolucionista o cree que se puede explicar los comienzos del mundo de otra manera? Discuta este tema con sus compañeros.

2. EFECTOS DEL "PROGRESO". En pequeños grupos discutan cuál ha sido el efecto sobre el planeta de:

la utilización de combustibles fósiles

la deforestación masiva de los bosques

la producción de gases clorofluorocarbonados de los aerosoles

Intercambien esta información con el resto de sus compañeros.

3. ORGANIZACIONES ECOLOGISTAS.

¿Qué opina Ud. de organizaciones ecologistas como Sierra Club, Greenpeace y el Partido Verde europeo? ¿Son demasiado alarmantes? ¿Sirven para educar al público sobre asuntos urgentes? ¿Son sus programas factibles? Comente su punto de vista con sus compañeros.

VOCABULARIO ÚTIL

PALABRAS RELACIONADAS CON EL PLANETA Y EL MEDIO AMBIENTE

el derretimiento   la transformación de un sólido en líquido, como la del hielo en agua *(verbo relacionado:* **derretir(se)**)

el entorno   el medio ambiente

el hongo nuclear   el vapor en forma de hongo que se produce después de una explosión nuclear

un pantano   reserva o depósito de agua

un trastorno   algo que invierte el orden o el ritmo normal de las cosas

VERBOS

atañer   implicar; corresponder; pertenecer; interesar; concernir.

Ya que el mundo se ha convertido en una aldea global, **nos atañen** *a todos los trastornos que ocurren en cualquier parte.*

espantar   asustar; infundir miedo

lidiar   luchar

ocasionar   causar

sustentar   alimentar; mantener vivo

EXPRESIONES

acto seguido   inmediatamente después

El presidente supo del accidente nuclear, y **acto seguido** *reunió a sus consejeros.*

a la brevedad posible   lo más pronto posible; cuanto antes

a lo largo y ancho   en la totalidad de un territorio

La contaminación del aire se encuentra **a lo largo y ancho** *del país.*

por lo demás   con respecto a lo demás

El presidente prometió proporcionar ayuda médica a las víctimas del accidente; **por lo demás,** *se necesitaría tiempo para restaurar la zona.*

OTRAS PALABRAS

adagio   ritmo lento

una advertencia   un consejo de precaución para el futuro

el atrevimiento   la audacia de tomar una acción arriesgada *(verbo relacionado:*
atreverse)

la certidumbre   la seguridad

desmedido   enorme; sin medida

El uso ***desmedido*** de ciertas sustancias puede tener efectos tóxicos.

la ONU   la Organización de Naciones Unidas

EL MEDIO AMBIENTE

"México y el cambio climático global"

La tierra es el sistema natural *total*, es una entidad[1] compleja que incluye la biósfera, la atmósfera, los océanos y el suelo unidos en un gran sistema cibernético que, mediante sofisticados mecanismos de retroalimentación, busca condiciones físicas y químicas óptimas para el desarrollo de la vida.

La evolución de la tierra durante los últimos miles de millones de años justifica esta definición. La tierra dejó de ser una masa de gases y materiales sólidos para convertirse en el único planeta conocido capaz de sustentar una miríada de procesos vitales, increíblemente complejos y autorregulados, incluyendo el desarrollo de las sociedades humanas. El propio planeta fue generando poco a poco las condiciones necesarias para la vida.

En *la tierra*, como sistema vivo *total*, cada sistema forma parte de un sistema mayor y, a su vez, está compuesto por sistemas más pequeños: una célula, un tejido, un órgano, un organismo, una comunidad, un ecosistema, la biosfera y el planeta. Así, un alga, un árbol, un virus, un pez, un bosque o un pantano son integrantes de un solo superorganismo vivo: *la tierra*, que es capaz de modificar las condiciones físicas de su entorno (dentro de ciertos parámetros y en escalas de tiempo suficientemente grandes).

---

1. unidad

En este conjunto jerárquico de sistemas, las acciones ejercidas por las sociedades humanas se propagan en todos sentidos con magnitudes y consecuencias difíciles de prever y que, crecientemente, tienden a sobrepasar umbrales críticos de estabilidad global. Tal ha sido el caso del desmedido aumento en la utilización de combustibles fósiles, de la deforestación masiva y de la producción de gases clorofluorocarbonados (CFC), que hoy amenazan el equilibrio térmico del planeta en el llamado *cambio climático global.* Este proceso, inducido por el *efecto invernadero* de ciertos gases, ha pasado de una curiosidad científica hace apenas dos o tres décadas, a una certidumbre colectiva que trae consigo preocupaciones fundadas sobre trastornos ecológicos inminentes, que, al final de cuentas, se tornarán en impactos sociales y económicos con alcances difíciles de precisar aún.

La capital de México es una de las ciudades más afectadas por la contaminación ambiental.

El tema ha crecido en la conciencia de la comunidad internacional y cada día ocupa peldaños más elevados en el orden de prioridades de discusión y negociación multilateral, conjuntamente con los otros dos grandes temas que atañen al medio ambiente global: la destrucción de la diversidad biológica por la deforestación de los trópicos y la desaparición de la capa de ozono en los estratos superiores de la atmósfera.

Conviene repasar en qué consiste el famoso y temido efecto invernadero: los rayos infrarrojos procedentes del sol son absorbidos en la atmósfera por algunos gases a los que se les ha dado el nombre común de gases de invernadero. Entre los más conocidos se destaca el bióxido de carbono (CO_2), el metano (CH_4), los clorofluorocarbonos (CFC), el óxido nitroso (N_2O), el ozono (O_3) y el monóxido de carbono (CO). Las contribuciones de estos gases se normalizan generalmente en términos de emisiones equivalentes de CO_2 por medio del cálculo de *potenciales de efecto invernadero.* De esta forma se cuenta con una unidad de medida común y se puede calcular la magnitud relativa de las emisiones de cada gas en el efecto invernadero.

Son muchas las actividades humanas responsables del cambio climático global. La producción de energía a través de plantas termoeléctricas contribuye con 46%, le sigue la emisión de gases clorofluorocarbonados (en aerosoles, refrigerantes y espumas de poliuretano) con 24%, la deforestación con 18% y la agricultura con 9%.

En los últimos años, las concentraciones de los gases de invernadero han aumentado drásticamente, lo que traerá como consecuencia un incremento en la temperatura global. La magnitud del aumento térmico es un punto en el cual aún no hay consenso generalizado; sin embargo, la mayor parte de las predicciones parecen señalar un intervalo que va entre 1,5 y los 5,5 grados centígrados.

Otro efecto importante sería una elevación en el nivel del mar de entre 20 cm y 2,5 m como resultado de la expansión térmica de los océanos y del derretimiento de los cascos[2] de hielo polares y glaciares de las montañas. Para México, esto podría significar, por ejemplo, el que buena parte de la península de Yucatán quedara sepultada bajo el mar. También, se abatiría la humedad del suelo debido al aumento en la evaporación del agua, provocando grandes cambios en el tipo de cobertura vegetal que prevalece ahora en nuestro planeta, además de alterar la estructura de muchas tierras de cultivo. Otro efecto importante se prevé en forma de cambios en las corrientes marinas y de vientos, lo cual acarrearía impactos difíciles de cancelar.

Los daños que sufriría la humanidad, en general, adquirirían proporciones de desastre, aunque se ha estimado que las consecuencias no serían homogéneas a todo lo largo y ancho del planeta. Algunos modelos matemáticos de simulación atmosférica pronostican que, en las zonas continentales de latitudes elevadas, los aumentos en la temperatura serían mayores y, por ello, también la evaporación de los océanos. Por eso, algunos especulan que ciertos países podrían salir beneficiados, al adquirir regímenes climáticos más favorables (zonas continentales interiores de la Unión Soviética, Europa y Norteamérica). Sin embargo, la incertidumbre es tal, que semejantes especulaciones resultan una especie de ruleta rusa. Más allá de juegos futurológicos, es evidente que los países con economías más desarrolladas tendrán más capacidad de lidiar con los problemas ocasionados por la elevación de la temperatura. Nos podemos imaginar a los holandeses construyendo diques monumentales, pero no a Bangladesh, o a nosotros mismos, en Yucatán.

Vale la pena ser más cuidadosos y evaluar el papel que desempeñan los países del Tercer Mundo en cuanto a la emisión de gases de invernadero, en comparación con países más industrializados. Las regiones más industrializadas son también las que más contribuyen a la acumulación de gases de invernadero. Los Estados Unidos encabezan la lista de países con 17% de la contribución mundial. Nuestro país ocupa el decimotercer[3] lugar, con 1,4% por ciento.

No es muy difícil comprender que la responsabilidad mayor del calentamiento global recae sobre los países industrializados, por lo tanto, también de ellos debe surgir la capacidad fundamental para resolverlo. No obstante, todo parece indicar que las aceleradas tendencias en el consumo de energía y la ineficiencia energética del Tercer Mundo harán que en unas cuantas décadas esta polarización sea menos pronunciada.

---

2. capas   3. el trece en una serie

En México, las proyecciones existentes sobre consumo de energía (que apuntan a multiplicar por dos o por tres las magnitudes observadas entre 1990 y 2010), más las escandalosas tasas de deforestación que oscilan entre 500 mil y 700 mil hectáreas al año, harán, probablemente, que nuestro país ascienda en la escala de naciones responsables del efecto invernadero.

En cualquier circunstancia, a nivel internacional, es necesario que a la brevedad posible se firme un acuerdo que fije límites precisos a las emisiones de gases de invernadero, y que se presione a los países industrializados para que adopten las primeras decisiones firmes; es imprescindible buscar mecanismos justos y equitativos que distribuyan entre los países la capacidad límite de emisiones.

Por lo demás, aquí como en otros casos, hemos de insistir en el imperativo de incorporar *costos ambientales* en los precios de los energéticos: única forma eficiente y segura de lograr su uso racional. Nuevamente, subrayemos la importancia de un nuevo diseño económico para el *desarrollo sustentable*.

—Gabriel Quadri de la Torre
(*Examen*, México)

"Los ecologistas autóctonos"

La histeria de los ecologistas: un fenómeno que cunde por el mundo • En España estuvieron a punto de ocasionar una catástrofe de pánico • Aquí en México, los grupos "verdes" se la pasan espantando a todos y poniendo en ridículo a la Sedue • Tenemos cuatro grupos ecologistas que, a nivel de declaraciones, son toda una calamidad • ¿Quiénes son sus dirigentes?

Cuando el terror nuclear se extendió por todo el mundo a partir del accidente de la planta central atómica de Chernobyl, tuvo lugar en Valencia, España, un simulacro[1] ecologista que por poco se convierte en una catástrofe de proporciones incalculables.

Un grupo de ecólogos, de los que crecen como hongos[2] por todas partes se apersonó[3] en la televisión local de esa ciudad española y solicitó tiempo para sacudir la conciencia de sus autoridades respecto de la Central Atómica de Cofrentes, a 60 kilómetros de Valencia. La emisión televisiva fue preparada un poco a prisa para aprovechar el factor sorpresa y así su simulacro resultaría real.

Al principio del programa, los "verdes" (como se les conoce en Europa a los histéricos proteccionistas del ambiente) advirtieron que "los acontecimientos como el que vamos a presentar podrían ocurrir en cualquier hora". En ese momento se interrumpió la emisión, y un locutor anunció con cara transformada por el pánico, que acababa de producirse un accidente una central

atómica (en franca alusión al accidente de Chernobyl y a la Central Atómica de Cofrentes de las cercanías de Valencia).

"El hongo nuclear", subrayó el locutor con la voz quebrada en un fingimiento dramático, "acaba de aparecer en el cielo." Dijo esto después de que en un estudiado gesto, había leído rápidamente un telex urgente que le fue entregado allí mismo ante las cámaras. Acto seguido aconsejó a los televidentes llenos de estupor que cerraran puertas y ventanas. Después de este macabro simulacro y, pese a que una nueva advertencia puntualizó que lo que habían visto era sólo una ficción para concientizar a las autoridades españolas acerca de los riesgos del átomo usado en la producción de energía eléctrica, centenares de valencianos, según la policía, se creyeron el cuento hasta la histeria. Los teléfonos de la televisión y del gobierno civil se vieron bloqueados durante muchas horas por las innumerables llamadas de personas enloquecidas que urgían informaciones precisas para "salvarse de la catástrofe".

---

1. imitación; representación   2. se proliferan   3. se presentó; entró

Aquí no llegamos a tanto, pero...

Desde luego que nuestros ecologistas de guarache[4] aún no llegan a tanto: pero en materia de andar espantando a la gente, como dice el adagio vulgar "no cantan mal las rancheras", pues en los últimos doce meses (y el periodo medido incluye hasta la semana pasada) los "verdes" de estas latitudes han hecho afirmaciones públicas como éstas:

"La zona metropolitana de la ciudad de México es, en el mundo, una de las más contaminadas". *"Los edificios coloniales y monumentos históricos de gran valor presentan en el centro del D.F. un grave e irreparable deterioro por la contaminación ambiental".* *"Las nuevas gasolinas no han servido para nada: además de no disminuir la polución por humos, están causando daños a los motores".*

"Unos 17 millones de capitalinos están en peligro de muerte, pues la contaminación ambiental en la ciudad de México ha llegado a niveles muy peligrosos". *"Los capitalinos pierden su capacidad auditiva a causa de la contaminación por ruido".* *"En estos meses la ciudad capital se verá sepultada por un promedio de 20 toneladas de polvo por kilómetro cuadrado en lapsos de 30 días".* *"La ciudad de México ha perdido 99 por ciento de su área lacustre ante la indiferencia y corrupción de la Sedue".*

La temeridad[5] de todas estas afirmaciones, se ve confrontada con el hecho irrefutable de que los distintos grupos de ecologis-

¿Son en verdad idealistas, vigilantes o tremendistas?

tas caracterizan sus apocalípticos pronósticos con la perentoriedad de sus afirmaciones. Pero después de un año, en que la opinión pública los ha escuchado como la clásica voz del pastor que anunciaba la llegada del lobo, lo único que han provocado es una corriente desinformativa contraproducente para todos, pues ahora no podemos determinar, como sociedad, qué tan grave puede ser el problema de la contaminación generada por diversas fuentes.

Un problema para los politólogos

Podemos afirmar, sin temor a equivocarnos, que todos estos grupos que surgieron misteriosamente por todas partes, constituyen ya una nueva forma de contaminacion. Pues, presentándose como especialistas en ecología, desautorizan con la mayor facilidad del mundo hasta instituciones serias como la Universidad Nacional Autónoma de México, cuyos laboratorios para observar el ambiente tienen que ser (al menos eso sospechamos) mejores que los que tienen grupos particulares como el Club de Ecologistas de Coyoacán o la Asociación de Ecologistas de Tlalpan.

Parece que la proliferación de estos "expertos" pudiera explicarse como un fenómeno político de raíces muy profundas que tal vez lo pudieran desentrañar los politólogos o los sociólogos ya que es muy significativo que estos grupos, con la escasa validez de sus acciones, estén cre-

---

4. pobres   5. audacia

ciendo día a día en temeridad y reto para las propias autoridades, no sólo del ramo sino del país entero.

Y no sólo eso, con sus temeridades y tremendistas[6] declaraciones han llegado a afectar a la opinion pública en el sentido de que, al menos en materia de contaminacion, estamos en manos de autoridades inútiles. Su atrevimiento en este sentido ha llegado a extremos peligrosos como ocurrió en junio del año pasado cuando el llamado Movimiento Ecologista Mexicano logró intervenir el equipo de monitoreo que mide el nivel de contaminación en el D.F. y zona metropolitana, pues así demostraron la poca confianza en que el Imeca (Índice Metro-politano de Calidad del Aire) estuviera señalando con veracidad el grado de deterioro ambiental.

UNA IMPUNIDAD PELIGROSA

Este sentimiento de impunidad es, podríamos decirlo, el "modus operandi" de los grupos verdes. Por ejemplo, en unas declaraciones hechas la semana pasada por la llamada Alianza Ecologista Nacional, se dijo que: *"la ciudad de México vive en un estado de urgencia continuo, debido a la intensa contaminación ambiental. En los últimos tres meses la contaminación ha alcanzado intensidades que implican el doble y hasta el triple del máximo considerado como tolerable"*.

El problema integrado por esos "expertos" de medio tiempo, es un hecho que debe recibir respuesta rápida y precisa de parte del gobierno, pues de no hacerlo, indicaría que se ha perdido la capacidad de respuesta y un principio fundamental de autoridad.

Por otra parte, la opinión pública se pregunta: ¿quiénes patrocinan las actividades de estas organizaciones?, ¿quién tituló, en qué, a sus dirigentes, que hablan con el desparpajo de verdaderos especialistas en cada una de las divisiones de la contaminación?

Todo el mundo quisiera saber quién es Alfonso Ciprés Villarreal, presidente del Movimiento Ecologista Mexicano, así como sus adláteres, Ricardo Mejía y Roberto Gómez: ¿en qué están graduados?, ¿en qué son especialistas? y sobre todo, ¿por qué en lugar de estarnos sentenciando todos los días a morir por asfixia o envenenamiento no proponen honestamente soluciones reales y al alcance de nuestros recursos a fin de resolver la vastísima problemática que nos anuncian?

Que reafirmen primero su autoridad en la materia y que después se dediquen a trabajar de manera sensata: no es que defendamos a capa y espada a la Sedue, que puede tener fallas y corrupciones de acuerdo a la realidad de nuestro sistema político, lo que nos preocupa es que los capitalinos todos podamos estar sufriendo un verdadero peligro al encontrarnos en la tierra de nadie: entre la ineptitud de nuestras autoridades y el tremendismo sin base de estos improvisados profetas del desastre, que lo único que están logrando es la pérdida lamentable de una urgente credibilidad.

—Jesús Pavlo Tenorio
(*Jueves de Excelsior,* México)

---

6. exageradas

Comprobando la lectura

"México y el cambio global climático"

1. Escoja 5 palabras claves que caracterizan el ecosistema desde sus comienzos.

2. ¿Qué se entiende por "la tierra es el sistema natural total"?

3. ¿Cuál ha sido el efecto de las sociedades humanas sobre el equilibrio del sistema planetario?

4. Describa en sus propias palabras el efecto invernadero. ¿Qué factores han contribuido a él?

5. ¿Sería el efecto invernadero desastroso uniformemente en toda la tierra? ¿Se beneficiarían con este fenómeno algunos países? ¿Cuáles?

6. ¿Cómo difieren los países industrializados de los del llamado Tercer Mundo en la manera en que contribuyen al deterioro del ambiente?

"Los ecologistas autóctonos"

1. ¿Cuál es el peligro de los pronunciamientos de los grupos ecologistas, según el artículo?

2. Encuentre en el artículo las palabras o expresiones que dan un tono peyorativo a la descripción de estos grupos.

3. ¿En qué consistió la catástrofe que tuvo lugar en Valencia a partir de una simulación ecologista?

4. Encuentre una frase en el artículo que se podría considerar irónica y explique por qué la considera así.

Temas para conversar

1. La creación del mundo. En pequeños grupos comparen su visión de la evolución de la tierra con la expuesta en "México y el cambio climático global". Determinen en qué coinciden o difieren las dos visiones y cuáles son las implicaciones de ello.

2. La certidumbre y la duda: ¿Son compatibles? ¿Es posible compaginar la certidumbre que expresa el primer artículo acerca de la existencia del efecto invernadero con la duda del segundo autor sobre la validez de la preocupación ecologista? En parejas, discutan cómo se podrían compaginar las dos visiones o por qué no se podrían conciliar.

3. EL TREMENDISMO ECOLOGISTA.
¿Tildaría el autor de "Los ecologistas autóctonos" de **tremendista** al primer artículo? ¿Diría Ud. que el autor de "México y el cambio climático global" es **tremendista?** Discuta estas preguntas con sus compañeros.

4. ¿SÓLO LOS EXPERTOS TIENEN LA PALABRA?
¿Qué diría el autor de "Los ecologistas autóctonos" sobre el derecho del autor de "México..." de pronunciar sus afirmaciones? ¿Piensa Ud. que "Los ecologistas autóctonos" ataca a los ecologistas en forma racional o que, al contrario, lo hace sin apoyarse en evidencia concreta? ¿Está Ud. de acuerdo con la idea de que sólo un experto científico debe opinar sobre temas que afectan al público? Discuta el tema ambiental con sus compañeros.

5. ¿QUIÉN TIENE AUTORIDAD?
¿Qué credenciales se necesitan en este mundo para figurar como autoridad o experto en un campo? ¿En qué consiste la credibilidad? ¿Es verdad que "el hábito hace al monje"? Es decir, ¿cree Ud. que las agencias oficiales tienen más autoridad que las entidades (organizaciones, personas) independientes por el mero hecho de ser oficiales? Más concretamente, ¿hay que ser especialista para ser portavoz para la protección del medio ambiente?

6. IMAGÍNESE: JUEGO FUTUROLÓGICO.
Imagínese que Ud. y tres de sus compañeros de clase son una familia que vive en otro país de su elección y que tienen evidencia de que los grandes cambios climáticos van a ocurrir para el año 2050. Preparen un plan de supervivencia que incorpore una descripción de la situación climática del país en que viven.

7. MINIDRAMA: LA SIMULACIÓN DE VALENCIA.
Haga una dramatización de la simulación que hicieron los ecologistas de Valencia.

8. IMAGÍNESE: NOTICIA TREMENDISTA.
Prepare una noticia publicitaria en que Ud. intenta asustar al público a través de medios tremendistas acerca de algo sin sentido, por ejemplo, que el color azul perjudica la salud o que es peligroso dormir boca arriba. Después presente su noticia ante la clase.

9. ¿EL FIN JUSTIFICA LOS MEDIOS? ¿Piensa Ud. que las tácticas tremendistas pueden tener alguna validez? ¿Cuándo y bajo qué circunstancias? En pequeños grupos hagan una lista de 3 situaciones en que una táctica de este tipo sería apropiada. Después discutan cuáles son los peligros y las ventajas de tales tácticas.

10. IMAGÍNESE: CONFERENCIA DE PRENSA. Ud. es el representante de una empresa automovilística importante. Dé una conferencia de prensa en que propone derrumbar el argumento de que los coches son un factor principal en la contaminación del medio ambiente.

TEMAS PARA ESCRIBIR

1. PRESIONANDO POR CARTA. El autor de "México.." señala la necesidad de presionar a los países industrializados para tomar decisiones firmes sobre el problema del efecto invernadero. Escriba una carta en la que explique la naturaleza del problema y las medidas a tomar para solucionarlo a uno de los siguientes mandatarios:

> el alcalde de la ciudad de México
>
> el presidente de los EE.UU.
>
> el presidente de Brasil
>
> el Secretario General de la ONU

2. ARTÍCULO CONTESTATARIO. Asumiendo el papel de un partidario del Movimiento Ecologista Mexicano, escriba una artículo que critique el artículo "Los ecologistas autóctonos" y a su autor. Utilice en su ensayo el mismo tipo de expresiones que utiliza ese autor para criticar a sus oponentes, como las que se encuentran en la lista siguiente:

como si + el imperfecto del subjuntivo:

> ¡Estos ecologistas hablan **como si fueran** expertos!

no es que + el presente del subjuntivo:

> **No es que** ellos **sean** expertos.

que + el presente del subjuntivo:

> ¡**Que reafirmen** su autoridad en la materia antes de hablar!

3. ESLÓGANES. Cree sus propios eslóganes ecológicos. Utilice el estilo de estos artículos como ejemplos.

4. TRANSFORMACIÓN ANTITREMENDISTA. Transforme el párrafo en bastardilla del artículo "Los ecologistas..." y escríbalo de nuevo de tal forma que las declaraciones de los ecologistas del texto resulten menos tremendistas. Utilice algunas de las expresiones de la sección **Para construir afirmaciones mesuradas** que se encuentra bajo **Para seguir avanzando** al principio de este capítulo.

FACETA 3

La naturaleza y el ser humano

Con una maestría impresionante el cuento "El día en que subió y subió la marea" del escritor español Daniel Sueiro presenta la lucha entre la naturaleza y la humanidad . Utilizando un tono superficialmente objetivo, el autor logra introducir en la conciencia del lector un creciente sentido de amenaza y hasta de terror. El mar y la playa de todos los días, el lugar doméstico de veraneo familiar, poco a poco se alza contra quienes han olvidado la furia elemental de la naturaleza. El final del cuento deja al lector con un nuevo respeto, casi religioso, por las fuerzas, que nunca se podrán subyugar, y nos obliga a meditar sobre los impulsos destructivos de nuestra carrera industrial y tecnológica.

ANTES DE LEER

1. UN DÍA EN LA PLAYA. En pequeños grupos, describan un día ideal de vacaciones en la playa: el tiempo, sus pasatiempos, el ambiente, la gente, etc. Después comparen su visión de un día playero ideal con las de los otros grupos de la clase.

2. CONTRATIEMPOS PLAYEROS. ¿Qué contratiempos pueden ocurrir en la playa? Mencione algunos desde los más insignificantes hasta los más catastróficos.

3. ¡SOCORRO! ¿Cuál sería su reacción al ver a alguien ahogándose en la playa?

4. UNA TORMENTA DE MAR. ¿Ha estado Ud. o alguien que Ud. conoce en una tormenta de mar? Describa la experiencia, especialmente su reacción hacia la ferocidad del mar. Si ni Ud. ni ningún conocido suyo ha tenido jamás semejante experiencia, describa cómo se la imagina Ud.

5. LIBRE ASOCIACIÓN DE IDEAS. En pequeños grupos, hagan una lista de palabras, expresiones o conceptos que Uds. asocian con cada uno de estos conceptos naturales:

el agua   el océano

el mar   una tormenta

Después comparen su lista con las de otros grupos. ¿Han hallado Uds. asociaciones simbólicas en alguno de estos elementos?

VOCABULARIO ÚTIL

PALABRAS RELACIONADAS CON EL MAR Y SU ENTORNO

ahogar(se) / ahogado   sofocar(se) / sofocado, generalmente bajo el agua

la arena   los granitos de piedra que componen el suelo de la playa

una lancha   un barquito o bote pequeño a motor

la marea   el ritmo cíclico con que vuelve el mar a la playa

las olas   las ondas del mar

el paseo marítimo   el camino al borde del mar

> El *paseo marítimo* de Atlantic City es conocido como *The Boardwalk*.

PALABRAS RELACIONADAS CON LAS TORMENTAS

apresurarse   darse prisa

> La gente corrió, *apresurándose* para protegerse de la tormenta.

un charco   un pequeño pozo de agua que queda en el suelo después de llover (*verbo relacionado:* **encharcar** - crear un charco)

un huracán   una tormenta de mar tropical

OTRAS PALABRAS

una muralla   una pared exterior que sirve de barrera

> La *Muralla* China servía de protección contra ataques de guerra.

el portal   la puerta de entrada de un edificio

DANIEL SUEIRO
"El día en que subió y subió la marea"

La marea sube paulatina, casi imperceptiblemente, como todos los días, sólo que un poco más tarde cada vez; cuarenta y cinco minutos, para ser exactos. Las olas llegan suavemente a lo largo de toda la playa, mojan unos centímetros más de arena, se retiran, dejan tras sí una y otra vez la sonora cadencia de su viejo ritmo inalterable.

Multitud de cuerpos casi desnudos, tostados o a medio cocer, se abandonan inmóviles e iguales unos a otros sobre el enorme lecho amarillo, entre vivos colores, entre brumas. Una ligera brisa agita apenas el lienzo verde de la bandera izada cerca del malecón[1] por los bañeros, que tienen también a su cargo la lancha de salvamento. De vez en cuando, alguna ola irregular avanza más de lo previsto y moja las piernas y las toallas de los que toman el sol justo al borde del mar, que se retiran de un salto entre chillidos de alegría, gritos de sorpresa, o lo hacen lentamente, irritados y arrastrando con ellos sillas plegables y hojas de periódico arrugadas y húmedas.

Sube la marea y en algunos puntos cercanos a la costa el mar se riza y blanquea en crestas horizontales, alargadas. Poco a poco la gente va retrocediendo hacia el resguardo de la arena caliente y los agrestes cubos de piedra próximos al paseo marítimo. El verano toca a su fin y son cada vez menos las personas que acuden a la playa, pero ahora que el avance de las olas las empuja a todas hacia la estrecha franja de arena a la que nunca llegan las aguas, por vivas que sean las mareas, forman un denso enjambre sudoroso apenas clareado por los huecos que dejan los que prefieren meterse en el agua y nadar o luchar con las olas, entre risas y sustos.

Conforme la marea crece y se aviva, las olas empiezan a ser mayores y más sonoras. Aun tumbado con los ojos cerrados sobre la arena, se las oye venir de lejos levantando su rumor todo a lo largo de la extensa playa, de una punta a otra, venir poco a poco y creciendo para abrirse en el último momento y aplastarse finalmente sobre la costra de la tierra con ese retumbar profundo, lento, continuado, que no parece poder terminar nunca. Se oye retirarse a una ola, desvanecerse en espuma susurrante y fresca sobre la arena, y empieza a volver a oírse ya a lo lejos el avance impetuoso, solemne de otra nueva ola que se acerca creciendo hasta hacerse mayor que la anterior y más ruidosa al morir.

De vez en cuando el sonido del mar se amortigua, casi se apaga, y el nivel de subida de la marea parece detenerse, pero una ola aún mayor que todas las anteriores llega de pronto y casi sumerge a los que permanecían tumbados al borde del agua.

Todos retrocedieron entonces un poco más y se concentraron en una zona cada vez más estrecha.

---

1. muralla para proteger contra los posibles daños del mar

—Son muy vivas estas mareas de final del verano —comentó distraído un hombre, levantando la vista del periódico.

El cielo estaba limpio, transparente aquel día, traspasado muy cerca del sol por el círculo blanquecino y opaco de la luna llena.

El hombre del periódico consultó su reloj.

—Las doce y media —dijo—, la hora de la pleamar. Hoy ya no va a subir más.

Entonces debió ser cuando la gente se arremolinó en el otro extremo de la playa y empezó a oírse lo del ahogado, o de alguien que había estado a punto de ahogarse. Todos permanecieron de pie durante un buen rato, contemplando el mar y ocultando, por lo tanto, lo que en él ocurría a los que estaban detrás. Y en vista de que seguía el oleaje, pusieron la bandera amarilla.

Si al principio había tornado a verde el azul de las aguas, su color se había ido enturbiando poco a poco. Terroso en una gran franja al borde de la playa, como amarillo, lechoso, más allá, ennegrecía al fondo del horizonte y se encrespaba.

Eran pocos los que permanecían dentro del agua o se lanzaban a ella de cabeza tratando de horadar alegremente la sucesiva avalancha de olas; la mayoría de las personas prefería esperar tomando el sol a que el mar se calmara, lo que debía empezar a ocurrir al comienzo de la bajamar.

—Se deben haber equivocado hoy en el periódico con el horario de las mareas —dijo el hombre, al ver que la última ola avanzaba inesperadamente uno o dos metros más que la anterior.

Era una de las mareas más vivas que se recordaba, desde luego. Mucha gente lo comentaba, echándose un poco más hacia atrás con todos sus bártulos, acercándose unos a otros para dejar sitio al agua.

Se deslizaban las grandes olas en silencio avanzando desde la lejanía, avanzaban a la vez que se distendían sus oscuros vientres y se llenaban de cuantiosas masas de agua turbia; crecían y se alzaban hacia el cielo a medida que se acercaban, agitados y sueltos al viento los desgarrones centelleantes de sus crestas, todo a lo largo del océano, y al romper con un solo golpe y abatirse sobre la última franja de arena, resonaban al unísono miles y miles de duros tambores subterráneos, y su eco se expandía a un lado y otro de la costa, sordo, rotundo.

Mojados y con las toallas, y otras prendas inútiles mojadas, los bañistas se apartaron aún más, y algunos empezaron a ocupar las inclinadas piedras del malecón. No quedó casi nadie en el agua cuando la bandera roja subió por el mástil y se agitó sobre las cabezas de la muchedumbre apiñada. Se oían aquí y allá las primeras advertencias y las llamadas a los niños, que por lo demás se habían cansado de luchar por ganar la orilla, cuando veían que las olas trataban de arrastrarlos mar adentro en sus periódicas retiradas.

Era un fenómeno inesperado y extraño, un tanto divertido. Y turbador. Tumbados boca arriba o medio enderezados en la arena, aprovechando el sol de los últimos días de las vacaciones, mucho veraneantes contemplaban con oscuro placer la repentina agresividad del océano y hacían comentarios y cálculos sobre cuál sería la última ola de aquella formidable pleamar.

—Se está poniendo feo el mar —comentó uno—, y bastante peligroso para el baño.

—Pronto empezará a bajar —dijo algún otro, con serenidad—. Ya no puede subir más.

Pero a las dos de la tarde la marea aún seguía subiendo. En avalanchas continuas, regulares, crecientes, el mar iba penetrando más y más en la tierra, inundándola. La piel del viejo océano se abría a lo lejos en arrugas y simas, se encrespaba en inmensas jorobas, hasta que a media distancia las olas conseguían formarse en toda la extensión de las aguas y entonces se las veía acercarse pausada, silenciosamente al comienzo, alzando sus lomos espejeantes, jabonosos, creciendo y creciendo hasta ocultar el horizonte, cuando ya su clamor desatado y su furia se extendían una y otra vez por toda la playa al azotar con dureza las removidas arenas.

Era un espectáculo grandioso, sí, y admirable, a pesar de haber frustrado el baño de muchos de los que lo contemplaban, tal vez el último baño de la temporada. A menos que...

De improviso, una de aquellas olas gigantescas vino a romper sobre el mismo malecón, después de pasar por encima de cuantos permanecían aún en la última franja de arena seca. Anegados por sorpresa junto con sus toallas y cremas bronceadoras, sin respiración, las gentes trataban de emerger de los torbellinos[2] de espuma y algas agarrándose unas a otras y sin querer soltar tampoco cualquier fútil pertenencia que en aquel momento tuvieran en las manos. Surgían y volvían a sumergirse cabezas, se agitaban piernas en el aire entre sombrillas y sillas plegables. Quebrada el asta por el repentino golpe de mar, la roja bandera indicadora de peligro, envuelta en arena, se perdía en el turbio oleaje. Y comenzaron a alzarse los chillidos de mujeres y niños y los gritos cuando al largo estampido del choque de la gran ola sucedió el rumor de su lenta y desganada retirada, en la que arrastró mar adentro revoltijos de ropas y colchones neumáticos.

Aprovechando la menor violencia de las siguientes arremetidas[3], los maltrechos bañistas se encaramaron apresuradamente a las rocas más próximas o alcanzaron el alto malecón, donde algunos trataron de acomodarse de nuevo, sin dejar de contemplar atónitos[4] la bravura[5] del mar.

Pronto las olas cubrieron las rocas de protección y subieron malignas a lamer la superficie de la muralla.

Pasaba el tiempo y no llegaba el momento en que la marea consiguiera su cenit y comenzara a decrecer; por el contrario, las enormes masas de agua seguían subiendo a batirse sobre niveles que jamás había alcanzado.

Mirándose unas a otras en silencio, las gentes empezaron a retirarse hacia sus casas, las villas veraniegas o los comedores de los hoteles. Una inquietud parecía velar las miradas de aquellos que se apresuraban tomando a los niños de la mano. Con todo, se sentaron a las mesas y se pusieron a comer.

Al empuje de una nueva ola distinta a todas, los que aún permanecían sobre el malecón se vieron arrastrados por el paseo marítimo o fueron lanzados por las aguas sobre los coches o al medio de la calzada.

---

2. remolinos de caótica acción circular   3. ataques   4. sorprendidos   5. la furia

Los bancos fijados con cemento a las aceras no resistieron mucho ni tampoco las añosas palmeras. No se trataba de un huracán ni de una tormenta, sin embargo; apenas silbaba[6] el viento, el cielo seguía limpio, y allá en lo alto el impávido y redondo estaño[7] de la luna cruzaba lentamente por la línea del sol, sin quemarse en él, sin rozarlo.

Durante horas interminables siguió subiendo aquella famosa marea. Cruzó las primeras calles inundando portales y zaguanes[8], alcanzó terrazas, cubrió las casas de dos plantas, encharcó campos de golf, sumergió grandes pinares.

Olas rojizas de más de veinte metros de altura fueron arrojando a la tierra, durante toda la tarde, montañas de oscura espuma, cementerios de plástico, masas informes de viscoso petróleo, peces de grandes ojos muertos, minas sin estallar, verdes y moho-sos cadáveres de suicidas, de agarrotados miembros y cabellos de líquenes.

No cesó la marea hasta el anochecer, cuando el mar pareció quedar limpio. Sin haberse cobrado en tal ocasión una sola vida, las aguas se calmaron y fueron retirándose paulatina, calladamente.

Con la bajamar, a la madrugada, las gentes pudieron contemplar con un nudo en la garganta, su propia obra de destrucción.

---

6. producía el sonido sssss   7. metal plateado   8. pasillos de entrada a las casas

COMPROBANDO LA LECTURA

1. ¿Qué estación del año es?

2. Haga una lista de palabras asociadas con la playa del cuento.

3. ¿Qué representa el lienzo verde? ¿El amarillo? ¿El rojo?

4. Enumere las distintas actitudes que tiene la gente en este día atípico de playa.

5. Comente el tono del párrafo que comienza "Entonces debió ser...".

6. ¿Cómo cambia el mar?

Temas para conversar

1. Playeros intrépidos. ¿Por qué no se asustan ni se van los playeros de la costa al ver la amenaza del mar cuando sube la marea? ¿Refleja algo acerca de su relación con la playa, el mar y la naturaleza en general? ¿Cómo reaccionaría Ud. si se viera en semejante situación?

2. El ahogado. Comente la manera en que el narrador presenta el incidente del ahogado. ¿Qué tono reflejan las palabras y frases que usa para referirse a este suceso? ¿Por qué se expresará el narrador así?

3. La ambivalencia. ¿Qué elementos dan a este cuento un tono siniestro además de objetivo? ¿Por qué mantiene el narrador esta actitud ambivalente? ¿Cómo afecta la manera en que Ud. reacciona al cuento?

4. Las transformaciones del mar. ¿Cómo interpreta Ud. las diversas transformaciones que manifiesta el mar? ¿Por qué atraviesa varias etapas de cambio? ¿Representa cada una algo distinto?

5. Imagínese: La noticia del suceso del mar. Ud. es el reportero de radio y televisión a cargo de la noticia de la marea que subió y subió causando gran daño y gran asombro a todos. Presente su noticiario, en el que entrevista a varios compañeros de clase como testigos del incidente. No deje de recoger de los testigos la reacción emocional, además de todos los datos objetivos posibles.

6. ¿Cuento ecologista? ¿Se puede relacionar este cuento a los temas ecologistas de otras secciones de este capítulo? ¿Hay en este relato algún comentario implícito acerca del intento del hombre de controlar —y aun de domesticar— la naturaleza? ¿Comparte Ud. la visión del narrador en este respecto?

7. "Perro que ladra, no muerde". Aunque la marea se muestra brava e implacable, de hecho no mata a nadie: sólo se habla de algunos suicidios y del ahogado que tal vez murió antes de que la marea llegara a cometer grandes desarreglos. Comente e interprete este aspecto del argumento. ¿Se puede aplicar el refrán "perro que ladra, no muerde" a este cuento?

8. LOS SÍMBOLOS. ¿Tienen algún significado simbólico las cosas que el mar se llevó? ¿Y el mar en sí —es decir el agua— posee algún sentido figurativo, por ejemplo de purificación, bautismo, fertilidad, renovación?

9. EL DESENLACE. Comente la frase al final que versa: "las gentes pudieron contemplar con un nudo en la garganta, su propia obra de destrucción".

10. IMAGÍNESE: COMENTARIOS POSTERIORES. Imagínese que cada uno de Uds. fue uno de los playeros que presenció el siniestro causado por el mar en el cuento. Divídanse en parejas para representar en clase un diálogo en el que dos testigos del suceso comentan el efecto que esta experiencia ha tenido en su vida.

TEMAS PARA ESCRIBIR

1. LA VOZ DEL MAR. El mar es, sin duda, el personaje principal de este cuento, ya que domina todo el argumento y de él depende la dirección de la acción. Sin embargo, es un personaje sin voz; sólo podemos intuir que sus acciones surgen de algo más que el mero azar. Adopte Ud. la voz del mar para explicar (desde la primera persona) las motivaciones que dan origen a los estragos de ese día.

2. SUCESO NATURAL. Escriba en un artículo periodístico lo que aconteció el día en que subió y subió la marea.

FACETA 4

Milagros de la medicina moderna

Entre los aspectos más alabables de la tecnología del siglo XX figuran los avances médicos. No sólo se han eliminado varias enfermedades mortales, sino que la tecnología ha logrado extender la vida de muchas personas, como también reducir el daño de muchas patologías. Uno de los adelantos más dramáticos en la medicina moderna ha sido el de los trasplantes de órganos vitales.

Se presenta aquí, de un artículo procedente de una revista para hispanos que viven en los Estados Unidos, la historia de Mindy, quien narra el proceso de una operación de trasplante que ha tenido un desenlace feliz.

ANTES DE LEER

1. ¿A QUÉ PRECIO? La medicina moderna ha extendido la vida de muchos pacientes con problemas cardíacos, pulmonares, renales, hepáticos, etc., pero a un alto precio personal y económico. ¿Cuáles son las implicaciones personales y para la sociedad en general de esta tendencia a extender la vida?

2. PAGO DE SERVICIOS MÉDICOS. ¿Cuáles son las maneras de costear los gastos médicos mayores en este país?

3. EL DERECHO A SEGUROS MÉDICOS. ¿Debe el seguro médico cubrir tratamientos de enfermedades causadas por el estilo de vida del paciente, por ejemplo, la cirrosis del hígado en el caso de un alcohólico o problemas pulmonares en un fumador?

4. LA MEDICINA PREVENTIVA. ¿Cómo definiría Ud. la medicina preventiva? En pequeños grupos hagan una lista de las medicinas, procedimientos o actividades que Uds. considerarían preventivos. Después de comparar su lista con las de otros grupos discutan hasta qué punto se estimula o se premia la medicina preventiva en este país y si debe ser premiado este tipo de medida sanitaria.

5. ¿QUÉ LE ENFERMA A UD.? La salud —tanto física como mental— es un factor fundamental para el bienestar del individuo. Si en épocas anteriores la salud se definía por la ausencia de enfermedades graves, hoy día nuestra definición de lo que significa estar sano o estar enfermo se ha matizado. No basta el no padecer de una enfermedad mortal para considerarse sano. Entran factores como el *stress*, la depresión, el alcoholismo. Y a Ud., ¿qué le enferma? Complete el tablero para determinar hasta qué punto le afectan la salud los elementos que aparecen en la lista.

Tras examinar sus respuestas, explique a sus compañeros cómo y por qué se siente afectado por estas condiciones.

Factores que le afectan...	Mucho	Un poco	Para nada
las alergias			
el tipo de vivienda			
el tipo de trabajo			
el clima			
la familia			
el tipo de barrio en que vive			
cuestiones financieras			
la autonomía personal			
el tiempo libre			
el estímulo intelectual			
la calidad de aire			
el tipo de gente a su alrededor			
el nivel de ruido			
la actividad sexual			
los microbios ambientales			
la tecnología moderna			

VOCABULARIO ÚTIL

PALABRAS RELACIONADAS CON EL ESTADO EMOCIONAL

agotador (adj.)   que cansa muchísimo

el aliento   la esperanza; el optimismo; el estímulo *(verbo relacionado:* **alertar***)*

aterrar   llenar de terror; dar miedo; infundir pánico *(adjetivo relacionado:* **aterrado***)*

la desgracia   la tragedia; la mala suerte

inquebrantable   irrompible; que no se puede romper

VERBOS

derrotar   romper; arruinar; destruir

indagar   investigar

mudarse   trasladarse; cambiar de casa

vencer   triunfar sobre algo

EXPRESIONES

al borde de   a la entrada de; a punto de

*Mindy estaba **al borde de** la muerte cuando le hicieron la cirugía.*

dar por sentado   tomar por cierto; suponer que algo es seguro

*Gracias a los adelantos médicos, hoy día todo el mundo **da por sentado** que no morirá hasta llegar a una edad muy avanzada.*

OTRAS PALABRAS

el acero   un metal que es una combinación de hierro y carbono

el hierro   el metal que se designa con el símbolo químico **Fe.**

el tamaño   las dimensiones de un objeto.

LA MEDICINA

"Milagro de Mindy"

Gracias a un trasplante de pulmón y a unas inmensas ganas de vivir,
Arminda Chávez volvió a ser la persona activa y feliz de siempre.

Los ojos de Arminda Chávez, brillan sonrientes, mientras comenta sobre las artesanías mexicanas de madera que forman parte de su hogar. Todo lo que la rodea, aquí en su apartamento de San Antonio, Texas, irradia luz y alegría. La energía y la vivacidad que emanan de su pequeña figura reflejan su dominio personal, su gran fuerza interior y su inteligencia.

Tiene 42 años pero parece más joven. Cuando cuenta su historia extraordinaria, cuando habla sobre el milagro que vive en ella, lo hace de un modo increíblemente casual. "No es que yo haya sido valiente", afirma con asombrosa sencillez. "En realidad, no tenía alternativa".

Mindy, como le dicen de manera afectuosa, fue víctima de una poco frecuente enfermedad hereditaria, conocida como *Alpha 1 Antitrypsin Deficiency* (Deficiencia de Antitripsina Alfa 1), mal que casi destruyó su organismo y que durante varios años la tuvo en silla de ruedas, e inclusive la colocó al borde de la muerte.

La enfermedad afecta a una de cada 600.000 personas, y surge porque el organismo deja de producir una enzima llamada antitripsina, lo que permite que una sustancia llamada tripsina, cause el deterioro de hígado y pulmones. La destrucción comienza desde el nacimiento, pero sólo se hace aparente cuando la persona tiene más o menos 35 años y el proceso de deterioro pulmonar se acelera.

Gracias, en gran parte, a una actitud positiva y a un inquebrantable sistema de valores personales, Mindy pudo vencer la enfermedad. Ella ha vivido siempre para su trabajo. Nacida en México, educada en su país y en Kansas, llevó durante años una exitosa carrera en la Universidad Iberoamericana de la ciudad de México, donde ejercía como profesora de sicología y conducía sus propias investigaciones sobre el aspecto sicológico de la educación. Además, escribía ya para una editorial de los EE.UU. libros infantiles que promovían la enseñanza del inglés como segunda lengua.

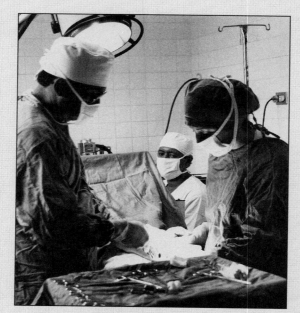

Por aquellos días, trabajaba hasta 20 horas diarias y la salud era para ella, como para tanta gente que se impone horarios de trabajo abrumadores[1], algo que daba por sentado.

Entonces, a los 35 años, le cayó la desgracia. "Empecé a despertarme sintiendo una terrible dificultad para respirar", recuerda. "Había fumado mucho toda mi vida y pensé que eso, así como la polución de ciudad de México, tenía la culpa". Su doctor la envió a un especialista de los pulmones, y los exámenes revelaron la terrible enfermedad. "El diagnóstico me dejó helada", recuerda. "Hasta entonces yo había sido una persona completamente saludable".

Sus padres recibieron consternados la noticia. "Cuando indagamos sobre esa enfermedad, nos dijeron que no era curable", recuerda su padre, Servando Chávez, que trabaja como consultor en una fábrica de hierro y acero, allí mismo, en Monclova, México, donde había nacido Mindy y donde él y su esposa, Armonía, siguen viviendo. Pero aquello no los derrotó. "Siempre pensamos que debía haber una manera de detener el mal", añade.

El agravamiento de la enfermedad, sin embargo, fue pavoroso[2]. Seis meses después del diagnóstico, cuando ya Mindy se había mudado a Chicago a fin de trabajar para la

---

1. agobiantes; pesados   2. espantoso; horrible

editorial que publicaba sus libros, empeoró de tal manera que debió trasladarse a San Antonio, buscando un clima más cálido, donde pudiera respirar con menor dificultad.

Desde esa ciudad pudo seguir trabajando para la misma compañía editorial durante un año, pero la enfermedad progresó tanto que aun editar libros y manuscritos le resultaba extremadamente agotador. "Todo se hacía difícil", recuerda. "Tenía que permanecer con oxígeno las 24 horas del día, y no podía dar más de diez pasos porque me quedaba sin aliento. Bañarme era una proeza[3]; incluso comer me era difícil".

Armonía, su madre, y su hermana Cristina se vinieron desde México a estar con ella. Su hermano Roberto hizo lo mismo desde Washington, donde vive y ejerce la arquitectura. Ellos la consolaron y le sirvieron de apoyo constante. Pero Mindy debió enfrentar otras circunstancias por sí sola.

Ella, que se había consagrado[4] a la palabra escrita, ahora no podía ni leer. "Tuve que dejar de hacerlo por completo, pues debía concentrar todas mis energías en respirar", dice. "Por mi trabajo con los niños, siempre había querido tener hijos, pero ahora daba gracias a Dios por no tenerlos. Les habría tocado presenciar aquello".

Mindy se casó a los 20 años, pero el matrimonio duró muy poco. "Me dediqué a mis estudios y luego al trabajo", dice. "Después hice amistades muy bonitas,

pero el deber siempre ha sido lo más importante".

Ahora, la enfermedad absorbía todo su tiempo. Sólo salía de su casa para ir al doctor, y pronto empezó a ser atendida día y noche por una enfermera. Muchas veces debieron llamar de urgencia a una ambulancia. Desesperada, Mindy aceptó participar incluso en pruebas experimentales. Una de ellas requería inyecciones intravenosas semanales de una droga llamada Prolastin, que los doctores confiaban ayudaría a detener el daño pulmonar. La esperanza de los médicos no duró mucho. Meses después le informaron que los resultados eran nulos: los efectos del mal no habían sido detenidos. Entonces le dijeron que un trasplante de pulmón era su último recurso; sin él, Mindy no viviría más de tres meses.

La operación era riesgosa[5]: los procedimientos de trasplante de pulmón son muy recientes. Aunque el primero se realizó en 1963, no se lograron resultados duraderos sino hasta unas dos décadas después. Mindy tenía un factor a su favor: uno de los pocos hospitales que realiza trasplantes de pulmón es el *Medical Center Hospital,* en San Antonio.

Pero, según ella, no había alternativa. "Pensé en la calidad de vida que estaba viviendo y en la que, quizás, con la operación, podría llegar a tener", dice. Además la gran confianza que los médicos tenían en el éxito de la operación contribuyó a hacerle más fácil la decisión.

---

3. una tarea enorme   4. se había dedicado   5. tenía muchos riesgos

Acceder a la intervención quirúrgica no significaba, sin embargo, que ésta pudiera realizarse de inmediato. Mindy tenía que esperar a que hubiera un pulmón disponible, que fuera de un tamaño adecuado, y que tuviera su mismo tipo de sangre.

Como sucede con la mayoría de los órganos, un pulmón debe trasplantarse durante las 4 a 6 horas posteriores a la muerte del donante —incluyendo el tiempo de la operación. Después de determinar las características del pulmón requerido para Mindy, ella y sus médicos se dieron a la espera.

Un pulmón podía estar disponible en cualquier momento. Mindy tenía que usar un *beeper* las 24 horas del día y estar preparada para correr al hospital en cuanto la llamaran. "Tuve ensayo[6] el Día de las Madres, en 1989", recuerda con una sonrisa. "Ese día me sentía bien y estaba decidida a llevar a mi madre a almorzar, pero sonó el *beeper* y terminé llevándomela al hospital". Aquella vez, los doctores pensaron que el pulmón no era el conveniente y se disculparon, esperando quizás una reacción de rabia e impotencia por parte de Mindy, pero ella sólo dijo que se alegraba de que en aquel hospital hubiera un control de calidad tan exigente.

El 3 de julio, casi un mes más tarde, sonó otra vez el *beeper*. Esta vez el pulmón era el adecuado. "Me dijeron que tenía tiempo para hacer sólo dos llamadas telefónicas, y yo les dije: '¡Olvídense!' Llamé a mis padres, a mi hermana, a mi hermano, a todo

el mundo". Sus padres alcanzaron a estar a su lado antes de que le fuera aplicada la anestesia.

La operación tuvo éxito y Mindy se convirtió en la octava persona en recibir un trasplante de pulmón en el *Medical Center Hospital*. "Fue como un milagro", dice. Entré en silla de ruedas y salí caminando". Tres días después cumplió 41 años y su familia le mostró la fotografía de la computadora que acababan de comprarle. En ese momento Mindy se dio cuenta de que realmente iba a poder escribir de nuevo y casi se pone a llorar de la alegría.

Había pasado demasiado tiempo en silla de ruedas y tuvo que seguir un sistema de terapia para fortalecer sus músculos atrofiados. Fue un tratamiento difícil, aunque no tanto como el proceso de recuperarse de las heridas sicológicas que le produjeron los años de invalidez.

"Yo había sido siempre una persona activa, y de repente, sin saber ni cómo, me vi aislada del mundo", dice. "Aquello me aterró y me hizo perder la confianza en mí misma".

El Dr. Vance Hall, un profesor suyo de la Universidad de Kansas, que había seguido con preocupación su enfermedad, empezó entonces a invitarla a conferencias y convenciones sobre estudios de la conducta humana, su campo de especialización. El mismo doctor Hall le propuso hacer un postdoctorado en un tema que ella debía de conocer a fondo: los aspectos sicológicos en los pacientes de trasplante de órganos.

---

6. representación preparatoria para el momento importante

Eso me ayudó a recuperar el camino perdido y me ha puesto de nuevo en contacto con la civilización", expresa Mindy. Hoy, a poco menos de dos años de la operación, ella es casi tan activa como lo fue siempre antes. Puede bailar, beber un poco de vino, trabajar con su computadora. "Los doctores me dicen que puedo hacer lo que quiera. No tengo limitaciones, realmente. Lo único es que me siento todavía con poca energía".

Buena parte de su vitalidad la emplea en trabajar tiempo completo para una empresa de publicaciones en Chicago. Desde su apartamento en San Antonio, edita programas académicos de estudios sociales para los colegios. Además, espera la respuesta a su solicitud de ayuda económica para sus estudios de postdoctorado. Y mientras tanto, visita casi a diario el pabellón del *Medical Center Hospital* para pacientes de trasplantes y aconseja a aquéllos que esperan una operación. Muchas veces ayuda a los pacientes hispanos para que la barrera del lenguaje no les provoque problemas. "Las personas piden hablar conmigo porque quieren que alguien que haya pasado ya por un trasplante les diga cómo es", comenta. Incluso, está escribiendo libros en inglés y español dirigidos a niños que deben someterse a este tipo de operaciones. "Mi esperanza es que el ayudar a la gente a entender el proceso, pueda ayudarle también a apaciguar sus temores", dice. Pero no es un trabajo fácil: Mindy se apega mucho a sus pacientes y ha visto morir a algunos. No obstante, no se desanima. Cuando por los corredores habla con un paciente o encuentra a una familia, su dedicación es evidente, y su fe y entusiasmo, contagiosos.

"Someterse a esta operación, sin duda, es la experiencia más aterradora por la que se pueda pasar", concluye Mindy, sonriendo. "Pero para mí valió la pena. Gracias a ella he podido vivir de nuevo".

—**Nonny de la Peña**
(*La familia de hoy*, EE.UU.)

COMPROBANDO LA LECTURA

1. ¿Cuál es la actitud de Mindy hacia su milagro?

2. Describe la vida de Mindy antes de la enfermedad.

3. ¿Cuáles eran los síntomas y las repercusiones de la enfermedad de Mindy?

4. ¿Qué se requiere para un trasplante exitoso?

5. ¿Por qué era un *beeper* imprescindible para Mindy?

6. ¿Cuáles fueron los efectos psicológicos de la crisis médica de Mindy?

7. ¿Qué papel tuvo la tecnología en el milagro de Mindy?

TEMAS PARA CONVERSAR

1. EVALUACIÓN DEL CASO DE MINDY. ¿Es el caso de Mindy típico o extraordinario? ¿Por qué piensa Ud. así? ¿Cree Ud. que los valores personales y una actitud positiva son factores esenciales para vencer una enfermedad grave?

2. PROLONGAR LA VIDA: UNA CUESTIÓN ÉTICA. Discuta las implicaciones éticas de extender la vida de personas con enfermedades mortales mediante medios artificiales.

3. LAS RESPONSABILIDADES DE UN MÉDICO. ¿Cuáles son las obligaciones de un médico con respecto al cuidado que le debe a una persona con una enfermedad mortal? ¿Difieren sus responsabilidades con respecto a un paciente que padece de una enfermedad contagiosa? ¿Hay limitaciones a su obligación, por ejemplo, con respecto a un paciente con SIDA?

4. ¿QUÉ DECIDIRÍA UD.? Ante una enfermedad mortal o un tratamiento sin garantías de éxito, ¿preferiría Ud. someterse a medidas heroicas para intentar salvarse u optaría por prescindir de tratamiento?

5. IMAGÍNESE: UNA DECISIÓN ADMINISTRATIVA. Uds. son los administradores de un hospital confrontados con una decisión difícil: se acaba de hacer disponible un corazón para trasplantar. A Uds. les toca decidir ofrecérselo a sólo uno de los siguientes pacientes necesitados de este trasplante:

> una mujer como Mindy, de 45 años, profesional, soltera y sin hijos
>
> el presidente de otro país
>
> un hombre de 28 años, desempleado, padre de 4 hijos
>
> una estudiante de 15 años

En pequeños grupos decidan quién debe recibir el corazón. Despúes cada grupo debe reunirse con los otros grupos y llegar a una decisión unánime.

6. IMAGÍNESE: EL DILEMA DE UN MÉDICO.

Ud. es un médico que tiene un paciente con una enfermedad crónica, para la cual la medicina y la tecnología modernas no han encontrado remedio. Ud. sabe que hay tratamientos como la acupuntura, la homeopatía y la medicina no convencional que ofrecen alivio, pero estos tratamientos son ilegales en su estado. ¿Cómo aconseja Ud. al paciente?

7. IMAGÍNESE: UNA DEFENSA DEL TABACO.

Ud. es el representante de una empresa tabacalera. Ud. participa en una mesa redonda sobre los efectos del tabaco. Prepare un argumento que presente el punto de vista de que los cigarrillos no amenazan la salud.

8. MINDY ANTES Y DESPUÉS.

Teniendo en cuenta el tablero de la pregunta 5 en **Antes de leer**, ¿considera Ud. que Mindy lleva una vida sana ahora que se ha recuperado de su mal? Explique su respuesta.

TEMAS PARA ESCRIBIR

1. IMAGÍNESE: LA APELACIÓN DE MINDY.

Imagínese que Ud. es Mindy antes de la operación. En este momento Ud. figura en la lista del hospital como sólo uno de los candidatos posibles para recibir un pulmón de trasplante. La administración del hospital exige que todo candidato presente su caso por escrito. Redacte un ensayo para convencerles que Ud. es la candidata más adecuada.

2. UNA EXPERIENCIA MÉDICA PERSONAL.

Describa un incidente en el que Ud. o alguien muy querido estuvo enfermo y la medicina lo ayudó o no lo ayudó. Incluya aspectos relacionados con:

sus síntomas

su estado anímico

su estado psicológico

sus problemas económicos

otro aspecto importante

Puede comentar sobre cómo veía el futuro en aquellos momentos y cómo ve hoy aquella situación.

Tecnología e inteligencia

¿Llegará el día en que las máquinas sustituyan al ser humano? Es cierto que esto ha pasado en muchas áreas mecánicas de nuestra vida cotidiana, pero la inteligencia artificial —la creación de máquinas que piensan— intenta probar hasta el límite la frontera de lo posible. ¿Se trata de otro sueño tecnológico? ¿Puede una máquina de veras pensar como un ser humano? Y si es posible, ¿es deseable? El siguiente artículo de una publicación española plantea las controversias en torno a este tema.

ANTES DE LEER

1. LA MÁQUINA CONTRA EL SER HUMANO. ¿Puede la máquina reemplazar al ser humano? En pequeños grupos discutan en qué áreas la máquina es superior y en qué áreas es inferior al ser humano:

La máquina es superior en...	El ser humano es superior en...
1.	
2.	
3.	

2. ¿QUÉ ES LA INTELIGENCIA? En pequeños grupos intenten llegar a una definición del término **inteligencia.** Consideren si algunos de los siguientes aspectos deben formar parte de su definición, es decir, hasta qué punto son necesarios o no estos atributos:

la educación

el sentido común

el instinto

los sentimientos

Después comparen su definición con las de otros grupos e intenten establecer una definición unánime.

3. LA REVERENCIA HACIA LA COMPUTADORA.

¿Tiene Ud. un ordenador? Si lo tiene, ¿para qué lo usa? ¿Cuál es su actitud hacia las funciones que desempeña? ¿Piensa que es casi infalible?

4. LA MÁQUINA MÁS INTELIGENTE.

Describa la máquina más inteligente que Ud. haya usado o, como alternativa, la más inteligente que Ud. pueda imaginar.

VOCABULARIO ÚTIL

VERBOS Y EXPRESIONES

agobiar   rendir; causar gran molestia o fatiga

radicar en   tener sus raíces o causas en

*El fracaso de la inteligencia artificial **radica en** la dificultad de entender exactamente el proceso mental por el cual un ser humano toma una decisión.*

surgir   brotar; aparecer; manifestarse; nacer

***Surgen** muchos problemas éticos en el campo de la inteligencia artificial.*

traspasar el umbral   pasar la frontera o el límite de un campo de experiencia para entrar en otro

*¿Es posible que la inteligencia artificial haya **traspasado el umbral** de lo que es éticamente responsable?*

OTRAS PALABRAS Y EXPRESIONES

a paso de tortuga   a ritmo muy lento

una evasiva   un medio para eludir o evitar una dificultad

factible   que se puede hacer; posible

*¿Es **factible** el crear una máquina que pueda pensar como un ser humano?*

el iniciado   alguien que recién ha comenzado a desempeñarse en una tarea

la palabra clave   la palabra esencial o más importante

la pesadilla   el mal sueño

"Inteligencia: Cuando las máquinas piensan"

El sueño del hombre ha sido crear máquinas que le liberen de las tareas más pesadas. Que le reemplacen en los trabajos más desagradables. En definitiva, que le hagan la vida más fácil y placentera. ¿Pero se puede concebir el pensar como un trabajo duro digno de ser realizado por una máquina? Los habitantes del planeta Tierra, en este final de siglo, están acometiendo la tarea de crear una máquina que piense. Han inventado la Inteligencia Artificial. El sueño de los científicos puede convertirse en la pesadilla de la humanidad.

La Inteligencia Artificial (IA) es una ciencia y una tecnología que se ocupa del diseño de máquinas inteligentes, entendiendo por tales aquellas que presentan características asociadas al entendimiento humano, como el raciocinio, la comprensión del lenguaje hablado y escrito, el aprendizaje, la toma de decisiones y otras funciones similares.

Desde 1930, los científicos discuten la viabilidad de tales máquinas. Parte de la dificultad viene del hecho de que sea tan arduo formular una definición factible de inteligencia. Los expertos están de acuerdo en que inteligencia implica conceptos tan

"España ha perdido la carrera del hardware, de nosotros depende no perder también la del software en la que aún podemos desempeñar un buen papel."

nebulosos como la habilidad de reconocer esquemas sutiles, manejar símbolos abstractos y aprender de las experiencias pasadas. El doctor Marvin Minsky, del Instituto Tecnológico de Massachusetts, ha propuesto una definición para acabar con la discusión bizantina[1]: *"La inteligencia artificial es la ciencia de lograr que las máquinas hagan cosas que requerirían inteligencia si las hicieran los hombres."*

Para Minsky, *"las máquinas actualmente resuelven problemas de acuerdo con los principios que hemos establecido en ellas. Dentro de poco quizá aprendamos a ponerlas a trabajar en el problema específico de mejorar su capacidad para resolver problemas. Una vez traspasado cierto umbral, esto nos llevaría a una espiral de aceleración y sería difícil perfeccionar un regulador fiable para refrenarlo".*

Surgen entre los científicos los problemas éticos. Edward Feigenbaum, profesor de la Universidad de Stanford, se plantea que, *"aunque las máquinas pudieran ser inteligentes, ¿debemos emprender un proyecto tan terrible y quizá sacrílego? Que algo pueda hacerse no significa que deba hacerse".*

1. confusa; intrincada

La historia reciente del desarrollo tecnológico demuestra una aceleración imparable. Hace sólo veinte años que se produjeron los primeros circuitos integrados; veintiocho años que se inició la era espacial; cuarenta años de la primera explosión atómica y de la invención del transistor; unos cincuenta años del primer calculador electrónico; ochenta y tres del primer vuelo con motor, y cien años de la luz eléctrica y el teléfono. Esta acumulación resulta aún más elocuente si se la compara con los siglos de languidecimiento[2] de la Edad Media o los siete mil años de historia registrados. Se necesitaría un potentísimo microscopio para poder distinguir esta asombrosa fracción de la historia de la humanidad en el calendario cósmico.

Estos avances pueden considerarse de tortuga si los comparamos con lo que puede producir una máquina que pueda resolver sus propias limitaciones y sus incapacidades al margen de lo que puedan aportar las "pequeñas mentes" de los científicos humanos. Esta es la frontera del futuro. Pero ya no puede considerarse como ciencia-ficción o películas de Spielberg.

En 1956, diez prestigiosos científicos se reunieron en el Dartmouth College (EE. UU.) para discutir las posibles maneras de simular el comportamiento humano mediante los ordenadores. Concluyeron prediciendo que en veinticinco años los ordenadores serían capaces de realizar todo el trabajo de las personas.

En 1981, en la Conferencia Internacional de Vancouver (Canadá), un panel de cinco de aquellos científicos reconocieron el exceso de optimismo de aquellas predicciones. Los motivos del fracaso radicaban en que en los primeros quince años de la historia de la IA, los científicos intentaron crear un lenguaje natural; es decir, una relación entre el hombre y el ordenador que no estuviera basada en los difíciles lenguajes informáticos, sino en el idioma del hombre.

Intentaron incorporar a la máquina un diccionario bilingüe y sus correspondientes reglas gramaticales, pero el ordenador no podía distinguir entre los juegos de palabras, las faltas deliberadas de ortografía y los diferentes significados según cada contexto.

Felisa Verdejo, profesora de la Facultad de Informática de San Sebastián, pone algunos ejemplos publicitarios con los que la máquina se hubiera vuelto loca: *Más duros duran más"*, como publicidad de Land Rover; *"A quien madruga el tren lo ayuda"*, o *"Te envideo"*. Todas estas frases, fácilmente comprensibles para un ciudadano de inteligencia media, "colapsaban" a los ordenadores. Los científicos debieron cambiar de rumbo y preguntarse: ¿Qué procesos mentales se ponen en juego para comprender el lenguaje? y ¿qué conocimiento es necesario para ser capaz de comprender su significado?

Otro de los procesos intelectuales humanos que en aquel tiempo se intentó trasladar al ordenador, originando continuos fracasos y frustraciones, es el denominado sentido común, que se supone tiene la mayoría de las personas. El sentido común supone un razonamiento de bajo nivel basado en una serie de experiencias que las personas van adquiriendo desde la niñez y que

2. falta de actividad

permiten aprender cosas tan sencillas como que al soltar un objeto, éste se cae, sin pensar en la ley de Newton sobre la gravedad. Esto, que es trivial para las personas, resulta muy difícil de conseguir en IA, ya que, contrariamente a lo que se pensaba, este sentido común no es una forma de razonamiento que se apoye en un reducido conjunto de reglas universales. Es, en realidad, el resultado de aplicar unas reglas empíricas y poco precisas sobre cantidades ingentes[3] de conocimientos implícitos que se van adquiriendo desde la niñez.

El doctor Joseph Weitzenbaum, profesor del MIT y pionero de los sistemas expertos, creó en la década de los sesenta un programa, de nombre *Eliza*. Era una rutina ingeniosamente concebida que llevaba a cabo *"conversaciones"* con la gente. Su conversación imitaba las respuestas verbales de un psicoterapeuta rogeriano. En realidad, no entendía la conversación escrita. Pero estaba programado para comprender unas cuantas palabras de uso corriente. Si encontraba en la frase alguna palabra clave como *"padre"* o *"madre"*, podía contestar: *"Háblame de tu familia."* Si no tenía una respuesta contestaba con evasivas, como *"¿Qué es lo que te sugiere esto?"*

En opinión de Weitzenbaum, Eliza era un saco de trucos estúpidos sin capacidad de emular ni remotamente la inteligencia humana. Para los no iniciados era tan fascinante que comenzaron a creer en el poder terapéutico de Eliza. Esto asustó a su creador. Pero la confusion total agobió a Weitzenbaum cuando su propia secretaria,

que le había visto trabajar durante meses en el programa y a quien, por tanto, le constaba que se trataba de un *"juego informático"*, comenzó a dialogar con él. Después de unos intercambios con el ordenador, le pidió que saliera de la habitación, porque el diálogo con su psicoterapeuta era privado.

Los sistemas expertos son hoy verdaderas máquinas pensantes que sustituyen a los especialistas humanos, capaces de responder como humanos y de justificar y explicar estas respuestas. Como los humanos, son falibles, pero infinitamente más rápidos y con mayor cantidad de conocimientos que los especialistas.

El sistema experto *Internist,* creado en 1975, contiene 100.000 asociaciones entre conceptos representativos del 85 por ciento de los conceptos relevantes de medicina interna. *El Mycin* realiza diagnósticos y propone tratamientos para enfermedades infecciosas. El *Prospector* infiere el grado de certidumbre de existencia de yacimientos[4] minerales a partir de las características del terreno. El sistema pronosticó la existencia de un yacimiento de molibdeno en el Monte Tolmar cuyo valor rebasa los cien millones de dólares

El *"sistema de dirección de batallas"* se va a diseñar para asistir a los responsables de grandes batallas navales para toma rápida de decisiones y estudio de las diferentes opciones. El *"puesto de mando de piloto"* es otro sistema en estudio y sirve para asistir a un piloto de combate. La principal motivación de este programa es la creciente complicación de un avión moderno. Los estu-

---

3. muy grandes   4. depósitos subterráneos

dios dicen que un piloto humano tiene los suficientes reflejos para entender los mandos sólo entre los diecisiete y los veinticuatro años, por lo que su vida útil es extremadamente corta.

En la informática tradicional, los objetos que manejan las máquinas son datos de tipo numérico o alfa-numérico. En los sistemas expertos, son ideas y conocimientos y se ajustan más a una descripción de tipo simbólico. Por tanto, es posible trabajar con programas que no estén perfectamente definidos y estructurados. Pero es fundamental transmitir a la máquina los conocimientos de los expertos humanos en un tema determinado. Para organizar un programa de estas características se reúnen los especialistas humanos en el tema —por ejemplo en medicina interna— y un *"ingeniero del conocimiento"*, nueva profesión de la informática, es quien debe realizar el programa. Este proceso, que parece muy sencillo, es el más complejo de la IA.

Muchos expertos tienen enormes dificultades para explicar el proceso mental por el cual toman una decisión. Si esto no está claro, es sumamente difícil transmitírselo al ordenador.

La creación de estos sistemas ha obligado a estudiar el proceso de pensamiento humano, las variables que influyen en la toma de decisiones y, por último, romper las barreras psicológicas que tienen los "entendidos" para pasarle a una máquina los conocimientos que en algunos casos les ha costado toda una vida conseguir.

Los avances de la informática son tan espectaculares que en sus cuarenta años de historia su capacidad se ha multiplicado por diez cada cinco años. Según el doctor Jaume Agustí, del Centro de Estudios Avanzados de Blanes, *"si los automóviles hubiesen mejorado en precio y calidad como lo han hecho los ordenadores, hoy tendríamos coches por ¡cien pesetas! con velocidades de mil kilómetros por hora gastando un litro de gasolina cada diez mil kilómetros"*.

En el futuro, la IA reemplazará a los hombres en muchos campos. *"Hace cien años era impensable separar sexo y reproducción; debemos aprender a diferenciar trabajo y supervivencia"*, dice el doctor Weitzenbaum, confiando en que la sociedad del futuro pueda combinar el paro con la abundancia y la solidaridad.

En todo caso, el futuro ya está aquí, y para Javier Sádaba, profesor de filosofía, es paradójico hablar de inteligencia artificial en un mundo dominado por la estupidez.

—**Víctor Steinberg**
(*Cambio16*, España)

COMPROBANDO LA LECTURA

1. ¿Cuál es la meta de crear máquinas que piensan?

2. ¿En qué consiste la difícil viabilidad de tales máquinas?

3. Explique las implicaciones éticas de tal proyecto.

4. En 1956 científicos de renombre afirmaron que no pasarían más de 25 años antes de que los ordenadores realizaran todo el trabajo humano. Explique por qué aún no se ha cumplido esa proyección.

5. Explique los juegos de palabras implícitos en los anuncios publicitarios siguientes:

   Más duros duran más.

   A quien madruga el tren lo ayuda.

   Te envideo.

6. ¿Por qué es casi imposible dotar a una máquina de sentido común?

7. ¿Qué es un sistema experto y en qué estriba su importancia?

8. Determine en qué campos se usan estos ordenadores:

   Internist

   Mycin

   Prospector

9. ¿Cuál es el objetivo de incluir en el artículo la historia de la secretaria de Weitzenbaum?

TEMAS PARA CONVERSAR

1. EL VALOR DE LOS ADELANTOS TECNOLÓGICOS. El autor enumera algunos de los adelantos de los últimos cien años. ¿Han sido todos beneficiosos? ¿Han traído algunos perjuicios o desventajas? Rellene el tablero y luego discuta sus contestaciones con sus compañeros.

Máquina	Ventaja	Desventaja
automóvil		
avión		
bomba atómica		
calculadora		
computadora		
contestador automático		
horno microondas		
luz eléctrica		
naves espaciales		
teléfono		
televisión		

2. ¿HAY QUE SEGUIR ADELANTE?
¿Está Ud. de acuerdo en que es imposible parar el desarrollo tecnológico característico de esta época? ¿Sería deseable pararlo? Explique su opinión.

3. ¿PROGRESO IGUAL TECNOLOGÍA?
Generalmente se identifica el progreso con el desarrollo tecnológico. ¿Hay maneras en que se puede considerar la tecnología un impedimento al progreso? ¿Hay otros términos en que se puede definir lo que es el progreso?

4. TECNOLOGÍA Y CALIDAD DE VIDA.
En el Congreso de Dartmouth de 1956 se hicieron predicciones que no se cumplieron. ¿Qué reflejan estas predicciones en cuanto a los anhelos de los científicos tecnológicos? ¿Por qué aspiran a cambiar el mundo, a hacer las cosas más rápidas, más pequeñas, más eficaces, etc.? ¿Cómo afectan estos anhelos —positiva y negativamente —la calidad de nuestra vida?

5. ¿CUANTO MÁS RÁPIDO MEJOR?
El sistema de dirección de batallas ayuda a tomar rápidas decisiones en una guerra. ¿Es la rapidez siempre una ventaja? ¿Cuándo podría ser una desventaja?

6. INVENTE SU PROPIA MÁQUINA. Piense en un aparato o un adelanto que actualmente no existe pero que Ud. considera que mejoraría la calidad de vida que tenemos (por ejemplo un contestador automático de teléfono que sea capaz de tomar dictado e imprimir el mensaje en cualquier idioma). Descríbalo detalladamente e ilustre todos sus usos y todas sus ventajas.

7. NOMBRE: ELIZA. PROFESIÓN: PSICOTERAPEUTA. Aunque Eliza de veras no entendía ni era capaz de seguir una conversación humana, el programa podía imitar la jerga y la estructura de una sesión psicoterapéutica ... y muchos pacientes llegaron a creer en el valor terapéutico de Eliza. ¿Sugiere esto algo de la psicoterapia como profesión? ¿O indica más bien algo acerca de la naturaleza humana? ¿Por qué estaba la gente tan dispuesta a creer en el poder terapéutico de Eliza? ¿Por qué piensa Ud. que Weitzenbaum quedó consternado en vez de complacido con el éxito de Eliza?

8. DEBATE. Divídanse en dos grupos, uno de humanistas y otro de científicos y técnicos y lleven a cabo un debate en el que se discutan los peligros y ventajas de los ordenadores y la inteligencia artificial.

9. JUEGOS DE PALABRAS. En pequeños grupos escriban por lo menos 3 anuncios publicitarios cuya estructura sintáctica y semántica volverían loca a una computadora. Después cada grupo leerá sus frases a la clase y los otros discutirán por qué esta frase funciona o no como buen juego de palabras para su anuncio.

10. SABER ES PODER. Comente el lema "saber es poder". Comente la naturaleza del poder que nos ofrece el saber algo de los campos siguientes:

    a. las leyes físicas del universo

    b. una lengua y una cultura extranjeras

    c. las leyes del estado

    d. los detalles de la vida de otra persona

    e. el estado de su salud personal

    f. saber el momento preciso en que uno mismo va a morir

    g. otro campo de su elección

¿En qué circunstancias o situaciones sería mejor no saber nada? ¿Qué circunstancias o situaciones se mejorarían mucho si uno pudiera saber más?

TEMAS PARA ESCRIBIR

1. UNA VÍCTIMA INOCENTE. Escriba una carta a una empresa fiadora que no le quiere extender crédito, explicando que el problema ha sido por un error de computadora.

2. UNA HISTORIA DE CIENCIA FICCIÓN. Prepare por escrito una narración breve en la que las máquinas vencen a los seres humanos. (Piense, por ejemplo, en la novela y película *2001.*)

3. IMAGÍNESE: UNA SESIÓN CON ELIZA. En parejas preparen por escrito una sesión de psicoterapia con Eliza.

4. IMAGÍNESE: EL MUNDO DEL FUTURO. Imagínese que Ud. vive en el año 2100 y es un periodista famoso. Escriba un artículo para sus lectores exponiendo el estado actual (es decir el del año 2100) de uno de los siguientes temas:

la vida en otros universos

la medicina

los problemas ecológicos

los avances tecnológicos

ÚLTIMAS CONSIDERACIONES

Las visiones apocalípticas han abundado desde la antigüedad y sobretodo al acercarse el milenio. Como estamos en vísperas del tercer milenio parece apropiado terminar este capítulo con una visión apocalíptica del escritor argentino Marco Denevi. Como se puede apreciar, Denevi sitúa su versión del fin del mundo en un universo donde la tecnología ha triunfado.

MARCO DENEVI

"Apocalipsis"

La extinción de la raza de los hombres se sitúa aproximadamente a fines del siglo XXXII. La cosa ocurrió así: las máquinas habían alcanzado tal perfección que los hombres ya no necesitaban comer, ni dormir, ni leer, ni hablar, ni escribir, ni hacer el amor, ni siquiera pensar. Les bastaba apretar botones y las máquinas lo hacían todo por ellos. Gradualmente fueron desapareciendo las biblias, los Leonardo da Vinci, las mesas y los sillones, las rosas, los discos con las nuevas sinfonías de Beethoven, las tiendas de antigüedades, el vino de Burdeos, las oropéndolas[1], los tapices flamencos, todo Verdi, las azaleas, el palacio de Versalles. Solo había máquinas. Después los hombres empezaron a notar que ellos mismos iban desapareciendo gradualmente, y que, en cambio, las máquinas se multiplicaban. Bastó poco tiempo para que el número de los hombres quedase reducido a la mitad y el de las máquinas aumentase al doble. Las máquinas terminaron por ocupar todo el espacio disponible. Nadie podía moverse sin tropezar con una de ellas. Finalmente los hombres desaparecieron. Como el último se olvidó de desconectar las máquinas, desde entonces seguimos funcionando.

---

1. un tipo de pájaro

Para conversar

¿Hasta qué punto puede ser la visión de este cuento una invención? ¿Es posible que los problemas ecológicos, médicos y tecnológicos examinados anteriormente en el capítulo puedan desembocar en una situación parecida?

Para escribir

Escriba su propia versión del Apocalipsis.

CAPÍTULO 6

LA DIVERSIDAD EN EL MUNDO HISPÁNICO: LENGUA, SOCIEDAD, CULTURA

Ahora a fines del siglo XX compite la idea del Estado como unidad nacional —una nación, una raza, una lengua— con la idea del Estado como entidad pluralista y de diversidad cultural. Por cierto este pluralismo siempre ha estado presente en diferentes formas en el mundo hispano.

Aunque la España medieval fue testigo de la convivencia relativamente armónica de tres culturas —la cristiana, la mora y la judía—, a finales del siglo XVI se inició una creciente tendencia a imponer la cultura castellana como norma para todo el país. En el siglo actual, el régimen autoritario de Francisco Franco prohibió el uso de otras lenguas peninsulares —el catalán, el vasco, el gallego— y sus correspondientes culturas. Sin embargo, hoy día las regiones autónomas reafirman su identidad propia.

En Latinoamérica, los conquistadores españoles no lograron suprimir del todo las culturas indígenas. Sigue existiendo en varios países de Sud América una convivencia de razas —mestizos, mulatos, criollos, indios y negros—, lenguas y culturas.

En los Estados Unidos el número de hispanos está creciendo cada vez más. La noción de una cultura estadounidense de base anglosajona se va derrumbando. Cada grupo cultural exige el derecho de practicar su cultura, de hablar su lengua y, a la vez, de ser parte del sistema democrático norteamericano.

Este capítulo presenta algunos aspectos de la cuestión multicultural, tal como se presenta en España, Latinoamérica y los Estados Unidos. La cuestión toca muchos temas: el uso de varias lenguas dentro de un mismo país, el biculturalismo, las diferencias de clase económica, el racismo y la diversidad en la orientación sexual.

El aprendizaje de un segundo idioma se hace cada vez más necesario en el mundo moderno.

Vocabulario temático

Aquí se presentan unos términos de identidad étnica o racial apropiados para cada una de las regiones del mundo hispano. Nótese que en español las palabras que denominan nacionalidad u origen no se escriben con letras mayúsculas.

1. España

andaluz   de Andalucía, en el sur de España *(forma femenina:* **andaluza)**

árabe   del mundo árabe

castellano   de Castilla, en el centro de España

catalán   de Cataluña, en el noreste de España

gallego   de Galicia, en el noroeste de España

gitano   del grupo nómada que vino de la India vía la Europa Central y el norte de África

judío   de origen hebreo

moro   en España, popularmente se refiere a alguien o algo de origen musulmán, árabe o norteafricano

vasco   persona del País Vasco, en el norte

2. Latinoamérica

A. Algunas nacionalidades

costarricense   de Costa Rica

ecuatoriano   del Ecuador

guatemalteco   de Guatemala

hondureño   de Honduras

nicaragüense   de Nicaragua

panameño   del Panamá

paraguayo   del Paraguay

puertorriqueño   de Puerto Rico

uruguayo   del Uruguay

venezolano   de Venezuela

criollo   latinoamericano de origen español

malinchista   término peyorativo aplicado a aquéllos considerados traidores a su raza; proviene de Malinche, la amante india de Hernán Cortés quien sirvió como traductora al conquistador *(término relacionado:* **el malinchismo)**

mestizaje   la práctica de mezclar las razas

mestizo   de mezcla racial, especialmente india y blanca

mulato   de mezcla racial negra y blanca

3. Los Estados Unidos

asiático   del Asia

chicano   norteamericano de origen mexicano

nuyorcaribeño   originalmente del Caribe pero arraigado en Nueva York

nuyorriqueño   originalmentede Puerto Rico pero arraigado en Nueva York

4. General

los antepasados   abuelos, bisabuelos y otros ascendientes

el bilingüismo   la habilidad y práctica de expresarse en dos lenguas *(adjetivo relacionado:* **bilingüe)**

convivir   coexistir en armonía *(sustantivo relacionado:* **la convivencia)**

el crisol   olla para cocinar en que se mezclan muchos ingredientes

el prejuicio   idea preconcebida; acción de prejuzgar

la xenofobia   miedo a las personas extranjeras o forasteras

Para seguir avanzando: Funciones para ampliar sus posibilidades expresivas

En español, como en todas las lenguas, hay más de una manera de expresar lo que se quiere decir. En sus primeros años de estudio de la lengua española Ud. habrá aprendido muchas funciones básicas para expresar sus pensamientos, pero a un nivel superior vale la pena saber variar el estilo para no incurrir en la repetición de tono, de frase y de estructura. A continuación, entonces, se presentan algunas alternativas o ampliaciones de algunas funciones básicas.

I. UNA ALTERNATIVA PARA CLÁUSULAS TEMPORALES

En el estilo escrito, el participio pasado (la forma verbal que termina en –*ado* o –*ido*, o que tiene formas irregulares como *abierto, escrito, muerto,* etc.) puede usarse en una cláusula temporal para expresar la misma idea que expresa una cláusula introducida por la expresión *después de* o *después de que.* Note que el participio pasado se usa como adjetivo, cuya forma masculina o femenina, singular o plural, cambia según el sujeto de la nueva cláusula:

Después de que llegaron los españoles al Nuevo Mundo, los indígenas perdieron su dominio sobre sus tierras.

Llegados los españoles al Nuevo Mundo, los indígenas perdieron su dominio sobre sus tierras.

Después de que lea la historia de los gitanos en España, Ud. no podrá negar que el racismo también existe en ese país.

Leída la historia de los gitanos en España, Ud. no podrá negar que el racismo también existe en ese país.

Después de observar la obra de Guillermo Gómez-Peña, la Fundación MacArthur decidió otorgarle su prestigioso premio.

Observadas las obras de Guillermo Gómez-Peña, la Fundación MacArthur decidió otorgarle su prestigioso premio.

II. UNA ALTERNATIVA PARA FRASES HIPOTÉTICAS CON *SI*

Como variante de una cláusula hipotética (si + el imperfecto del subjuntivo) se puede utilizar la construcción **de + infinitivo**:

Si los españoles no hubieran llegado a orillas de este continente, nuestra historia sería muy diferente.

De no haber llegado los españoles a orillas de este continente, nuestra historia sería muy diferente.

Si todo el mundo aceptara la diversidad de culturas, el prejuicio racial desaparecería rápido.

De aceptar todo el mundo la diversidad de culturas, el prejuicio racial desaparecería rápido.

III. OTRA MANERA DE ESPECULAR, CONJETURAR Y/O EXPRESAR PROBABILIDAD

A. EN UNA PREGUNTA

Para especular o preguntarse a sí mismo sobre algo que está pasando en el **presente,** se puede usar el **tiempo futuro:**

¿Por qué **existirá** tanto prejuicio en el mundo hoy?

¿Serán los indios de Bolivia más pobres ahora que en el siglo pasado?

Para especular o preguntarse a sí mismo sobre algo que ocurrió en **el pasa-do,** se puede usar **el tiempo condicional** o **el futuro perfecto** (el futuro del verbo *haber* + el participio):

¿Cómo **vivirían / habrán vivido** los indios bajo los españoles?

¿Por qué **se trasladarían / se habrán trasladado** los gitanos a España?

B. EN FRASES DECLARATIVAS

Estos mismos tiempos verbales —futuro para casos en el presente, condicional o futuro perfecto para casos en el pasado—, empleados en frases declarativas, pueden servir para expresar probabilidad o especulación.

En el presente:

Los indios de Bolivia **serán** más pobres ahora que en el siglo pasado.

Muchos hispanos que viven en los Estados Unidos **mantendrán** muchas de las mismas costumbres de su país de origen.

En el pasado:

Los gitanos **se trasladarían / se habrán trasladado** a España en el siglo XV por razones económicas o políticas.

Sería / Habrá sido muy difícil para muchos acostumbrarse a una nueva cultura.

IV. MÁS SOBRE LAS COMPARACIONES

Como Ud. ya sabe, cuando se quiere comparar dos entidades se usa *más que* o *menos que:*

Viven **más** puertorriqueños **que** argentinos en Nueva York.

Otros países son **menos** pluriculturales **que** el nuestro.

En cambio, cuando hay dos cláusulas y cada una contiene **un verbo conjugado,** se usa *más* o *menos,* seguido de:

a. *del que, de la que, de los que, de las que,* cuando los verbos de las dos cláusulas se refieren al mismo sustantivo —persona(s) o cosa(s):

> Existían **más culturas indígenas de las que** los españoles **conocían.**

> El gobierno tiene **menos dinero del que necesita** para corregir la situación.

> Muchos **menos artistas** viven de su trabajo artístico **de los que tienen que buscar** otro trabajo.

b. *de lo que,* cuando se contrapone una idea (sustantivo), una cualidad (adjetivo) o una manera (adverbio) en la primera cláusula a uno de los siguientes verbos en la segunda cláusula: *pensar, creer, imaginar, sospechar, temer, decir, admitir, etc.*

> El problema es **menos grave de lo que habíamos pensado.**

> Hay **más prejuicio** en el mundo **de lo que** Ud. se puede **imaginar.**

> El proceso de integración está procediendo mucho **menos rápido de lo que** el gobierno **dice.**

En torno al tema: Conversación

1. La comunidad.
En pequeños grupos, consideren su comunidad en su totalidad o concentrándose en alguna institución (la universidad, la iglesia, un club, etc.) y discutan hasta qué punto refleja la presencia de diversas culturas.

2. La percepción del "otro".
En pequeños grupos, hagan una lista de los atributos —físicos, de carácter, de lengua, etc.— que causan que se perciba a una persona o a un grupo como "otro" o diferente.

3. La diversidad cultural.
Hay varias regiones del mundo en que la cuestión de la diversidad cultural es una cuestión candente. Para cada una de las regiones que siguen anoten la naturaleza del problema —diferencias de clase, de religión, de lengua, etc.— y las repercusiones nacionales o internacionales:

Región o país	Tipo de problema (religioso, racial, etc.)	Repercusiones nacionales o internacionales
Sudáfrica		
Península Balcánica		
Canadá		
España		
los Estados Unidos		
la ex URSS		
el Medio Oriente		
otras regiones		

EN TORNO AL TEMA: REDACCIÓN

1. RASGOS DISTINTIVOS DE LOS ESTADOS UNIDOS. Un amigo suyo que vive en un país hispano va a pasar un año en este país. Quiere saber algo de su nuevo entorno y le pide a Ud. por escrito que le explique cómo es la sociedad norteamericana. Ud. le contesta analizando las características que hacen a los EE.UU. un país distintivo. Escoja los elementos que más definen a los norteamericanos. Puede comentar, por ejemplo, sobre los valores sociales y políticos, sobre la actitud hacia los extranjeros, etc.

2. CARTA A UN FUNCIONARIO. Escriba al presidente o al embajador de uno de los países o regiones mencionados en el tablero del tema 3 de la sección **En torno al tema: Conversación** explicando sus sentimientos respecto al tema que Ud. ha discutido. Proponga soluciones en su carta.

FACETA 1

Lengua e identidad étnica y nacional

Aunque por lo general se piensa en México como un país de lengua española, en realidad nuestro vecino al sur abarca una variedad de culturas y, por ende, de lenguas. La persistencia de los pueblos indígenas casi quinientos años después de la llamada Conquista de Hernán Cortés pone en tela de juicio la idea de que México sea una sola nación monolítica con una sola cultura y una sola lengua. Es una noción que el artículo que sigue tilda de mito nacional.

ANTES DE LEER

1. DIVERSIDAD EN LA COMUNIDAD.

Examine su propia comunidad en cuanto a la variedad de lenguas que se hablan. ¿Cuáles son? ¿Quiénes las hablan? Comente si existen variantes de este mismo idioma en su comunidad: por ejemplo, si se habla español, observe si hay más de un dialecto. Discuta o describa algunas de las diferencias lingüísticas que Ud. ha notado.

2. DIVERSIDAD LINGÜÍSTICA.

¿Cuáles son algunas de las reacciones de la comunidad en que Ud. vive hacia la diversidad de idiomas? ¿Qué sabe Ud. sobre el debate de *English only* en los EE.UU.?

3. VIVIR LA DIVERSIDAD.

En pequeños grupos, discutan las ventajas y las desventajas de vivir en un lugar donde se hable más de un idioma. Este fenómeno, ¿divide o enriquece al pueblo?

VOCABULARIO ÚTIL

el menoscabo   la reducción; la aniquilación; la devastación *(palabra relacionada: menoscabar)*

recalcar   repetir; subrayar

vigente   que está en vigor, que se observa como ley o regla

> *Según muchos, el modelo de la explotación que trajo Europa al Nuevo Mundo sigue **vigente** hoy en día.*

"¿Una lengua, una nación?"

Una de las leyendas de los estados modernos es que a cada lengua le corresponde una nación. Por siglos ha parecido obvio. Desde Isabel y Fernando en 1492 en España, Francisco I en 1539 en Francia, hasta el siglo XIX en México (Andrés Molina Enriquez, Alberto María Carreño y Francisco Pimentel) y el XX en los Estados Unidos de América (S. Hayakawa y el reciente movimiento *English only*) se ha recalcado la idea de que una lengua es igual a una nación. Molina Enriquez, por ejemplo, decía

Las comunidades indígenas luchan por conservar sus características lingüísticas y culturales.

que "la nación es una unidad de origen, de religión, de tipo, de costumbres, de lengua, de estado de desarrollo, así como de deseos, de fines y de aspiraciones".

En México, el mito de la lengua nacional ha tenido una larga historia. En el pasado la crítica progresista veía en la supervivencia de los pueblos indígenas mexicanos uno de los obstáculos para que nuestro país fuera moderno. La diversidad de las lenguas en nuestro territorio impedía la conformación[1] de un ciudadano mexicano, diferente de sus ancestros, tanto españoles como indios.

El mestizaje, superación de la lucha entre nuestras dos vertientes raciales, se plasmaba en la lengua y esta lengua no podía ser otra que la española. El mito llega todavía a nuestros días. Recordemos al presidente Cárdenas cuando, en 1934, sostenía que "nuestro problema autóctono no es el de preservar el carácter indio del indio ni el de indianizar a México; más bien es el de mexicanizar al indio".

Recordemos también que nuestra Ley Federal de Educación vigente sostiene que se debe procurar llegar a tener *una lengua común para todos los mexicanos* (aunque agrega, más como exorcismo de nuestro

---

1. la configuración

ritual indigenista: *sin menoscabo de las lenguas indígenas*).

Pero si todo fuera la construcción ideológica que da cuerpo a nuestra idea de nación, y si todo se quedara entre los deseos enunciados de una ley federal, quizá el mito se pudiera conservar inocuo, como tantos otros que crea nuestra sociedad.

Sin embargo, este mito aparece reflejado en reglamentos y leyes. Uno de ellos obliga a que todo mexicano que se presente a juicio debe hablar español; si no lo habla, debe estar acompañado por un traductor. *Traduttore traditore*[2] reza[3] el proverbio italiano y con razón, porque eso afecta directamente a nuestra población india. Por lo regular, los traductores son indios ladinizados[4] que ejercen con la lengua la misma violencia que el conquistador desplegaba o que aún practican el mestizo y el criollo para apoderarse de tierras y hasta de personas.

¿Cuándo se formó el mito de que una lengua corresponde a una nación? ¿Cómo fue que vino a imponerse como una verdad absoluta? En España, casi 150 años antes de los reyes católicos, el rey Alfonso X el Sabio fue el primero que elevó el castellano a rango legal. Pero don Alfonso era un rey tolerante que no sólo reconocía la diversidad lingüística de sus dominios, sino que la aprovechaba.

Don Alfonso escribía poemas en gallego y tenía amigos entre los trovadores provenzales; acogía en su corte a sabios árabes y judíos y estaba al tanto de las discusiones universitarias latinas de Bolonia y de París. El mapa de las lenguas entre la península ibérica y la itálica era un continuo en que las divergencias lingüísticas eran cuestión de estilo.

Si Alfonso el Sabio dio rango legal al castellano fue para unificar la impartición de justicia en los territorios reconquistados. En éstos, los quinientos años de dominación musulmana habían ido creando divergencias en las leyes visigóticas[5].

Sólo la creación del estado unificado en España, al inicio del descubrimiento de América, forzó el castellano como lengua nacional y expulsó a los árabes y los judíos de la península. Los árabes hispánicos, por su parte, fueron muy tolerantes: dejaban convivir en los territorios conquistados su fe con la de los cristianos; su ley, con la visigótica precedente; incluso juzgaban exquisito adornar su poesía con citas del hablar romance.

El mito, en consecuencia, no nació entonces: nació con el nacionalismo; es decir, con el esfuerzo de algunos pueblos europeos por darle un sentido a la imposición de una región sobre otras.

O también por el deseo de superar la fragmentación política de varios pueblos que reconocían su cercanía lingüística (como el valor del florentino para la unificación italiana o el del alto alemán para las regiones centroeuropeas que soñaban con llegar a formar el Gran Reino). En cual-

---

2. traductor, traidor   3. dice   4. indios hispanizados   5. el código legal de los visigodos, quienes ocuparon España desde la caída del Imperio Romano hasta la invasión mora

quier caso, positivo o negativo, se violentaron las diferencias lingüísticas, como se puede observar hoy a propósito del bretón, el occitano[6], el vasco o el catalán en Francia, o del sardo[7], el siciliano o el calabrés en Italia.

Regresando a México, al inicio de la colonización los misioneros plantearon un reconocimiento de la diversidad lingüística en los territorios novohispanos[8].

La imposición del español durante la Colonia fue efecto de la violencia de los administradores de la nueva España, más por imperialismo que por nacionalismo. La Ilustración de Carlos III justificó la unidad lingüística como principio de la igualdad ciudadana de todos sus súbditos.

Por lo tanto, no es hasta el último cuarto del siglo XIX cuando, con el pensamiento europeo nacionalista, nos llega el racionalismo como doctrina salvadora y se forma el mito de la unidad nacional lingüística.

Es en este mito donde encontraron nuestros antepasados progresistas una fórmula y una doctrina de construcción nacional para continuar en este siglo la conciencia de los derechos humanos, negando las lenguas indígenas y expoliando[9] a los indios. Seguimos imposibilitados de concebirnos a nosotros mismos como en verdad somos: una nación vibrantemente distinta. ¡Qué herencia!

—**Luis Fernando Lara**
(*Este País,* México)

---

6. lenguas regionales de Francia   7. lengua de Cerdeña, isla italiana   8. de la Nueva España o América
9. expulsando violentamente

Comprobando la lectura

Explique con sus propias palabras las siguientes afirmaciones o conceptos que se incluyen en este artículo. También discuta si Ud. está de acuerdo o no y explique por qué.

1. El concepto de que cada nación necesita tener una lengua nacional es un mito o una leyenda.

2. El reciente movimiento *English only* se basa en la idea de que una lengua es igual a una nación.

3. Algunos mexicanos consideraban —y aún consideran— que la diversidad de las lenguas impide la formación de un verdadero ciudadano mexicano.

4. Estas mismas personas creían que la lengua nacional forzosamente tenía que ser el español.

5. *Traduttore traditore*

6. En la España medieval, el utilizar una de las muchas lenguas de la península era cuestión de estilo.

7. El mito de una lengua común para todos los habitantes de un país nació con el nacionalismo.

8. La imposición del español en la Nueva España fue un síntoma del imperialismo.

9. México es una nación vibrantemente distinta.

Temas para conversar

1. DEBATE. La clase se dividirá en dos grupos. Cada uno de los grupos elegirá una de las siguientes posiciones para discutir en un debate:

Hay que imponer una lengua común oficial a todos los ciudadanos de este país y esta lengua debe ser el inglés.

Hay que admitir el uso de más de un idioma oficial.

2. IMAGÍNESE: DOS GENERACIONES DISCUTEN SU CULTURA.

Los Marín inmigraron de Bolivia a los Estados Unidos hace 30 años. Dominan muy poco el inglés y mantienen vivos sus enlaces con su país natal. Su hija Rosario nació en los Estados Unidos, domina los dos idiomas y está casada con un norteamericano. Rosario está encinta y va a dar a luz en un mes. Ella cree que es mejor que su bebé se integre en la cultura dominante de su país y por eso no piensa enseñarle el español. En cambio, sus padres opinan que no debe olvidar la cultura de su familia e insisten en que el bebé se críe bilingüe. En grupos de tres, preparen una escena en que Rosario y sus padres discuten sus puntos de vista.

3. DEBATE: LA EDUCACIÓN BILINGÜE. Debatan estos dos puntos de vista:

Los estudiantes que no dominan el inglés como primera lengua deben tener clases en su lengua materna.

Todos los estudiantes de este país deben tener clases en inglés.

4. UNA LENGUA DOMINANTE. ¿Se puede considerar el establecimiento de una lengua dominante u oficial una forma de racismo? ¿O es que el deseo de uniformidad lingüística refleja más bien otras motivaciones?

5. MIS RAÍCES ÉTNICAS. Muchos norteamericanos son hijos, nietos o bisnietos de personas que han emigrado de otros países. Discutan sus propios sentimientos respecto a su caso personal. ¿Le importa o no identificarse con un grupo étnico? ¿Ha mantenido o perdido contacto con las costumbres de esta cultura? ¿Opina Ud. que ha ganado o perdido algo respecto a esa herencia cultural?

6. TRADUTTORE, TRADITORE. ¿Qué elementos de un libro, de una conversación o de una cultura cree Ud. que se pueden traducir fielmente y qué elementos se pierden? Con un compañero de clase busquen en la biblioteca un poema, un cuento o un artículo originalmente escrito en español junto con su traducción al inglés (o pueden buscar el caso contrario —el original en inglés y su traducción al español). Comparen las dos versiones e informen a la clase sobre lo que descubrieron.

7. LOS MITOS NACIONALES.
A continuación tiene algunos de los mitos nacionales norteamericanos. En pequeños grupos, examínenlos para discutir si tienen validez en la actualidad:

Todo el mundo tiene el derecho de expresarse libremente.

Este es el país de la oportunidad; cualquiera puede llegar a ser presidente.

Querer es poder.

Todos somos iguales bajo la ley.

Somos los defensores de la democracia mundial.

Este país es un gran crisol.

Elija otro mito popular.

8. MÉXICO Y SUS CULTURAS INDÍGENAS.
En pequeños grupos, examinen y analicen la siguiente cita textual de este artículo: "Nuestro problema autóctono no es el de preservar el carácter indio del indio ni el de indianizar a México; más bien es el de mexicanizar al indio". ¿Qué valores se implican en el uso de la palabra **mexicanizar?** ¿Toma en cuenta el que los indios hayan vivido en lo que hoy es México antes de que existiera como nación? ¿Creen Uds. que existe en los EE.UU. una idea semejante a la que se expresa en esta cita?

TEMAS PARA ESCRIBIR

1. LOS INDÍGENAS EN ESTE CONTINENTE.
En un ensayo breve desarrolle una comparación entre la actitud oficial hacia los pueblos indígenas en México y en los Estados Unidos.

2. IMAGÍNESE: UNA TRADUCCIÓN SUPERA EL ORIGINAL.
Ud. es un traductor que acaba de traducir una novela del español al inglés. Ud. piensa que su traducción es mejor que la obra original, la cual es una obra prácticamente intraducible no sólo por el lenguaje empleado sino por la cantidad de referencias y alusiones culturales. Escriba a su editorial explicando por qué Ud. quiere que su traducción lleve su nombre como autor principal y no el del autor de la novela original.

3. EL BILINGÜISMO. Escriba un ensayo en el que expone su punto de vista sobre el bilingüismo en este país.

FACETA 2

Un artista pluricultural

Parte de nuestra autoimagen norteamericana radica en que éste es un país de inmigrantes. En contraste con las inmigraciones europeas de antaño que se asimilaban a la forma de vida norteamericana, las más recientes olas de inmigración consisten en grupos de Asia, África y Latinoamérica que mantienen sus rasgos culturales.

   La siguiente entrevista expone el caso del artista Guillermo Gómez-Peña, representante de esta nueva ola. El artista alterna entre tres culturas —la norteamericana, la mexicana y la chicana. Su identidad pluricultural se refleja también en su lenguaje en donde se detecta una mezcla del español y del inglés. A veces incorpora directamente expresiones del inglés como *grassroots, mainstream* y *like it or not.* Otras veces el artista inventa palabras nuevas como *"performero"*, usando como base el inglés. También el autor del artículo utiliza construcciones gramaticales que son más propias del inglés que del español, como **nacido y crecido.** Así, de identidades o culturas diferentes y paralelas se va creando una nueva lengua e identidad cultural con rasgos distintivos.

ANTES DE LEER

1. LOS GRUPOS ÉTNICOS DE ESTE PAÍS. ¿Con qué grupos étnicos en los EE.UU. está Ud. familiarizado? ¿Mantienen éstos su lengua de origen, artes tradicionales o música? ¿Qué rasgos culturales distintivos poseen?

2. SU PROPIA ETNICIDAD. ¿De qué origen son sus antepasados? ¿Se siente Ud. parte de ese grupo étnico? ¿Por qué? ¿Le gustaría visitar el país de sus antepasados? ¿Le gustaría vivir allí? ¿Se sentiría allí como en su casa? Explique.

3. SU PROPIO GRUPO ÉTNICO. Discuta hasta qué punto el grupo de su origen étnico se ha ajustado a la cultura mayoritaria norteamericana. Esta acomodación de dos o más culturas, ¿es una pérdida o un enriquecimiento cultural para el grupo y para este país?

Vocabulario útil

Palabras relacionadas con conceptos culturales

un chilango   un residente de la ciudad de México, D.F. (Distrito Federal)

fronterizo   que está en la frontera entre dos países o dos regiones

la hibridez   el producto de la mezcla de elementos de distinta naturaleza *(adjetivo relacionado:* **híbrido**)

el indocumentado   el inmigrante ilegal que no lleva documento de residencia oficial

Palabras relacionadas con la economía

los desamparados   la gente que no tiene residencia y que vive en las calles, sin amparo

el presupuesto   el cómputo anticipado del costo de una obra, y también de los gastos o de las rentas de una institución o del estado

el recorte   la reducción de algo que se considera excesivo o innecesario en un presupuesto

el erario público   el tesoro público de una nación

Verbos y expresiones

deslindar   distinguir los límites entre una cosa y otra para aclarar *(sustantivo relacionado:* **el deslinde**)

> *A veces es muy difícil **deslindar** la libertad del libertinaje.*

dicho   tal; mencionado anteriormente

> *El Premio MacArthur otorga premios a científicos, artistas e investigadores. Guillermo Gómez-Peña ha sido el primer artista latino en ganar **dicho** premio.*

estorbar   molestar; incomodar; estar de más; poner obstáculo a la ejecución de algo

platicar   charlar

volverle la espalda a alguien   negarse a alguien; retirarse de la presencia de alguien con desprecio

"Un chicalango conquista los Estados Unidos: Entrevista con Guillermo Gómez-Peña"

Arte "fronterizo", "hibridez cultural", "desterritorialización", "tercermundización del primer mundo", son algunos de los conceptos empleados por el artista chicalango (mitad chicano y mitad chilango) Guillermo Gómez-Peña para definir su obra, la que es producto de una fusión cultural, racial y lingüística.

A la memoria de Gregorio Selser

A mediados del mes de junio del año en curso la fundación norteamericana John D. y Catherine T. MacArthur hizo pública la noticia de los nuevos "Genius Awards", los premios que la fundación otorgaba a treinta y un artistas, escritores e investigadores científicos en 1991. Doscientos treinta mil dólares y el reconocimiento del mundo del arte experimental en Estados Unidos eran asignados para el "performero" y escritor chilango/chicano Guillermo Gómez-Peña.

La fundación MacArthur ha otorgado más de un millón de dólares en premios desde 1978, en apoyo a instituciones de salud mental, medicina tropical, conservación del ambiente, educación, cooperación internacional para la paz, activismo comunitario, comunicación de masas y creación artística.

El "MacArthur Genius Award" no es un premio competitivo. No se solicita sino que una serie de comisiones observan secretamente durante un año el trabajo de los "recomendados" y se someten a varios pro-

cesos de votación. Son apróximamente treinta becas por año las que se otorgan en las diferentes categorías del conocimiento. En el caso de los artistas, este año sólo se le otorgaron a cinco de ellos, procedentes de distintas partes del mundo. La idea es proveerles de apoyo para que se dediquen exclusivamente a su trabajo durante un periodo de cinco años.

El "MacArthur Genius Award" sorprendió a Gómez-Peña cuando empezaba a trabajar en la segunda parte de su trilogía 1991, "A Performance Chronicle (The Rediscovery of America by The Warrior of Gringostroica)", comisionada por la academia de Música de Brooklyn (BAM) para el Festival "Next Wave".

Nacido en la ciudad de México y crecido entre su país natal y Estados Unidos, desde principios de los ochenta Guillermo Gómez-Peña ha venido explorando las relaciones interculturales entre ambos países, el concepto de "desterritorialización" y la estética sincrética de la región que una vez el artista Marcus Kurticz llamara "el país de la frontera".

Lingüista fronterizo, activista cultural, artista experimental y antropólogo vernacular, Gómez-Peña se define como "diplomático sin cartera oficial".

Fue entre San Diego y Tijuana donde nacieron —quizá— los primeros trabajos que hicieron visible a Gómez-Peña en el mundo del arte estadounidense: periodismo escrito, producciones de radio bilingüe, eventos de arte-acción y la controversial revista de arte y cultura "The broken line/ La línea quebrada".

Hoy, algunos años después, instalado en Nueva York y colaborando con una serie de artistas y escritores de origen afro y latinoamericano, y específicamente con nuyocaribeños, Guillermo Gomez-Peña nos platica de su trabajo más reciente y de la situación cultural que vive Estados Unidos.

En el último año hemos presenciado una serie de movilizaciones de artistas y organizadores culturales para protestar por las "nuevas" políticas que rigen a la cultura en este país. ¿Cuál es el momento por el que atraviesa en Estados Unidos la producción artística y cultural?

Los logros de las comunidades no angloeuropeas están siendo desmantelados.

Los artistas están siendo censurados. Los centros culturales chicanos sufren recortes presupuestales, así como los programas educativos para las "minorías", incluyendo a las universidades. Hay un despido masivo de profesores chicanos, negros y asiáticos.

En Estados Unidos hay dos grandes fuentes de cultura que se encuentran en permanente conflicto: la cultura del estado, que surge desde arriba como una imposición, con sus nociones de identidad, y la cultura de *grassroots* (de raíz), que surge del seno de las comunidades multirraciales; es decir, desde abajo. Los esfuerzos por redefinir la noción de norteamericanidad, han surgido obviamente desde abajo; y los esfuerzos por reprimirla, por cooptarla, provienen de arriba, de las agencias gubernamentales y corporativas más reaccionarias.

Acabas de recibir el "MacArthur Genius Award", uno de los premios más prestigiados en Estados Unidos. ¿No contradeciría ésto, entonces, las políticas de recortes que mencionas?

Es muy importante que entendamos la complejísima topografía de las fuentes de financiamiento en este país: aquí, a diferencia de México, por ejemplo, la cultura está descentralizada. En México vivimos el modelo español importado al *nuevo mundo*, que es de centralización absoluta. En Estados Unidos vivimos un modelo federativo en donde cada estado, cada ciudad y cada municipio cuenta con una infraestructura cultural independiente. Existen dos tipos de financiamiento: el que proviene del erario público, por un lado, y el de las fundaciones privadas, por el otro. Estas últimas, a su vez, reflejan espectros ideológicos múltiples que van, desde la extrema derecha hasta la izquierda.

La fundación MacArthur se inserta en un modelo progresista que promueve el cambio y el diálogo. El haber sido reconocido por una de las fundaciones más importantes de este país, como la MacArthur tiene muchas implicaciones políticas para los sectores progresistas. También creo que es un logro muy importante para la comunidad artística latinoamericana dentro de Estados Unidos. Según tengo entendido, nunca antes lo había obtenido un artista latino. Sí se lo habían dado, en cambio, a científicos, activistas e investigadores de origen latinoamericano.

Por lo tanto, el haber recibido dicho premio no se trata, pues, de una contradicción, sino primordialmente del resultado de dos grandes impulsos que se confrontan mortalmente en este país: por un lado la "tercermundización" de la sociedad, y por otro lado un afán por "primermundizar" una sociedad ya tercermundizada. La visión monocultural contrasta con la realidad multirracial. Estas dos grandes fuerzas se están debatiendo en las universidades, en las calles, en el congreso, en el mundo del arte, en los libros, en el cine y en los medios de comunicación.

Por lo visto, la lucha que libran dichas fuerzas reaccionarias de esta sociedad, en contra de los productores culturales, parecen estar resolviéndose en favor de los primeros. Sin embargo, la idea que pretende vendernos el sistema es la de una política de recortes presupuestales aplicada por igual entre los distintos sectores sociales, independientemente de su origen étnico o cultural.

Se plantea como una política generalizada pero en realidad está enfocada hacia los grupos que no tienen acceso al poder, y que no forman parte de este *gran* proyecto nacional. Dicho proyecto se propone como la necesidad urgente de crear "cohesión

social", es decir, un sentimiento de nacionalidad ante la fragmentación y el caos imperantes en la sociedad estadounidense.

Obviamente, el modelo que se propone para lograr dicha cohesión es el angloeuropeo, que excluye la visión de Estados Unidos como una sociedad de diversas razas, lingüística y culturalmente hablando. Las "minorías" estorban. Pero no sólo las "minorías" estorban, también los inmigrantes recién llegados, los *homeless,* los desamparados que viven en las calles de Estados Unidos, los pacientes con sida, las mujeres embarazadas, los adolescentes de los barrios *gruesos* que requieren de programas sociales especializados, los *gays,* los artistas e intelectuales no "alineados[1]"; en pocas palabras, todos aquellos que no forman parte del *american dream* (que ya es más bien un *american nightmare),* son considerados como enemigos de la "americanidad".

El reconocimiento que la fundación MacArthur te hace, ¿es exclusivamente por tu trabajo artístico?

No. También por mi trabajo como teórico del movimiento multicultural. Muchos colegas chicanos y yo hemos participado en los intensos debates nacionales sobre la identidad, que se han dado desde 1985. En ese año, por primera vez en su historia, el mundo cultural estadounidense cobra conciencia de la necesidad de un discurso crítico sobre la pluralidad racial. En México, desde la Revolución mexicana se ha venido dando un debate a nivel nacional sobre la identidad; pero en Estados Unidos, este

---

1. que no siguen la ideología vigente

debate no comienza hasta mediados de la década pasada. Antes de ese año, la visión que Estados Unidos tenía de sí mismo era ficticia; estaba basada en el modelo anglo-europeo, y no respondía a las complejidades demográficas del país.

Si recordamos bien, en 1965 hubo una reforma muy importante en las leyes de migración: aquellos emigrantes de países asiáticos y latinoamericanos que anteriormente no eran favorecidos por dichas leyes, lograron un estatus de igualdad frente a los inmigrantes europeos. Esto transforma radicalmente los patrones migratorios de Estados Unidos. A partir de aquel entonces comienzan a llegar masivamente emigrantes del Sur y del Este; lo cual ha redefinido drásticamente los conceptos de "Occidente", y de "cultura occidental", así como las nociones de identidad, lenguaje y arte. Estados Unidos es un país en proceso de tercermundización. Latinoamérica y Asia ya están injertadas en Disneylandia.

¿Cómo recibió la comunidad latinoamericana en Estados Unidos el premio que se te otorgó?

En general, ha sido una respuesta muy positiva. En vista de la falta de reconocimiento a los artistas mexicanos, chicanos o latinoamericanos por parte de las instituciones culturales de este país, yo creo que muchos lo vieron como una victoria. La prensa en general fue muy benigna. Como siempre, la prensa más conservadora utilizó la oportunidad para atacarme. Algunos sectores ultranacionalistas del movimiento chi-

cano resintieron un poco el hecho de que el primer artista latino becado por la MacArthur fuera un artista mexicano y no un chicano.

Platícanos un poco de los problemas que, según parece ,siguen existiendo entre chicanos y mexicanos.

Existe una herida que aún está abierta en las relaciones entre mexicanos y chicanos. Se trata de una incomprensión basada en el desconocimiento mutuo. Para muchos mexicanos, los chicanos siguen siendo, o bien "prófugos[2] de la patria" o "náufragos culturales", como dijera alguna vez Octavio Paz. Y el arte chicano es visto con cierta condescendencia como un arte menor y populachero[3]. Para los chicanos, los mexicanos son los parientes que les vuelven la espalda y se avergüenzan de ellos. Hay mucho trabajo por hacer a este respecto. El diálogo entre mexicanos y chicanos debe mejorar en esta década. Aunque hablemos idiomas distintos y vivamos bajo sistemas muy diferentes, seguimos siendo parientes.

Ambos buscamos lo mismo: que la cultura anglosajona nos trate con respeto e igualdad.

¿De qué se trata tu obra?

Es una obra enteramente bilingüe que trata del mentado[4] "descubrimiento de América", pero desde una perspectiva muy novedosa. La reina Isabel tiene un padrote Arawak. *Cristóbal Cojelón* es un indocumentado. Otros personajes incluyen al *Aztec Hightech*, el *Mariachi Liberachi,* y el

---

2. fugitivos   3. de las masas y de poco valor artístico   4. célebre; famoso

Caballero Tigre, que es un pachuco[5] con un traje de corte zoot-suit hecho de terciopelo imitación tigre. La acción se desarolla en el presente. Mi objetivo es revelar cómo el modelo de explotación que trajo Europa al "Nuevo Mundo" continúa vigente hoy en día. La manera en que Estados Unidos trata a sus "minorías" es muy parecida al trato que los españoles le dieron a los indígenas. Un ejemplo: la quema de las bibliotecas mayas por parte del arzobispo Diego de Landa nos recuerda la iniciativa de ley *English Only* que criminaliza la utilización del idioma español en los estados más densamente poblados por mexicanos. Ambas medidas tuvieron el mismo objetivo: quitarnos nuestro lenguaje y, por lo tanto, nuestra memoria histórica.

Es bien sabido que existen para el artista peligros y ventajas cuando se trabaja en lo que aquí llaman el top; es decir, cuando se mueve uno en las esferas más altas de la producción artística neoyorquina. ¿Cómo estás lidiando con esto?

El peligro es la cooptación de mi trabajo político. Esta es la amenaza eterna de todos los artistas que tenemos que lidiar con grandes instituciones: el aterrador pacto fáustico[6] al que todo artista en algún momento de su carrera tiene que enfrentarse. Ojalá y no se me quemen los bigotes.

En un país como Estados Unidos resulta muy difícil diferenciar entre la fama y la capacidad de tener una voz pública. En otras palabras, es muy difícil deslindar lo que le llaman aquí el *hype* (lo que está de moda) de la cultura del diálogo. Obviamente, uno siempre está tratando de insertarse en el terreno del diálogo, de las ideas y los debates públicos; y no en la cultura de la imagen y del culto a la personalidad, pero el riesgo siempre está presente. Quien quita y el año entrante me ves en la tele anunciando "Cuchifritos" y "McTacos".

¿Has sido presionado alguna vez para moderar, o de plano cambiar el tono de tu discurso, particularmente ahora, con el premio de la MacArthur o tu comisión en BAM?

No. Al contrario. Esta puerta me ha dado acceso a ciertos escritorios en donde "se cuecen la habas"[7]. Hasta cierto punto he logrado influir en las políticas culturales de ciertas instituciones dominantes. Aunque suene mamón[8], esto obviamente conlleva una gran responsabilidad política. Mis acciones en este momento tienen un peso moral mucho mayor que el que tenían hace dos años. Estoy muy consciente de eso. Tristemente lo que le ha pasado a la gran mayoría de los artistas mexicanos y chicanos en este país es que cuando el trabajo empieza a ser reconocido, por lo general, entran en el mundo del *mainstream* de una manera acrítica, y pierden su claridad política. Eso le pasó a muchos artistas cuyos nombres prefiero no mencionar. Se les cayeron las espinas y empezaron a anunciar cerveza *Budweiser*.

---

5. joven chicano guapetón   6. diabólico; relacionado con el personaje Fausto, quien hizo un pacto con el diablo   7. donde se hacen cosas indebidas   8. Aunque parezca una simpleza

Conozco tu trabajo desde hace tiempo, y he visto la consistencia de tus ideas políticas. ¿Cómo ha sido recibido tu trabajo por los distintos tipos de público?

Cuando me presento en un espacio cultural chicano es muy distinto a cuando me presento en un museo anglosajón, o en una universidad. Hoy en día tenemos la oportunidad de cruzar estas fronteras étnicas, culturales, lingüísticas e ideológicas; de caminar horizontalmente entre un contexto y otro, y por lo tanto de tener acceso a públicos más diversificados.

El gran reto de los artistas de la década pasada fue romper estas fronteras: entre un mundo del arte aislado e hiperespecializado como era el mundo del arte de los setenta, y el resto de la sociedad. En los ochenta surge un nuevo artista / activista, que presenta su trabajo tanto en el contexto de la educación, como en el de la política, y el de los medios de comunicación y del arte. Además, este nuevo artista se propone como diplomático intercultural sin representación oficial.

Yo me considero sumultáneamente artista, diplomático, cronista y activista; y esto no es una peculiaridad de mi trabajo, sino una visión del oficio, muy común entre las comunidades multirraciales de Estados Unidos. Somos guerreros de la *Gringostroica* y nuestras armas y disfraces cambian día con día.

El trabajo escénico que realizas es una extraña combinación de elementos tomados de la cultura popular chicana y fronteriza, y de un discurso experimental profundamente teórico. ¿Cómo se da esta integración?

Para entender el trabajo que los chicanos hacen en este país es muy importante distinguir entre cultura popular y cultura de masas. En América Latina hay una diferencia muy clara que no existe en este país (EE.UU.). Aquí, los medios de comunicación son al mismo tiempo una expresión de la cultura popular; o sea, hay una extraña superposición entre folklore y tecnología. Cuando hablamos aquí de cultura popular y de folklore, estamos hablando de computación, de Hollywood, de los *video games,* de la televisión, de McDonalds, de Rambo y de Madonna. Tristemente, esto es la cultura popular estadounidense.

Las culturas populares indígenas, latinas y afroamericanas, una de dos: o son totalmente invisibles al *mainstream,* o ya han sido devoradas por el gran aparato electrónico que regula la cultura nacional. Por esta razón, el artista "minoritario" siempre responde de una manera tan confrontativa y estridente ante la cultura dominante. O se defiende con las uñas, o "se lo lleva la chingada[9]". Si México no se pone buzo[10] le va a pasar algo parecido: con la creciente hegemonía de Televisa sobre la cultura nacional, y con el Tratado de Libre Comercio, el país corre el riesgo de seguir los pasos de Estados Unidos; de convertirse en una *media nation.* Si esto sucede, pronto nuestras riquísimas culturas populares, rurales y urbanas, sólo existirán en función de, y gra-

---

9. se va a pique; se hunde   10. no se pone alerta

cias a Televisa, la Secretaría de Turismo y las trasnacionales. Lo que el país necesita es un Tratado de Libre Cultura. Yo creo que México debería ver a los artistas e intelectuales chicanos como informantes de su propio futuro. Lo que nos sucede a nosotros aquí en Estados Unidos, pronto le sucederá a México, como dicen los gabachos[11]: *like it or not.*

¿Cuáles son, en tu opinión, las aportaciones del arte fronterizo al discurso del arte contemporáneo?

Creo que una de las grandes aportaciones de los artistas fronterizos a la cultura contempóranea de este país ha sido el concepto de multicontextualidad.

Como artistas que tenemos que rendirles cuentas a múltiples comunidades, en ambos lados de la frontera, hemos desarrollado estrategias de movilización horizontal, de una comunidad a otra.

Esta movilidad intercontextual nos convierte de alguna manera en alquimistas: tenemos que cambiar constantemente nuestras estrategias estéticas, nuestras recetas culturales, e incluso las proporciones entre el idioma inglés y el español. Dependiendo del contexto podemos ser más o menos humorísticos, experimentales, o biculturales. No es lo mismo presentarse para un público monocultural y racista que llega al evento predispuesto a rechazarme por el simple hecho de que soy mexicano, que presentarme ante una audiencia "prendida", bilingüe y politizada. Las estrategias cambian. Los códigos referenciales son otros.

¿Por qué cuando hablas de los chicanos a veces lo haces en tercera persona y otras veces en primera?

Recuerda que soy chicalango; es decir, mitad chilango y mitad chicano. Mi vida, como la de muchos, ha transcurrido entre el D.F., Tijuana, y "Aztlán[12]"; entre el inglés y el español. Mi identidad es múltiple, y por lo tanto, mi voz cambia de locación dentro de mi psiquis.

¿En dónde crees que exista más contexto para tu trabajo?

Creo que mi trabajo tiene más contexto y sentido en la frontera y en Estados Unidos; y un poco menos en la ciudad de México. Yo no he participado de los grandes cambios políticos y culturales del D.F. en los últimos diez años.

En cuanto a Nueva York, existe una generación de artistas experimentales latinos, negros y asiáticos, que está tratando de explicar la cultura "híbrida"; las nuevas formas de identidad que se están dando en este país; el "tercer mundo" dentro del "primer mundo"; y la experiencia emigrante.

Los temas que se están dando en este país (EE.UU.), como la "desterritorialización", la fusión cultural, la "hibridización", la multiidentidad y el bilingüismo, son asuntos que cada día se antojan más pertinentes para México.

México también es un país multicultural, que tiene que enfrentar los grandes retos que Estados Unidos está enfrentando: es un

---

11. angloparlantes blancos   12. mítico país del norte de México de donde, según las leyendas, proceden los aztecas

país cada vez más controlado por los medios masivos de comunicación; un país que ya existe en el espacio virtual de los medios de comunicación; un país cada vez más transamericanizado y "globalizado", y al mismo tiempo, un país que cada vez cobra más conciencia de su multietnicidad.

En este sentido, los grandes debates que anticiparon los chicanos y los nuyorriqueños ya le pertenecen a México,

—**Marco Vinicio González**
(*La jornada semanal*, México)

COMPROBANDO LA LECTURA

1. Según Guillermo Gómez-Peña, en estos momentos se discute la noción de **norteamericanidad.** Explique en qué consisten las tensiones en el debate.

2. Resuma el contraste entre el financiamiento de la cultura en México y en los Estados Unidos.

3. ¿Cómo difiere la beca MacArthur de las fuentes oficiales de financiamiento cultural tanto en México como en los EE.UU.?

4. Explique por qué es falaz la política de recortes presupuestales aplicada a todos los sectores sociales.

5. Explique por qué la ley de inmigración de 1965 ha repercutido en el concepto de lo que es la identidad norteamericana.

6. Resuma en qué consiste el conflicto entre chicanos y mexicanos.

7. Discuta el peligro que corre Guillermo Gómez-Peña con su participación en las altas esferas del mundo artístico.

8. ¿Cuál es la visión que tiene Guillermo Gómez-Peña del **nuevo artista** de los años 80?

9. Explique la diferencia entre **cultura popular** y **cultura de masas** y por qué no hay tal dicotomía en los EE.UU.

10. Exponga el concepto de "desterritorialización" (o disolución) de la frontera entre México y los EE.UU.

TEMAS PARA CONVERSAR

1. UN PREMIO MUY ESPECIAL.
En pequeños grupos, discutan las ventajas y las desventajas de:

recibir un premio para el que no se compite

recibir una beca que no conlleve obligaciones

recibir un premio para el cual observan al candidato secretamente durante un año sin que él o ella sepa ni dé su consentimiento

recibir un premio que tilde a alguien de genio

Consideren las implicaciones detrás de estas consideraciones: ¿Cómo afectaría la vida íntima del candidato? ¿Cómo afectaría su relación con los demás: amigos, parientes y colegas? ¿Cómo afectaría su autoestima?

2. IMAGÍNESE: ELEGIR UN GENIO.
Imagínese que la clase entera es el comité encargado de repartir la Beca Facetas que tiene como objetivo simplemente premiar cada año a 6 personas que muestren gran promesa en efectuar innovaciones en su campo.

Primero, discuta con la clase entera los criterios que necesitan considerar en un candidato. Después, divídanse en grupos pequeños para elegir los becarios según los criterios escogidos. Finalmente, comparen la decisión de su grupo con las de los otros grupos.

3. IMAGÍNESE: UNA ENTREVISTA RADIOFÓNICA.
La preparación de esta entrevista tiene tres etapas:

Primero, la clase entera ha de hacer una lista de figuras cuya vida refleje la **hibridez cultural.** Después, divídanse en pequeños grupos; cada grupo ha de elegir a uno de estos personajes y preparar una lista de preguntas que quisieran hacerle. Luego cada grupo leerá las preguntas a la clase y los otros miembros de la clase discutirán las posibles respuestas que darían los diferentes personajes.

4. DEBATE.
En dos equipos, defiendan las siguientes proposiciones:

a. En los Estados Unidos hay demasiada presión hacia la asimilación cultural. Se debería respetar más el pluralismo cultural.

b. Los Estados Unidos siempre ha sido un crisol de culturas y hay que seguir adelante con la fusión cultural hasta formar una sola etnia estadounidense.

5. EL SER AMERICANO.

Discuta con sus compañeros su definición de ser *americano*. ¿Quién y cómo es un *americano?*

6. ¿LA AUTONOMÍA?

En España regiones como Cataluña, el País Vasco y Galicia se consideran regiones autónomas: tienen su propia lengua, su propia cultura y su propio gobierno local. ¿Cuáles serían las ventajas y desventajas de tener dentro de un mismo país diferentes regiones con sus propias lenguas y culturas?

7. ¡HAY QUE RECORTAR EL PRESUPUESTO GUBERNAMENTAL!

En tiempos difíciles económicamente hablando, ¿dónde deben caer los recortes presupuestales? En pequeños grupos, discutan los beneficios de rebajar el presupuesto en los siguientes sectores y decidan el orden en que Uds. harían sus recortes:

las artes

la ayuda extranjera

la creación de empleo

la defensa

la educación

la salud

los servicios sociales (seguridad social, seguro de desempleo, etc.)

8. ¿QUIÉNES MERECEN SUBVENCIONES CULTURALES?

Guillermo Gómez-Peña dice que los fondos estatales para proyectos culturales imponen nociones de identidad desde arriba y que éstas suelen estar en pugna con la cultura de *grassroots*. ¿Piensa Ud. que los fondos gubernamentales deben subvencionar principalmente a proyectos de interés del grupo cultural mayoritario (el grupo de mayor alcance numéricamente) o a proyectos que fomentan culturas diversas? Discuta su opinión sobre este asunto con sus compañeros.

9. LAS SUBVENCIONES Y LOS VALORES MORALES.

¿Debe el gobierno subvencionar proyectos culturales que presentan puntos de vista que algunos consideran marginales, subversivos o perversos? Pueden tomar como punto de partida el debate nacional sobre la subvención a artistas abiertamente homosexuales como el fotógrafo Robert Mapplethorpe, o a artistas que presentan una visión crítica de la religión como el pintor Andrés Serrano.

10. EL SUEÑO NORTEAMERICANO.

¿Está Ud. de acuerdo que el **sueño** norteamericano se ha convertido en la **pesadilla** norteamericana? ¿Cómo define Ud. el sueño norteamericano? ¿Coincide su definición con la de Guillermo Gómez-Peña?

11. EL FOLKLORE NORTEAMERICANO.

¿Puede hablarse de folklore norteamericano? Si se puede, descríbalo. Si no, analice por qué no existe. ¿Qué papel juega la tecnología en la presencia o falta de tradición folklórica?

TEMAS PARA ESCRIBIR

1. DESDE OTRA PERSPECTIVA.

Escriba un cuento breve que narre desde un punto de vista no convencional un acontecimiento histórico importante relacionado con un país o una región del mundo hispánico. Puede elegir, por ejemplo, la llegada de Cristóbal Colón a una isla del Caribe desde el punto de vista del indio, la batalla del Alamo desde el punto de vista mexicano, la presencia militar norteamericana en Guantánamo desde el punto de vista cubano, etc.

2. SOLICITUD DE FONDOS.

Escriba una propuesta para una beca Fulbright solicitando fondos para un proyecto de investigación sobre un aspecto de la cultura hispana que a Ud. le interesa. En su propuesta aclare lo que Ud. ya sabe de este tema, los otros aspectos del tema que quisiera investigar y por qué no podría realizar el proyecto sin recibir los fondos.

3. ¡HE DESCUBIERTO UN GENIO!

Escriba a la Fundación MacArthur recomendando a un genio que Ud. conoce. Explique en su carta las razones por las cuales esta persona merece ser considerada para el premio.

El problema del racismo

Desgraciadamente el racismo es un fenómeno del cual el mundo hispano no está exento. Siempre hay quienes consideran a los miembros de otro grupo racial o cultural como extraños, lo cual en algunos casos se traduce en considerarlos indeseables. El racista mira al otro desde fuera. Pero, ¿cómo es la experiencia de sentirse **otro** culturalmente? El artículo que sigue, procedente de una revista española, nos presenta la problemática de dos grupos —los gitanos y los negros— que son objeto de discriminación racial en España, e intenta explorar los prejuicios a los cuales están sujetos.

ANTES DE LEER

1. DEFINICIÓN DEL RACISMO.   ¿Qué es el racismo? ¿Cómo difiere de otras formas de discriminación?

2. EL RACISMO EN EL MUNDO.   Identifique algunas regiones del mundo donde la discriminación racial es un tema candente. ¿Cómo ha afectado el racismo a estas regiones? ¿Ha afectado sólo a los que son objetos de la discriminación o afecta a la sociedad en general?

3. EL RACISMO LOCAL.   ¿Existe el racismo en su comunidad o en su estado? Si existe, ¿qué formas toma?

VOCABULARIO ÚTIL

PALABRAS Y EXPRESIONES RELACIONADAS CON LA INMIGRACIÓN, EL RACISMO O LOS PREJUICIOS

el blanco   todo objeto sobre el que se dispara un arma de fuego

> Los gitanos y los moros son los dos **blancos** predilectos del prejuicio racial en España.

el carné   documento que establece la identidad o la licencia para hacer algo (como el carné de conducir)

el chivo expiatorio   la víctima para sacrificio

desplazar   quitar a una persona o una cosa de un lugar para ponerla en otro *(sustantivo relacionado:* **el desplazamiento)**

> Las guerras **desplazan** a muchos individuos, los cuales acaban siendo refugiados permanentes o inmigrantes en otros países.

holgazán   perezoso; vagabundo

la marginación   la vivencia al margen de una cultura; la falta de un lugar céntrico dentro de una cultura *(adjetivo relacionado:* **marginado)**

motejar   censurar a alguien con motes o apodos denigrantes

> "Sudacas" es el término con que se **moteja** a los hispanoamericanos que viven en España.

la oleada inmigratoria   una inmigración masiva

la pauta   la norma; el modelo

las señas de identidad   los datos (nombre, dirección, etc.) o los rasgos que establecen o prueban la identidad personal

taimado   astuto; hipócrita; disimulado; pícaro; desconfiado

OTRAS PALABRAS Y EXPRESIONES

arreglárselas   componérselas; arreglar la situación para que resulte en beneficio de una persona

> Aunque era indocumentado **se las arregló** para trabajar ilegalmente sin ser descubierto por las autoridades inmigratorias.

la boca del metro   la entrada del tren subterráneo

callejera   de la calle

dar por supuesto   dar por entendido

empecinadamente   obstinadamente; tercamente

intercalar(se)   insertar(se); interponer(se)

el ocio   el tiempo libre; la inacción o cesación del trabajo o de otra actividad

predilecto   elegido; favorito

"Racismo en España: Por qué no los queremos"

Desgraciadamente el racismo es una de las actitudes más extendidas entre las potencias llamadas civilizadoras. Todavía en 1857 los Tribunales norteamericanos sostenían que la frase constitucional: "Pueblos de los Estados Unidos" no se aplicaba a los negros, y la nación hegemónica del Occidente ha tardado aún un siglo más en romper la discriminación escolar.

Aquellos doce millones de "trabajadores invitados[1]" de los años 50 y 60 son hoy considerados como los culpables de los males que afligen a la comunidad. Chistes neonazis sobre los turcos cubren las paredes de Francfort, en Alemania, algunos de cuyos bares les prohíben la entrada. Sólo en 1985 ha habido más de 150 ataques blancos a los británicos morenos del barrio londinense de Redbridge, y el póster triunfador de la campaña electoral de Le Pen[2], en Francia, proclamaba: "Dos millones de emigrantes son dos millones de parados franceses." Nada más lejos de la verdad. Los emigrantes franceses son sólo el 9 por ciento de la población activa y el 85 por ciento realizan los trabajos sucios, que los nativos no quieren.

Europa entera, incluida España, está cerrando las puertas tanto a los emigrantes económicos como a los políticos y la contradicción es que, en razón a la disminución de la natalidad blanca, no pueden prescindir de ellos, ni siquiera en las vacas flacas[3] de la recesión, porque los escolares nativos, nuestros hijos, nuestros nietos, rehúsan el trabajo industrial y los servicios personales. Y lo seguirán haciendo mientras puedan.

El racismo ha sido históricamente un subproducto de la dominación, aunque rebrota con virulencia y hostilidad en las crisis económicas. Su contenido emocional

Los gitanos, una comunidad diferente, con sus propias costumbres y pautas sociales.

1. mote que se daba en Europa a los habitantes de regiones o de países pobres, mayormente los del sur, que ejercían labores manuales o caseras en los países más industrializados   2. político francés de ultraderecha que se opone a la inmigración en Francia   3. los años menos prósperos

es muy superior al argumental. Tantas cuantas veces, pseudocientíficos o panfletistas han tratado de argüir las supuestas diferencias genéticas en términos de superioridad intelectual o condiciones para la convivencia, pero la comunidad bien pensante ha probado su falsedad aduciendo además el indudable prejuicio "pro civilización occidental" de las técnicas de medición.

El racismo emocional tiene que ver sobre todo con la estructura de clases. Las elites, los pudientes, apenas se ocupan del tema, e incluso juegan al antirracismo estético. La estrategia del sistema consiste en poner a sus pobres como vanguardia racista. Al fin y al cabo es a ellos a quienes los emigrantes les quitan el trabajo y las magras raciones de asistencia social. El nivel educativo, la simplicidad cultural hacen el resto, amparados en ese patriotismo de aldea que está detrás de tanta violencia callejera, incluso de tanta violencia deportiva.

No los queremos porque son pobres, sucios e ignorantes.

—Alberto Moncada

Los gitanos son sucios, mentirosos, ladrones e ignorantes. Los moros, traidores, falsos y brutos. Los negros, holgazanes y tontos; están más cerca de los monos que de los hombres. Los judíos, ya se sabe, son las tres T: tacaños, traicioneros, taimados.

Es el racismo, bajo sus proteicas formas. Y España no escapa al fenómeno casi universal, pese a que, a menudo, se cite el mestizaje de los españoles, la simétrica mestización de la colonización española de América o el espíritu católico más amplio y generoso de los españoles, que los diferencia de pueblos más reputados como campeones mundiales del racismo: los germanos y los anglosajones.

En España no hay ku-klux-klanes ni sectas nazis de importancia. Pero casi el setenta por ciento de los ciudadanos reconocen la existencia de racismo en el país. Un racismo que —opinan los encuestados— se ejerce contra gitanos, negros africanos, árabes, judíos y asiáticos, en este orden de importancia.

A ello se une otro fenómeno íntimamente emparentado con el racismo: la xenofobia o desprecio y odio contra otros seres humanos por el solo hecho de ser extranjeros o, eventualmente, nativos de otras regiones dentro de la geografía nacional. Como los *maketos y charnegos,* apodos denigrativos aplicados en el País Vasco y Cataluña, respectivamente, a los inmigrantes del sur de España. O los *moros,* gentilicio[4] con su carga peyorativa para los árabes en general y en especial para los del norte de Africa. O los *sudacas,* como suele motejarse a los hispanoamericanos en España.

Nunca en los últimos siglos los españoles habían tenido que convivir en este país con un número tan grande de extranjeros: las estadísticas oficiales admiten la existencia de 300.000 residentes extranjeros en España, de los cuales más del sesenta por ciento corresponde a nativos del primer mundo (Europa y Estados Unidos), que no suelen ser los principales destinatarios de los prejuicios racistas o xenófobos.

---

4. nombre general para una nacionalidad o una raza

Pero la realidad se rebela contra las cifras del Ministerio del Interior: 720.000 inmigrantes de otros países viven hoy en España, la mitad de los cuales están indocumentados. Los contingentes más numerosos, por nacionalidades, están formados por marroquíes (95.000), portugueses (76.000), negros africanos de varias naciones (44.000) y argentinos (42.000).

Pero en España apenas si se necesitan extranjeros para ejercer el racismo. Desde hace cinco siglos, los gitanos —medio millón de individuos en la actualidad— integran la comunidad de españoles sobre los que se descargan ininterrumpidamente las prácticas racistas. Y por si no fueran suficientes como chivos expiatorios, están en segundo lugar los moros, más antiguos aún que los gitanos en la Península, como objetos de la eterna gimnasia del desprecio y la discriminación.

Son los dos blancos predilectos en España. Porque para aliviar la mala conciencia nacional se puede afirmar que el racismo de los ciudadanos de este país no puede compararse con el de otras naciones europeas. Los españoles se creen más racistas de lo que, en realidad, son en la práctica. Exceptuando a gitanos y a norteafricanos, las otras comunidades distintas que viven en España no se quejan nada o no se quejan demasiado del trato que reciben. Algunos, como los negros, porque probablemente tienen asumido que siempre serán discriminados de algún modo en el mundo de los blancos y celebran que no lo sean tanto en España. Otros, como los judíos, porque apenas si son herederos de otras historias tan antiguas como atroces, pero hoy están integrados sin roces en la sociedad española. "Los quince mil judíos que vivimos en España no tenemos ningún tipo de problemas de tipo racial", enfatiza Hazael Toledano, líder de la comunidad hebrea de este país. Pero no todos gozan del mismo bienestar.

Probablemente, el colectivo extranjero más maltratado en España sea el de los marroquíes. Los moros, otrora[5] señores de este país, constituyen hoy una inmigración de bajísimo nivel educativo y social.

Malviven con pequeños trabajos que no quieren hacer la mayoría de los españoles: cavan zanjas en obras públicas, realizan labores agrícolas o de jardinería, se dedican a la venta ambulante. Y encima soportan la ostensible discriminación de los españoles en muchas oportunidades.

En las grandes ciudades suelen estar identificados con los traficantes de drogas. Al menos ése es el machacón argumento que esgrimen[6] los propietarios de bares y cafeterías para impedirles la entrada en sus locales.

La misma racionalización del prejuicio racial suele aplicarse a otras minorías étnicas. Para los racistas de este país, decididamente, los traficantes de drogas son todos los de piel oscura y cabellos negros: seguramente no podrán explicarse cómo, llevando señas de identidad tan visibles, la Policía no consigue acabar con ellos.

"Si un blanco corre a las ocho de la mañana hacia la boca del Metro es que llega tarde al trabajo; pero, si el que corre es un negro, la Policía lo detiene porque da por supuesto que se trata de un chorizo[7]." Esta

---

5. en otra hora, es decir, una vez en el pasado   6. presentan   7. delincuente

explicación, dada al Defensor del Pueblo por un ciudadano de Guinea Ecuatorial, probablemente sea tan cierta como deplorable. Es la naturaleza del prejuicio, el resentimiento básico contra la *otredad,* la calidad de ser otro y distinto, según el poeta Féliz Grande.

Negros de alma negra. Hay quienes se resignan ante la diferencia. "España es como es y somos nosotros, los extranjeros, los que debemos marcharnos si no nos gusta", reflexiona Coly, veintiséis años, senegalés afincado en el Maresme desde 1984 y con la piel negra como el carbón.

Momodu Bh, más conocido como *Jimmy,* nativo de Gambia y propietario del bar que lleva su apodo en Mataró, cree, coincidentemente, que "racismo hay en Francia, Inglaterra o Alemania; en España, comparativamente, no lo hay".

Jimmy es una especie de decano[8] de los africanos del Maresme. Fue de los primeros en llegar en la última oleada inmigratoria, en 1969. Conoció a Margarita, una catalana hija de inmigrantes leoneses, y se casaron en 1971. Habla correctamente castellano, inglés, francés y se las arregla con el catalán, idioma para el que tiene un buen maestro: su hijo David, de doce años.

DICCIONARIO BREVE DEL RACISMO ESPAÑOL

Catalufos: Catalanes.
Charnego: Emigrantes andaluces y murcianos en Cataluña.
Chino: Pobres tontos que se supone que trabajan tanto como ellos.
Gabacho: Franceses, por supuesto cobardes
Gallegos: Igualmente cobardes ("¡Cobarde, gallego!").
Gitano: Ladrón, autor de gitanada o acciones desaprensivas. Para el pan como hermanos, para el dinero como gitanos. Vivir como un gitano. Embustero.
Guiris: Extranjeros.
Indio: Americano en general y sudamericano en particular.
Judiada: Cabronada.
Judío: Asesino de Cristo, avaro y usurero y demás.
Maketo: Emigrante de Euskadi.

Marrano: Judío convertido al catolicismo durante la Inquisición.
Meteco: Intruso.
Moraco: Moro grande, o sea, morón.
Moro: Individuo machista y traidor y sucio.
Murcianos: Gente de mal vivir, según las ordenanzas de Carlos III.
Negro: Como en el Sur de los Estados Unidos.
Perro judío: Suma de judío y perro.
Polaco: Político arbitrario seguidor del abuelo de Sartorius. Hacen "polacadas". También vale para mallorquines y catalanes.
Quinqui: Como El Lute, antes de convertirse al bien.
Sudaca: Exiliado latinoamericano en España.
Yanqui: Norteamericano

8. el más antiguo de la comunidad

Es uno de los africanos más integrados. "No quiero hablar de mí" —dice—. "Los problemas los tienen los jóvenes de Gambia, Senegal o Nigeria que están llegando ahora y a los que les cuesta mucho legalizar su situación".

Pero, según Coly, "en Francia el racismo se siente en la vida cotidiana, pero todos son iguales a la hora de trabajar: vales más si trabajas mejor, independientemente del color de tu piel. En España no se siente discriminación en la calle, pero a los blancos les pagan más que a nosotros por igual trabajo". En las relaciones sociales no parecen sentir grandes presiones. Algunos matrimonios mixtos se dan sin grandes conflictos. Las amistades juveniles suelen establecerse con la única condición previa de que sepan hablar la lengua local. En la costa hay algunas discotecas que no admiten la entrada a negros, pero en general éstos no se quejan demasiado del trato que reciben de la población.

En la actualidad, unos 2.500 africanos viven en el Maresme y otros mil, afincados al sur de Lérida. Realizan tareas agrícolas, por lo general, y están considerados como buenos trabajadores. Una buena parte de ellos están con visado de turista, en situación ilegal y pésimamente pagados.

Si la españolidad dependiera del número de generaciones nacidas en España que cada uno tiene, los gitanos podrían mostrar buenos blasones: fue en el siglo XV cuando grupos de individuos desplazados quizá desde la India llegaron a este país, tras pasar por Egipto, de donde se tomó el gentilicio (*egipcianos,* que derivó en *gitanos*). La legislación medieval registra tempranas medidas legales contra ellos, las que serían apenas el inicio de una cruel y despiadada legislación —más de 2.000 normas jurídicas— destinada a perseguirlos, esclavizarlos, domarlos, controlarlos y desculturizarlos. Como casi siempre ocurre, la persecución sólo consiguió afirmar los valores propios, las diferencias, la desconfianza mutua, los prejuicios recíprocos entre la sociedad paya[9] y la gitana.

El acendrado prejuicio contra los gitanos se imbrica[10] íntimamente con los choques culturales. Los calés[11] han mantenido, a través de los siglos, empecinadamente, su propia cultura que, a menudo, se da de bruces[12] con los usos y costumbres del mundo moderno en que viven la mayoría de los otros españoles. Prejuicios y choques culturales se alimentan mutuamente para resultar en una persistente marginación de los gitanos que, a veces, acaba inclusive en episodios de violencia, como el ocurrido en Martos (Jaén), en julio de 1986, cuando los vecinos de esa población incendiaron las viviendas de un grupo de gitanos y los obligaron a marcharse.

Como negros. Es que los gitanos, para muchos españoles, son lo más parecido a lo que los negros representan para tantos norteamericanos. Nadie discute en España el talento de los gitanos para la música y la danza, como nadie pone en duda la habilidad de los negros norteamericanos para el jazz y sus derivados. El problema surge

---

9. blanco   10. se superpone; se liga   11. los gitanos   12. choca

cuando salen de los teatros e intentan ser ciudadanos como cualquier otro. Los choques culturales se producen tempranamente en la vida de los calés, "La cultura que se intenta transmitir a los niños gitanos" —dice la pedagoga María Jesús Garrido— "no es la que tienen en sus casas, la gitana. No se respetan sus pautas, y de ahí surgen los primeros problemas. Los niños payos tienen una idea clara del tiempo de ocio y de trabajo, de los horarios de comidas y de las pautas rígidas. Los gitanos tienen otra concepción: la comida está vinculada al hambre y no al horario, y los tiempos de ocio y de trabajo se intercalan con menos rigidez".

No es sólo que los payos suelen ignorar casi todo sobre la cultura gitana, tal como denuncia el profesor Tomás Calvo cuando habla de la ausencia de referencias a los gitanos y a su cultura en los textos de historia o ciencias sociales del Bachillerato. Tampoco los gitanos sueles demostrar demasiado interés en aprender la cultura europea, pese a que, quiéranlo o no, es la del mundo en que tienen que desenvolverse. Para ellos, "leer y escribir es útil a fin de conseguir el carné de conducir, y la aritmética, para hacer bien las cuentas", explica Siro López, maestro en un barrio de mayoría gitana. Creen que con eso es suficiente; lo que resulta, luego, en una deficiente cualificación individual a la hora de buscar traba-

jo, aunque rara vez se inclinen por una labor asalariada.

"El ideal gitano es un trabajo autónomo, que no dependa de un sueldo. El prestigio se obtiene trabajando poco, pero con gran rendimiento. Es una diferente concepción del trabajo", dice López. Aunque luego, en la práctica, la media de horas de trabajo de los gitanos sea de diez al día, superior a la paya —según se desprende de los datos de la antropóloga Teresa San Román—, como para confirmar las dificultades intrínsecas de adaptación y aceptación entre esas dos culturas que conviven en España. No sorprende, pues, que los calificativos que los españoles no gitanos asocian con los individuos de raza calé sean la de *marginados, vagos e incultos y mentirosos.* El cortocircuito en la comunicación y la comprensión parece ser casi total; la falta de respeto a la *otredad,* profunda.

—Víctor Steinber y Ricardo Herren
(*Cambio 16,* España)

COMPROBANDO LA LECTURA

Algunas de las siguientes afirmaciones son ciertas y otras son falsas. Corrija las afirmaciones falsas.

1. Los países europeos están cerrando las puertas a inmigrantes con problemas económicos y políticos a causa de la recesión.

2. El racismo tiene causas políticas y económicas.

3. Los españoles reconocen más sus tendencias racistas desde que han entrado al país miles de inmigrantes por motivos económicos.

4. El desprecio a los gitanos y los moros comenzó hace siglos.

5. Los judíos y los negros se sienten tan incómodos en España como en otros países.

6. Si la policía quisiera acabar con el tráfico de drogas, podría hacerlo fácilmente ya que a los narcotraficantes se les puede identificar por sus rasgos físicos y raciales.

7. El prejuicio contra los gitanos es más intenso porque ellos siguen unas costumbres ancestrales que chocan con las convenciones de la moderna sociedad española.

8. Es difícil la experiencia escolar de los niños gitanos porque las prácticas pedagógicas no tienen en cuenta las formas culturales de su comunidad.

9. Los gitanos trabajan menos que los payos porque para ellos es de más prestigio trabajar poco.

TEMAS PARA CONVERSAR

1. RACISMO: CAUSAS Y EFECTOS. En pequeños grupos discutan:

la causa o las causas del racismo

los efectos del racismo sobre los grupos marginados

los efectos del racismo sobre los que practican el prejuicio racial

Usen en lo posible casos concretos que Uds. conocen. Después, todos los grupos deben compartir los resultados de su discusión con la clase.

2. IMAGÍNESE: UN PROGRAMA EDUCATIVO.
Imagínese que Uds. son los miembros del Ministerio de Educación y que han decidido que hay que enfrentar el problema del racismo y fomentar la convivencia racial y étnica en los primeros años escolares. Dividiéndose en pequeños grupos, cada grupo debe proponer un programa educativo para los niños de la escuela primaria. Después, cada grupo explicará el programa propuesto y la clase elegirá la mejor propuesta.

3. LA ACCIÓN AFIRMATIVA.
En los Estados Unidos se ha empleado la llamada acción afirmativa como antídoto al racismo. En su opinión, ¿es ésta una manera eficaz de combatir el racismo?, ¿es una manera válida para alcanzar cierta igualdad de empleo entre los grupos étnicos? Discutan sus opiniones.

4. LA LIBERTAD DE PALABRA.
Existen grupos cuyos principios se basan en el racismo o la superioridad de un grupo étnico, como el Ku Klux Klan en los Estados Unidos y los *Skinheads* en Inglaterra. ¿Qué piensa Ud. de estos grupos en general? ¿Se les debe ceder la libertad de expresarse libremente? ¿Se les debe prohibir? Explique sus razones.

5. DEBATE: ¿CENSURA O PROTECCIÓN?
Hoy día en las universidades norteamericanas se discute mucho si se debe limitar la libertad de expresar públicamente sentimientos racistas o de usar lenguaje que sea ofensivo a grupos desprovistos de poder, por ejemplo las mujeres, y las minorías étnicas y raciales. Divídanse en dos grupos para debatir estos dos puntos de vista:

a. El concepto de *political correctness* es una forma disfrazada de censura y constituye una violación del derecho de la libertad de palabra.

b. Hay que prohibir el uso público de lenguaje abiertamente racista u hostil a grupos étnicos o marginados.

6. ¿RECONOCE UD. ESTE CASO?
En el artículo que acaba de leer se cita el siguiente ejemplo: "Si un blanco corre a las ocho de la mañana hacia la boca del Metro es que llega tarde al trabajo; pero, si el que corre es un negro, la policía lo detiene porque da por supuesto que se trata de un chorizo". Comente su reacción a esta afirmación. ¿Conoce Ud. casos semejantes? ¿Para qué grupos sería verdad en su comunidad?

7. LA XENOFOBIA. Algunos prejuicios o antipatías tienen menos que ver con el racismo que con la xenofobia, es decir, la aversión a los extranjeros. ¿Existe la xenofobia en su comunidad? Si existe, ¿puede Ud. describirla y determinar sus motivos?

8. NUEVOS CIUDADANOS. ¿A quiénes se debe aceptar como ciudadanos o residentes oficiales permanentes? ¿Hay quienes no deben tener el derecho de inmigrar a otro país? Si hay límites, ¿qué categorías de inmigrantes deben tener prioridad a estos privilegios? Explique su respuesta.

9. DEBATE: LOS TRABAJADORES INDOCUMENTADOS. En dos grupos debatan el tema de los trabajadores indocumentados. Cada grupo defenderá uno de estos puntos de vista:

   a. Hay que aceptar la presencia de los trabajadores indocumentados porque hacen los trabajos necesarios que nadie más quiere aceptar.

   b. Hay que echar a los trabajadores indocumentados del país porque nos quitan trabajo y no contribuyen a la sociedad.

10. DIFERENCIAS CULTURALES Y MALENTENDIDOS. Según el artículo, los payos observan una clara diferencia entre el tiempo de ocio y el tiempo de trabajo mientras que los gitanos tienen un concepto más flexible del tiempo. ¿Qué tipo de malentendido puede existir entre un gitano y un jefe de trabajo? ¿Qué tipo de problemas podrían surgir?

11. UNA DIFERENCIA CULTURAL HISPANA. En general los hispanos dan menos importancia a la puntualidad. Se habla de la **hora hispana** para describir su menosprecio de la hora del reloj. ¿Qué tipo de mal entendido podría existir con respecto a este tema cuando un hispano viene a vivir en un país angloparlante? ¿Qué tipo de problemas podrían surgir? ¿Conoce Ud. otros valores hispanos que están en conflicto con la cultura mayoritaria de este país?

12. UN TRABAJO IDEAL. Según el artículo, "El ideal gitano es un trabajo autónomo, que no dependa de un sueldo. El prestigio se obtiene trabajando poco, pero con gran rendimiento". ¿Qué tipo de trabajo sería apropiado para un gitano, según este criterio? ¿Coincide este criterio con el que Ud. tiene para su trabajo futuro? Describa su propio ideal de trabajo.

13. LOS NORTEAMERICANOS VISTOS EN EL EXTRANJERO.
¿Qué imagen tienen los norteamericanos en el extranjero? Si Ud. conoce a alguien de otro país entreviste a esta persona respecto a este tema e informe a la clase de los resultados de la entrevista. La clase debe discutir sus reacciones a la imagen. ¿Es justa?, ¿apropiada?, ¿racista?, ¿positiva?, ¿negativa?

14. EL CANON LITERARIO. Hoy día muchas universidades están debatiendo la validez de incluir a autores de grupos minoritarios en los programas de cursos básicos para presentar una visión multicultural. Otros se oponen a este concepto, afirmando que en la universidad sólo se debe leer a los grandes autores consagrados. Discutan sus opiniones sobre este tema.

TEMAS PARA ESCRIBIR

1. UN ESTUDIO COMPARATIVO. Basándose en los datos presentados en este artículo, escriba un breve ensayo comparando el racismo en España con el de los Estados Unidos.

2. A FAVOR DE UNA SOCIEDAD PLURICULTURAL. Escriba un artículo de fondo para un periódico en que Ud. aboga por el principio de una sociedad diversa. En el artículo Ud. puede enumerar las ventajas de alguna sociedad heterogénea, citar las aportaciones a nuestra sociedad de algunos grupos étnicos específicos e incluir algunas anécdotas concretas, si puede, para apoyar su tesis.

3. LA POLÍTICA UNIVERSITARIA. Escriba un artículo de fondo en que Ud. apoya o ataca el derecho de un grupo universitario de invitar a hablar en su universidad a alguien que algunos consideran racista. Ud. puede usar un ejemplo concreto de una universidad que Ud. conoce donde este tipo de controversia ha ocurrido.

La homosexualidad en la sociedad

La homosexualidad masculina y el lesbianismo son otros dos marcos de diversidad que se encuentran en toda sociedad. El movimiento de liberación homosexual sigue ganando fuerza en muchos de los países hispánicos a pesar de las fuertes tradiciones de machismo y de catolicismo. Cada acto de salir del *closet,* cada acto de admitir la atracción sexual y emocional hacia seres del mismo sexo es un acto de valentía y de auto-afirmación que bien puede ser un blanco para la incomprensión y la hostilidad ajena. El ensayo que sigue va explicando los obstáculos que las lesbianas en particular encuentran al intentar dar autenticidad a su vida afectiva. La autora subraya además un elemento importante de su lucha: el lazo fuerte que existe entre afirmarse como lesbiana y afirmarse como mujer. Los paralelos que articula se vinculan, en fin, con los temas del segundo capítulo de este libro: ser *gay* o lesbiana se enlaza íntimamente con la cuestión de lo que significa ser hombre o mujer hoy.

ANTES DE LEER

1. LOS HOMOSEXUALES FRENTE A LA SOCIEDAD
¿Hasta qué punto apoyan o rechazan los siguientes grupos a los hombres y mujeres homosexuales? Trabajando en pequeños grupos, para cada uno definan las maneras o las áreas en que se les apoya o rechaza: por ejmeplo en el derecho de afirmarse públicamente, en el derecho de vivir como pareja, en la discriminación o falta de discriminación en la vivienda o el empleo, etc:

los miembros de su pequeño grupo

su universidad

su comunidad

su estado

su país

el mundo en general

2. LESBIANAS Y HOMBRES HOMOSEXUALES.
¿Cree Ud. que las lesbianas enfrentan los mismos problemas como grupo que los hombres homosexuales? ¿Qué cosas tendrán en común? ¿Qué diferencias existirán?

3. LA LUCHA POR LOS DERECHOS.
¿Cómo se podría comparar la lucha por los derechos de los homosexuales con la de otros grupos minoritarios, como los indios en México, los gitanos en España o los hispanos en los

Estados Unidos? ¿Se enfrentan con el mismo tipo de obstáculo? ¿Es su lucha más fácil, más difícil, o igual?

4. EL SIDA Y SUS EFECTOS SOCIALES.
¿Ha contribuido el SIDA a la marginación o a la aceptación de los homosexuales por parte de la sociedad mayoritaria en este país o en otros países? ¿Qué opina Ud. de este fenómeno?

VOCABULARIO ÚTIL

bregar   luchar; enfrentarse

el patrón   lo que sirve de muestra o de modelo

el reto   el desafío

LA IDENTIDAD

ESTHER
"La cosa es bien compleja"
(Historia oral)

En Puerto Rico, generalmente, la gente habla despectivamente de los homosexuales y las lesbianas... "¡Ese es maricón[1]! ¡Esa es pata![2]". Yo hice lo mismo. Uno oye esas ideas y de repente las cree también, aunque uno no conozca gente *gay*. Piensa que las lesbianas y los homosexuales son decadentes.

Pienso que ese tipo de cosa se dice porque es una forma de vida que se sale fuera de lo que es "lo tradicional". Y fíjate, cada vez que uno se sale fuera de esos patrones "normales", es un reto tuyo frente a la sociedad que está pregonando que "eso" no debe existir. Pero eso existe y es un reto porque cuestiona la misma sociedad que lo condena y ofrece un modelo diferente de relaciones entre los sexos. La sociedad dice que el sexo es para tener hijos y continuar la familia. Pero dos hombres y dos mujeres, al ser amantes, no se relacionan para procrear, y entonces ponen en duda lo que se considera como el propósito del sexo entre los seres humanos y el propósito de la familia.

---

1. término despectivo para el hombre homosexual   2. término despectivo para la lesbiana

La definición estricta de lo que son los roles sexuales también afecta la forma en que una desarrolla su sexualidad. La sociedad nos ha enseñado que el único tipo de sexualidad válida es la que existe entre un hombre y una mujer. Y aun ese tipo de sexualidad, en la mayoría de los casos, se define limitadamente como la penetración de la vagina por el pene. Pero no se puede reducir la sexualidad meramente a lo que pasa con los genitales. La realidad es mucho más flexible, pero se pone la sexualidad dentro de unos marcos tan limitados que se cierra el cuestionamiento honesto. Las mujeres nos tenemos que preguntar qué es lo que deseamos, no solamente en términos sexuales sino también como seres humanos. Esta pregunta les causa mucho dolor a muchas mujeres porque en realidad es difícil descubrir lo que una desea cuando nuestro desarrollo ha sido tan controlado.

Ahora, las lesbianas y los homosexuales también internalizamos la forma de pensar que tiene la sociedad, porque la represión en contra de nosotros es bien fuerte y nos bombardea constantemente en los medios de comunicación con mensajes negativos de lo que somos. Uno se defiende como lo hace bajo el colonialismo, con complejos de inferioridad que llevan a uno a negar lo que uno es. Por ejemplo, si existe un grupo dentro del cual hay lesbianas, la mayoría se quedarían calladas si alguien hiciera un comentario negativo sobre la homosexualidad. Y si uno no dice nada en contra, es porque se asume que uno está de acuerdo con lo que se está diciendo. Creo que ese silencio se debe al miedo, bien internalizado, a la represión... el miedo a que lo aislen, o que lo ridiculicen.

Creo que es más fácil para muchas lesbianas decir algo como: "Yo soy un ser sexual," que el definirse como lesbianas porque la definición que tienen de lo que es ser una lesbiana es bien negativa. Por otro lado, hay lesbianas que temen definirse como tal públicamente debido a la represión a la cual podrían ser sometidas por la sociedad. El decir que una es un ser sexual deja en duda la preferencia sexual de una, e inclusive, puede implicar que una es bisexual aunque no lo sea. Pero eso significa el rehusarse a bregar, no sólo a nivel social sino a veces también a nivel personal, con el hecho de que las lesbianas y los homosexuales son oprimidos en Puerto Rico.

A veces la cuestión es que una se acostumbra a sobrevivir solamente y no a cuestionar más allá. Yo me acuerdo que tuve una vez una discusión en una clase sobre si el sobrevivir era revolucionario o no. Yo dije: "Depende. Si sobrevivimos para echar un poquitín pa'lante... pues sí, pero si es pa'quedarnos aquí, en lo mínimo, pues mire, yo no sé..."

La homofobia y el colonialismo nos hacen indecisos para actuar. Sabemos que algo está mal, que las cosas no están funcionando y nos toma ¿cuánto tiempo? Nos toma quizás un mes, un año o una década después que nos hemos decidido a cambiar, para romper con una relación o confrontar a alguien que hizo un comentario *anti-gay* y decirle: "Estás cabrona[3] por esto y esto...." Yo he notado eso en mí. Yo que tengo un poquito de conciencia, vamos a ponerlo así, y me he dado cuenta de que las cosas están cabronas[4], pero el actuar, el llevar ese análisis a la acción concreta… ¡me da un trabajo!

Por el otro lado está el hecho que aun cuando una se define como lesbiana hay ciertos patrones auto-destructivos con los cuales una tiene que romper. Y estos patrones tienen que ver en algunos casos con los "roles sexuales" que la sociedad ha definido que son aceptables para los hombres y para las mujeres. Por ejemplo, todas las características que están asociadas con el ser masculino, como el no llorar, el ser duro, el siempre tener el control, y las que están asociadas con el carácter femenino, como el ser emocional, forman parte de nuestra socialización como hombres y mujeres. Inclusive,

se hace parecer que esas características son biológicamente determinadas.

Pero tú esperarías que dos lesbianas, siendo dos mujeres, pudieran romper con ese patrón. Sin embargo, está toda esa relación de butch y femme[5] que se da entre muchas lesbianas. Una vez yo estaba almorzando en la Universidad y una muchacha que jugaba baloncesto se sentó a hablar conmigo. Primero me preguntó si yo era lesbiana, luego si yo era butch. Yo le pregunté qué era eso y ella me lo explicó bien cafre[6]. Me dijo que la femme era la que hace de mujer, toda así femenina, y la butch representa al hombre, toma la iniciativa y eso. Yo me dije: "¡Coño, esto está cabrón!" No me gustó la idea de los roles y no creo en ellos. Los veo como una forma de facilitar el desarrollo de las relaciones de poder.

Las relaciones de roles sexuales se pueden analizar a nivel político. Tú te das cuenta de que lo que identificamos como femenino, o sea, todas las características que se asocian con la mujer, es lo que desvalorizamos y oprimimos. Nosotras mismas, las mujeres, lesbianas o heterosexuales, hacemos eso. A veces una lesbiana ve a una mujer que aparenta ser más "débil," más sensitiva que una, más femenina, y aunque una pueda saber que esa "debilidad" es algo que la sociedad nos ha enseñado a rechazar, a desvalorizar, a veces una asume el rol de opresora con la mujer que exhibe esas características.

---

3. equivocada   4. las cosas están difíciles   5. términos comunes para lesbianas en sus percibidos papeles agresivos y pasivos   6. de forma burda, ruda

Yo he tratado de desarrollar relaciones con otras mujeres que no estén basadas en el poder de una mujer sobre otra, relaciones honestas, en donde exista la comunicación, pero a veces si tú estás tratando de construir algo diferente, una relación un poquito más comprensiva e igualitaria, la gente te oprime a ti porque confunde esa actitud, esas buenas intenciones, con debilidad. Así que aun cuando una no quiere a veces asumir un rol, como butch o femme, hay veces que la gente casi te obliga a hacerlo.

Una vez yo empecé a salir con una mujer que se identificaba como heterosexual. Yo no quería tomar la iniciativa y me dije: "Vamos a ver qué hace ella". Y aquello fue un fracaso porque ella esperaba que yo fuera la que tomara la iniciativa. Ella me había asignado ya el rol de butch. Como yo no tomé la iniciativa, ella cambió de opinión y no quiso tener una relación conmigo. Todavía yo estoy en duda en cuanto a lo que significa tomar la iniciativa en una relación lesbiana.

Básicamente a nivel sexual y emocional, ¿qué implica? ¿Implica necesariamente que la que inicia va a ser la opresora? O simplemente, ¿que una va a tomar la responsabilidad de desarrollar esa relación? Si se presume que la misma persona es la que siempre va a tomar la iniciativa y la otra no, entonces yo creo que eso es opresivo, porque no se le está permitiendo desarrollarse en todos sus niveles. Se espera que una actúe de una forma determinada, y si no lo hace se le rechaza.

Creo que si una empieza un proceso de radicalizarse y de tomar conciencia a nivel de feminista, y a nivel de lesbiana, una empieza a cuestionar ese modo de pensar, y cómo ese sistema de opresión afecta a uno en su vida diaria. Y entonces, cuando te dicen, por ejemplo: "esto es masculino o esto es femenino", ya tú tienes otro tipo de perspectiva y no solamente la que te da la sociedad. La cosa es bien compleja. A nosotras nos han jodido[7] nuestro desarrollo. Uno nace dentro de unas circunstancias específicas de opresión y de explotación, y cuando uno quiere acabar con eso y construir algo nuevo, se da cuenta de que no es tan fácil.

---

7. dañado, estropeado

Comprobando la lectura

1. ¿De qué manera es la existencia de la homosexualidad un reto a los valores tradicionales?

2. ¿Por qué cree la autora que la sociedad define la sexualidad en términos muy limitados?

3. ¿A qué se debe la internalización de la represión por parte de los homosexuales?

4. ¿Qué ventajas lleva el proclamarse **un ser sexual** en vez de **lesbiana?**

5. ¿Por qué es que algunos homosexuales no se defienden contra los que hablan mal de ellos?

6. ¿Qué problemas surgen cuando las lesbianas se definen en términos de los papeles *butch* y *femme?*

7. Explique el título del artículo.

8. ¿Qué elementos lingüísticos ponen en evidencia la naturaleza oral de esta historia?

Temas para conversar

1. ¿QUÉ ES LA SEXUALIDAD?   Esther afirma que "no se puede reducir la sexualidad meramente a lo que pasa con los genitales". En pequeños grupos intenten llegar a una definición más amplia e inclusiva de la sexualidad. Después compartan su definición con los otros grupos. La clase decidirá cuál es la mejor definición.

2. DEBATE.   En un congreso de mujeres dos grupos debaten si las lesbianas y las feministas tienen una causa común. La clase debe dividirse en dos grupos y debatir los dos puntos de vista siguientes:

a. Las lesbianas y las feministas tienen que luchar juntas como mujeres porque su causa es la misma.

b. Cada grupo ganaría más definiéndose como un grupo distinto y aparte.

3. ¿AFIRMAR UNA IDENTIDAD?   El acto de salir del *closet* lleva sus riesgos y sus ventajas para cada homosexual —sea hombre o sea mujer. En pequeños grupos llenen el tablero, indicando los posibles riesgos y ventajas de afirmar una identidad homosexual en cada uno de los casos. Después comparen y discutan los resultados con los otros miembros de la clase.

El acto de afirmarse como homosexual...	Posibles riesgos	Posibles ventajas
en la familia		
con los amigos		
en el lugar de trabajo		
en la escuela		
el la comunidad		
en el ejército		
en una institución religiosa		
en un hospital		
en la política		
en otra situación		

4. UN DILEMA. Como la homosexualidad no se acepta en muchas partes, es muy común que una persona homosexual entre en un matrimonio convencional porque no quiere aceptar su propia sexualidad o porque espera poder cambiar. También hay casos en que una persona no descubre su homosexualidad hasta después de estar casado por varios años. Discutan los problemas y las ventajas de confesar su homosexualidad a su pareja matrimonial. ¿Cómo reaccionaría la pareja en esta situación? ¿Cómo reaccionaría Ud.?

5. ¿QUÉ ES LA HOMOSEXUALIDAD? Discutan las teorías que Uds. conocen en torno a la homosexualidad. ¿Es algo innato? ¿Es algo que se aprende? ¿Es algo que se puede cambiar? ¿Es algo que se debería cambiar?

6. HOMOFOBIA Y COLONIALISMO. En su artículo Esther hace una comparación entre la homofobia y el colonialismo pero no ofrece una explicación explícita. ¿Qué piensan Uds.? Determinen y discutan si tiene validez la comparación que hace Esther.

7. LA HOMOSEXUALIDAD Y LA ESTRUCTURA SOCIAL. Esther declara también que la homosexualidad es un reto a la sociedad porque pone en duda ciertos valores y definiciones, como el propósito del sexo y el concepto de la familia. ¿Es la homosexualidad peligrosa a la sociedad precisamente por poner estos valores en tela de juicio? ¿Es una amenaza a la estructura social? ¿O es sólo otra diferencia física o cultural? ¿Aporta algo positivo?

8. LA HOMOSEXUALIDAD: ¿UNA AFIRMACIÓN POLÍTICA, PERSONAL O CULTURAL? ¿Es el ser abiertamente homosexual un acto político?, ¿un acto personal sin más trascendencia?, ¿los dos? Compárelo con la afirmación de otras diferencias, como el color de la piel y el uso de lenguas ancestrales.

9. DEBATE: LA HOMOSEXUALIDAD Y LAS FUERZAS ARMADAS. Divídanse en dos grupos para debatir estos dos puntos de vista:

a. Se debe admitir a los homosexuales en las fuerzas armadas.

b. Se debe prohibir que los homosexuales hagan el servicio militar.

10. UNA CUESTIÓN DE VIOLENCIA. En muchos países del mundo se ve la existencia no sólo del rechazo a la homosexualidad sino también de la violencia física contra los homosexuales. En pequeños grupos discutan cómo se puede parar la creciente violencia contra este grupo y si se debe castigar a los que comenten actos violentos contra ellos.

TEMAS PARA ESCRIBIR

1. EDUCAR PARA LA CONVIVENCIA. El Ministro de Educación ha propuesto que se enseñe a los niños en sus primeros años de enseñanza sobre la existencia de la homosexualidad para evitar la violencia *anti-gay* en el futuro. Ha pedido la opinión la los ciudadanos sobre este tema. Escríbale una carta expresando su apoyo o su rechazo a tal concepto educativo.

2. LA HOMOSEXUALIDAD: UNA PERSPECTIVA PERSONAL. ¿Es la homosexualidad simplemente una diferencia entre otras muchas o algo que hay que considerar como tema aparte? Escriba un breve ensayo personal sobre este tema.

3. QUERIDA ESTHER. Escriba una carta a Esther reaccionando a cualquier parte de su ensayo con la cual Ud. esté de acuerdo o en desacuerdo.

Últimas consideraciones

La poeta Agueda Pizarro ofrece una faceta más al tema de la diversidad cultural o pluriculturalismo. Nacida y criada en los Estados Unidos, de padre español y madre rumana, su primera lengua fue el español y no el inglés, el cual no aprendió hasta que fue a la escuela. Aunque es bilingüe, escribe su obra poética completamente en español. La poeta se define como latinoamericana por opción y por afinidad, por lo cual pasa largas temporadas de cada año en Colombia.

A la vida repartida entre Nueva York y Colombia la describe la poeta como un "arco de paradoja": la paradoja de vivir entre varios países y culturas, la de sentirse a la vez ajena y parte de esos marcos de referencia. Al dilema de articular su multiplicidad lingüística y cultural, se suma la de expresar la experiencia de ser mujer como una vivencia particular.

LA POESÍA

Agueda Pizarro
Di vida

1 Dividida
en vida
e ida,
soy la luna
5 cuando hablo,
reflejando
algo otro
en mi cara
oculta.
10 Cuando hablo
voy, sol
contra la noche
de lo que no digo
en otra lengua.
15 Creo,
al decir luz,
un sollozo de sombras
que me llenan
con sus ecos
20 mientras la palabra,

otra yo,
se me asoma
a los labios
coronando,
25 partida ya
en el parto.
Vivo dividida,
significo,
mi propia
30 sombra.
Nazco
junta
contra mí
yo y mi muerte
35 desdichas
en mutuo
silencio,
traducidas
en vida.

AGUEDA PIZARRO
Exil y yo

1 Me llamo
  equis.
  Me cruzo,
  me borro,
5 me desdibujo
  diciendo
  lo que siento
  siempre
  en otra
10 tierra,
  no ésta
  que me invade,
  que yo violo
  con mi presencia
15 extranjera
  extramarina.
  No importa
  mi extrañeza
  mi color único.
20 No importa
  que me rinda
  aquí
  a otro color,
  que me abra
25 a los vocablos
  como papaya
  ya madura
  en el expejo.

  Me extraigo
30 siempre
  o me extraen
  al presente
  con otra
  existencia
35 detrás de las vocales.
  Todo lo que digo
  pasó
  en otro tiempo
  a otro ritmo
40 quizás más excitante
  quizás exactamente
  como la muerte.
  Mi sexo de muXer
  es extraño
45 por esta misma
  sombra
  en mis labios.
  Todo lleva
  la X
50 de este exilio
  que vivo
  en cruz
  de múXica
  y de miXterio.

Para conversar

1. Dos artistas pluriculturales.
¿Encuentra Ud. puntos de contacto o de divergencia entre Agueda Pizarro y Guillermo Gómez-Peña en su experiencia de hablar más de un idioma y de vivir en más de una cultura? ¿Es una experiencia positiva para ella? ¿Y para él?

2. ¿Cómo determinar la nacionalidad?
¿Debe considerarse Pizarro una poeta norteamericana (ya que nació, creció, se educó y vive en los EE.UU.) o latinomericana (ya que escribe en español)? ¿Qué implicaciones encierran sus conclusiones con respecto al concepto de "una lengua, una nación"?

3. Ser mujer: Agueda y Ester.
Compare el tema de ser mujer en los poemas de Pizarro y en "La cosa es bien compleja".

4. Sentirse "otro".
¿Afectan estos poemas su entendimiento del tema de "ser otro" en una cultura? ¿Se identifica Ud. con algún aspecto de la poesía de Agueda Pizarro? ¿Puede uno ser o sentirse otro siendo miembro de la cultura convencional?

Para escribir

Escriba un breve poema o un ensayo sobre el tema de sentirse "otro" o el de sentirse parte de un grupo o de una comunidad. El tema puede tratarse de manera personal o abstracta.

Galeano, from *El libro de los abrazos* (Siglo XXI Editores). Reprinted by permission of Siglo XXI Editores. **Chapter 5: El bienestar de un mundo en transición: Ecología, medicina, tecnología:** "Ecología: Un tema joven por excelencia" by Tarsicio Granizo Tamayo, reprinted from *Cuadernos de Nueva,* number 12., pp. 47-48. / "México y el cambio climático global" by Gabriel Quadri de la Torre, from *Examen,* November 1991, pp. 43-44. Reprinted by permission of *Examen.* / "Los El empiricismo de algunos ecologistas autóctonos hace de la contaminación un asunto político" by Jesús Pavlo Tenorio, reprinted from *Jueves de Excelsior,* November 28, 1987, pp. 12-13. / "El día en que subió y subió la marea" by Daniel Sueiro, from *Cuento español de Posguerra* (ed. Medardo Fraile, Madrid: Cátedra, 1988), pp. 257-262. Reprinted by permission of Mrs. María Cruz Seoane (Sueiro). / "El milagro de Mindy" by Nonny de la Peña, reprinted from *La familia de hoy,* July-August 1991, pp. 42-45. / "Inteligencia: Cuando las máquinas piensan" by Víctor Steinberg, from *Cambio 16,* June 30, 1986, pp. 128-131. Reprinted by permission of *Cambio 16.* / "Apocalipsis" by Marco Denevi. Reprinted from *Obras Completas* (Buenos Aires: Ediciones Corregidor, 1980). **Chapter 6: La diversidad en el mundo hispánico: Lengua, sociedad, cultura:** "¿Una lengua, una nación?" by Luis Fernando Lara, reprinted from *Este País,* August 1991, pp. 46-47. / "Un chicalango conquista los Estados Unidos: Entrevista con Guillermo Gómez-Peña" by Marco Vinicio González, reprinted from *La Jornada Semanal,* September 8, 1991, pp. 14-23. / "Racismo en España: Por qué no los queremos" by Víctor Steinberg and Ricardo Herren, from *Cambio 16,* December 7, 1987, pp. 180-187. Reprinted by permission of *Cambio 16.* / "La cosa es bien compleja (Historia oral)" by Esther, reprinted from *Compañeras: Latinas Lesbianas* (compiled and edited by Juanita Ramos, New York: Latina Lesbian History Project, 1987), pp. 153-156. / "Di vida" and "Exil y yo" by Agueda Pizarro, from *Soy sur* (Roldanillo, Valle, Colombia: Ediciones Embalaje del Museo Rayo 1988), pp. 3-4; 5-7. Reprinted by permission of the author.

PHOTO CREDITS

p. 1, 252: Beryl Goldberg; **pp. 17, 27:** Grant LeDuc, Monkmeyer Press; **p. 59:** Peter Menzel, Stock Boston; **p. 66** (top left): Pablo Picasso, *Les Demoiselles d'Avignon,* 1907 (Oil on canvas, 8' x 7'8"). Collection, The Museum of Modern Art, New York; **p. 66** (top right): Francisco de Goya y Lucientes, *La maja vestida.* Archivi Alinari, Art Resource; **p. 66** (bottom left): Fernando Botero, *La familia Pinzón,* (Oil on canvas). Nancy Gayles Day Collection, Museum of Art/Rhode Island School of Design; **p. 66** (bottom right): Frida Kahlo, *Self Portrait with monkey,* 1940. Private Collection. Art Resource; **p. 110** (left): Colección Osvaldo García; **p. 110** (right): Americas Society; **p. 115:** Peter Menzel, Stock Boston; **p. 133:** Layle Silbert; **p. 149:** Mangino, The Image Works; **p. 178:** UPI/Bettmann; **p. 181:** Mike Mazzaschi, Stock Boston; **pp. 128, 193, 235, 245:** Peter Menzel, Stock Boston; **p. 212:** Reuters/Bettmann; **p. 232:** Marcela Briones; **p. 272:** Hermine Dreyfuss, Monkmeyer Press; **p. 288:** Photo Researchers, Inc.; **p. 291:** Paul Conklin, Monkmeyer Press; **p. 299:** Ulrike Welsch; **p. 320:** Art Zamur, Gamma Liason; **p. 332:** Ilene Perlman, Impact Visuals